世界遺産

ユネスコ精神

平泉・鎌倉・四国遍路

五十嵐敬喜・佐藤弘弥――［編著］

公人の友社

はじめに

世界遺産＝平和が揺れ始めた。本部のユネスコではアメリカが脱退した。日本では記憶遺産に関して南京事件あるいは慰安婦に関する記録が物議を醸し、明治日本の産業革命遺産では徴用問題が取りざたされている。しかしなんといっても最大の問題は、日本の「平和」を支えてきた憲法九条の改正が、リアルな政治課題として急速に浮上していることである。憲法九条と世界遺産はどのように関係しているか、もう一度深く考えるべきではないか。

当初は、いわば世界中誰が見ても、文句なくこれは「世界遺産」というものが選ばれていた。ピラミッド、マチュピチュ、タージ・マハール、万里の長城というようなものは、誰でも見た途端に感動する。これを登録するにほとんど理由がいらない、というような時期があった。しかし、後にみるグローバル期になると、このような見た途端に誰でも感激で震えるような資産は少なくなり、それがなぜ世界遺産にふさわしいか、いわゆる「ストーリー」（説明）が重視されるようになった。これにはいくつかの歴史と理由がある。

第一に、ヨーロッパなど石造りの遺産や合理主義を中心とした遺産だけでなく、対象は世界中に広がり、外の視点からみて他を圧するような価値は認められないが、当該地域にとってはかけがえのない価値を持つというような遺産も評価されるようになったこと。

第二に、文化遺産と自然遺産が合体した「文化的景観」というようなものが出てきたこと。

第三に、金山・銀山や銅山あるいはクレーンや炭鉱、廃墟などいわゆる美的な世界とは全く異なった産業遺産が出現してきたこと。

第四に、東京上野のル・コルビュジエの「国立西洋美術館」など、かなり身近に存在する近代建築など、従来の世界遺産の観念（法隆寺など有名な寺院あるいは姫路城などを想起せよ）では想像もできないような遺産が増えてきたことなどがあげられる。これが世界遺産の「グローバル化」といわれるものである。

さらにもう一つ決定的なこととして、本来の世界遺産である「不動産」を対象としたもの以外にも例えば和食、歌舞伎、神楽といった「無形遺産」や南京虐殺の記録などのような「記憶遺産」などという世界遺産まで開拓されてきて、まるで世界遺産の「インフレ」といったような状況になっていることにも留意しておこう。これらは率直に市民からみて「観光地」（楽しみや興味）が増えるということであるが、同時にそれは世界遺産にいう「普遍的価値」ということの内実について改めて再考することを迫るものでもあろう。

世界遺産には、ユネスコ創設の理念、すなわち「「戦争は人の心の中で生まれる」という理念のもとで、戦争に対する対処の方法として、政治や外交あるいは軍事そのものといった分野（これは国際連合）とは別に、教育やコミュニケーションを筆頭に文化の交流を通じて世界の平和に寄与するという役割分担がある。つまり、世界遺産はこのユネスコの看板政策とでもいうべきもので、世界的にみて普遍的な価値あるものを世界遺産として登録し、この保全を訴えることによって戦争を防止する、といういわば逆療法によって平和を守るというものであった。したがってそれぞれの遺産のストーリーもそのような文脈で語られ、その位置付けが行わなければならないのである。一つ一つの専門的な価値は多くは専門家の判断にゆだねられるが、それが平和にとって意味があるかどうかは市民が主体でもある。またもう一つ、市民が関与を超えて参加あるいは主役とならなければならない重要な作業がある。それは、現在では世界遺産登録の問題と同時に、その維持保全が大変重要になっているということである。二〇一二年、イコモスは創立四〇周年記念大会では、世界遺産の維持や保存について市民の参加を呼び掛けた。
維持管理の主体は、国や自治体、当事者は勿論だが、何よりもその資産の存在する地域の市民とその地域コミュニテイがなければ困難になる。そして市民も維持保全に参加することによってそのストーリーをより確かなものにし、次の世代に引き渡していく責務を負っていくのである。

本書はこのような視点に立って、当時、五十嵐が所属していた法政大学法学部政治学科大学院都市政策コースで検討した平泉と鎌倉の両都市にかかわる論文と、今回新たに世界遺産候補に挙がっている四国遍路について新たに考察した論文を「世界遺産・ユネスコ精神　平泉・鎌倉・四国遍路」としてまとめて出版することにした。平泉は、ユネスコから一度「修正勧告」をうけた後、多くの遺産をストーリーに合わせるように再構成して登録に成功した。もう一つの鎌倉はイコモスによって「ノー（記載不可）」と判断され、登録申請を取り下げている。双方はその結果が逆になった。その経緯や対比もそれ自体として興味深いものであるが、本書は平泉と鎌倉という、いずれも強烈な戦争体験を持つ都市を創造と継承という観点から「都市論」を見ている。平泉は周知のように藤原清衡という類まれなる武将の元、前九年と後三年の役を経て黄金の都を作った。一方鎌倉では平泉創設から一〇〇年後、源頼朝が舎弟義経を庇護したその平泉を滅ぼし、鎌倉に江戸時代まで続く「武家の都」を作った。そしてそこには源平合戦以来続く「戦争」を終わりにしたいという思いが込められている。平泉の清衡も鎌倉の頼朝も、その政治が目指したものは「恒久平和」であった。この二人の為政者の思いは、ユネスコ条約前文にある「戦争は心の中にやどる」と見事に響きあっている。

もう一つ、本書は、このような立派な建築物（構成資産）で彩られる都市の世界遺産と比べ別のユニークな価値を放つ「四国遍路」の種々の特徴についてユネスコ世界遺産の新しいテーマとして取り上げた。

先に見たように世界遺産のグローバル化は、従来の世界遺産感覚ではとらえきれない新しい世界遺産を生み出している。「道」もその一つである。「道」は古来から、というより人類の誕生以来、様々な用途（交通、貿易、通路、高速道路などなど）を持ち世界中無数に存在する。人類は動物の狩りの道から農作業のための農道あるいは漁獲のための海の道から、現在の高速道路まで、その用途や種類、移動のスピードの拡大など様々な道を作ってきた。

では、その無数の道の中から何をもって「普遍的価値」があるとするのか、一義的に明確な基準があるわけではない。世界遺産の中で道が最初に登録されたのフランスとスペインを結ぶサンティアゴ・デ・コンポステーラでは「祈り」がクローズアップされた。同じように日本でも二〇〇四年に「紀伊山地の霊場と参詣道」では、熊野、吉野、高野のいわば古代から中世にかけての「霊場」と霊場を結ぶ「参詣道」として世界遺産に登録された。そしてさらに二〇一六年にはその延長として道その物、すなわち「熊野古道」が世界遺産として登録されている。熊野古道は杉木立と石畳で知られるように夏でもひんやりするまさしく霊気漂う道であり、いかにも普遍的な価値を体感させるものであった。

そして今度さらに「四国遍路」が世界遺産登録を目指すという。しかし四国遍路の遍路道は九〇％以上がコンクリートの道となっている。八十八カ所の霊場も、奈良や京都の寺院はもとより先の高野山や熊野あるいは吉野ほどの立派な寺社を持っているわけではない。にもかかわらずなぜ世界遺産候補となるのか。四国遍路には「熊野」やサンティアゴ・デ・コンポステーラにはみられない『お遍路さん』という独特な文化がある。このお遍路さんをつき詰めていくと、日本には物理的な「道」という以外に、武士道や禅といった道、あるいは柔道や剣道のようなスポーツ、さらには香道や華道、茶道といった芸術にかかわる道もある。その中には歌舞伎などのように先にみた「無形文化遺産」に登録されたもの、あるいは柔道のようにすでに日本だけでなく世界的なスポーツとしてオリンピックの種目として取り上げられたものもある。

このように、日本では「道」は実に広義の意味を持つようになっている。この広義の道をあえて「道の文化」とし、そこを一歩一歩歩んでいくという営為、それは現代都市社会とどのように関係するか。これを考えてみたい、というのが私たちの共通する問題意識であった。そして「道の文化」としての「四国遍路」が、現在のように世界中から訪れるお遍路さんが男女の別なく笑顔巡礼できる「道」になったのは、「江戸の平和」がもたらした、まさに平和の恩恵であることがわかった。これを人類の遺産として残すことによって世界平和に寄与するのではないか、というのが本書の結論である。

なお本書は五十嵐敬喜・佐藤弘弥の編著として創られている。二人の執筆経過について言うと、第一章平泉は、別冊私たちの世界遺産「ユネスコ憲章と平泉・中尊寺供養願文」(公人の友社　二〇〇九年)、第二章鎌倉は、別冊2「平泉から鎌倉へ」(公人の友社　二〇一二年)から一部修正したうえで再録したもの、第三章の四国遍路については今回新たに書き下ろしたものである。さらに前著出版の際いずれも第一章の平泉については、当時、平泉で世界遺産推進室で中心的役割を担った千葉信胤氏に参加していただき、第二章の鎌倉については当時鎌倉市世界遺産推進担当の玉林美男さんの玉稿を改めて再録させていただいた。

今回新たに付け加えられた第三章の四国遍路については第三十八番札所金剛福寺住職の長崎勝教(同夫人)氏のインタビューを掲載させていただいた。

近年の出版不況の折、公人の友社社長武内英晴氏には「世界の平和構築と市民の文化力の向上」のためという大義名分のもと、前著に引き続き、今回も莫大な尽力をいただいた。

それぞれの方に厚く御礼を申し上げ、本書が広く市民に受け入れられることを期待したい。

二〇一七年一二月　晩秋

編著者　五十嵐敬喜

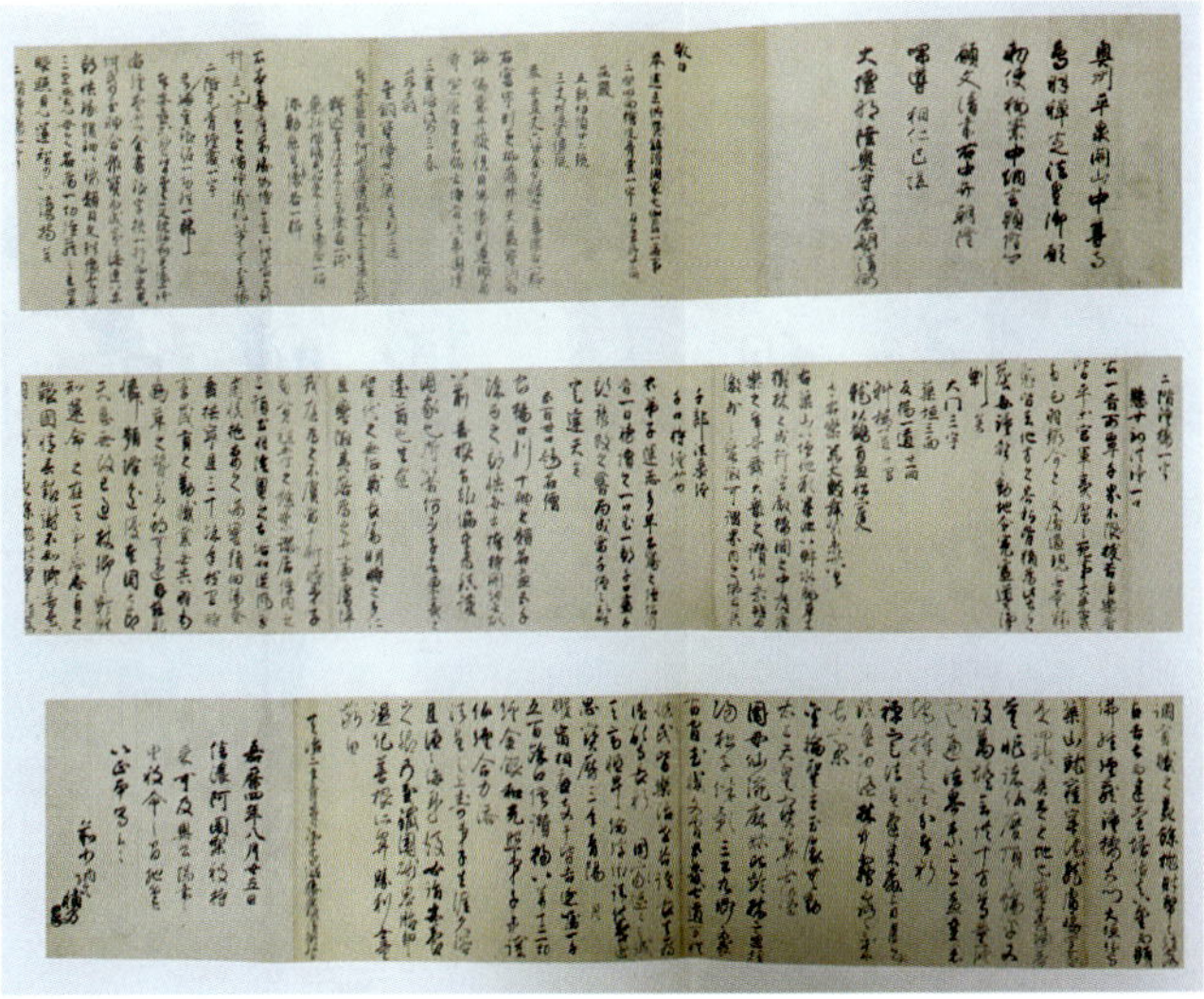

中尊寺落慶供養願文（中尊寺蔵）

奥州藤原氏初代藤原清衡が、71 歳の時（1126）、当時の随一の文学博士藤原敦光に起草させた文書。

この中に、「戦によって、人の命だけではなく、獣や鳥や魚などの罪なき多くの命が奪われてきた」との一説があり、ここには幼い頃から、前九年・後三年の役（1051 ～ 1082）という 40 年に及ぶ戦争に巻き込まれた自身の実体験を踏まえた清衡自身の平和への思いが込められている。この清衡の平和への理念は、ユネスコ憲章前文の「戦争は人の心で生まれるものであるから、人の心の中に平和のとりでを築かなければならない」と響き合うと言われている。

永福寺《ようふくじ》デジタル復元図（湘南工科大学作成）

永福寺は、1189年平泉を攻め滅ぼした源頼朝が、鎌倉二階堂の地に、自ら汗を流して御家人たちと協力して建立した寺である。

この寺は、奥州合戦で亡くなった死者を敵味方の別なく弔う目的で建立されたものである。寺の概要が次第に明らかになりつつある。この復元デジタル映像（湘南工科大学作成）を見ると、平泉の毛越寺の復元予想図などと比較すると実に似ていることが判る。反橋を渡ると鶴翼の三つの堂宇が並んでいる。中央に頼朝が感動したという二階大堂（初代清衡の建立した中尊寺）に擬せられる金堂が、右には二代基衡の毛越寺に擬せられる薬師堂が、左には三代秀衡の無量光院に擬せられる阿弥陀堂が建てられていた。この寺の配置に、平泉文化を継承し、それを越えたいという頼朝の並々ならぬ思いがあるようだ。同時に、これ以後は、何としても平和の世を実現するのだという覚悟も感じられる。

三郎由来の図（文殊院蔵）

衛門三郎の生家といわれる文殊院（別格九番）が四国遍路五十一番札所石手寺の近くにある。衛門三郎は四国遍路八十八ケ寺巡りの開祖とも呼ばれる。衛門三郎の伝承は四国遍路の功徳を物語る勧善懲悪《かんぜんちょうあく》のストーリーだ。

ある時、お大師と思われる僧侶の差し出す鉢を箒で打ってバチが当たり、八人の幼子が次々と死んでしまう。自分の愚かさに気付き、三郎はお大師さんを追ってお遍路さんとなる。しかし中々会えず、死に際でお大師さんに出会って、郡主である河野氏に再生することを願い出て亡くなる。やがて河野家に赤子が生まれ、手にはお大師さんが臨終の時に持たせた「三郎」と書いた石を握っていた。お大師さんを大切にしない者に対する罰、逆に大事にする者に対する大いなる功徳の物語が描かれている。

中尊寺 経蔵

冬の毛越寺

稲村ケ崎の夏

夕暮れの鎌倉大仏

金剛福寺
亡くなった父の脚絆を付けたお遍路さん

善通寺 五重塔

目次

序章

ユネスコ精神

ユネスコ（国際連合教育科学文化機関）憲章

「戦争は人の心の中で生まれるものであるから、人の心の中に平和の砦を築かなければならない」。

これが世界的に有名なユネスコ憲章である。ここには戦争防止のための最も重要な本質がうたわれている。それは、戦争とはもちろん最終的には権力による武力の介入によってはじめられるのであるが、なぜ権力によって武力が動員されるのかといえば、ＩＳ国のテロあるいは北朝鮮の核の威嚇などを見ればすぐわかるように、権力と共に権力以前の問題として、それぞれの国民の間の相互理解、教育、情報の不足（権力、すなわち政治的宗教的な力による一方的なコントロール）などが重なって、互いに憎しみ合う。敵対関係に立ち、それを権力が利用（造出）するということから生じる。つまり権力を支える国民、一人一人の「心」の在り様」が最も肝心なことであり、それ故ユネスコは「教育、広報」などなどのあらゆる手法を使って、「心の中に平和の砦を築く」としているのである。これは現在に通じる至言といえよう。そしてもう一つこれはあまり多くの人には知られていないがユネスコは「政府の政治的及び経済的取り決めのみに基づく平和は、世界の人民の、一致した、しかも永続する誠実な支持を確保できる平和ではない。よって、平和は、失われないためには、人類の知的及び積極的連帯の上に築かなければならない」としていることを熟読吟味したい。第二次大戦後、世界は軍人だけでなく普通の市民を含めて、何千万人という人々が「殺される」という悲惨な体験を反省し、国際連合などの設立を含めて、新たに世界的な規模で「平和」を構築しようと努力してきた。しかし、現実にはベトナム、イラン、イラク、アフガニスタン、そして最近のＩＳによるテロ、北朝鮮などを含めて様々な「戦争」や「脅威」が継続してきた。注目したいのは、それらの戦争によって一時的な軍事的勝利を占めても、それは最終的には、当該国民の支持を得ない限り永続しない、ということである。敵対国に対する軍事的勝利は、時（宗教観の相違なども絡み合って）には平和よりも「憎しみ」を生み出し、「報復」という無限大の憎しみ合いの「連鎖」を生み出し、それは一層の不安を掻き立てるというのは事実であり、それを解消するためにはまさしく人民同志の「積極的連帯」が不可欠であることをユネスコは教えているのである。

ユネスコとその歴史

ユネスコは第二次大戦後、国際連合の発足とともに創設されたのであるが、実はこれには国際連合にさかのぼる国際連盟以来の歩みがある。言い換えればこの国際連盟以来のあゆみをもとに戦後新たに再構築された機関がユネスコであった（注１）。

一九二二年　国際知的協力委員会　およびその実施期間たる国際知的協力機構

これは一九二一年開催の国際連盟第二回大会でフランスのレオン・ブルジョア（フランスの政治家でノーベル平和賞受賞者）報告によるものであり、ここでは第一次大戦の反省を経て、戦争を抑止するためには「知性」の力が必要であるとして、個人的資格で参加する世界的に著名な学識者十余名（ベルグソン、アインシュタイン、キュリー夫人など）により、国際連盟に慰問機関としてアドバイスするというものである。国連でこの知的協力委員会の事務を担当したのが連盟事務局次長であった「武士道」で有名な新渡戸稲造であり、「教育問題」を中心に活動を続けていた。

一九四五年　第二次大戦の終結

一九四五年　国際連合憲章

一九四六年　ユネスコ憲章

なお先にみた「戦争は人の心の中で始まる」という一節は英国のアトリー首相の演説から取りいれられたといわれる。

一九五一年　日本は国連加盟に五年先駆けて、六〇番目にユネスコに加盟した。一九五一年当時、日本は敗戦によってアメリカ軍に占領されていて、国連にも加盟が認められなかったのである（加盟は一九五六年）が、それを乗り越えてユネスコに加盟できたのは大きく二つの理由があった。一つは、明治憲法下の「天皇主権」（とそれを利用した軍部が第二次大戦の大きな原因となった）から国民主権に転換し、基本的人権の尊重と議会制民主主義および一切の武力の放棄と永久の平和をうたった憲法九条の制定である。ユネスコはまさしくこの九条と共鳴するものであり、当時の日本はこれへの参加を待望しまた歓喜した。「ユネスコ運動に関する衆議院の決議」（一九四九年一二月一日）

「日本国民が文化国家を理想として、過去の戦争責任を反省して平和憲法を制定したるにかんがみ、本院は、教育科学文化を通して世界平和を実現しようとする国際連合教育科学文化機関の企図に対して、全幅的な賛意を表明し、ユネスコ精神の全国民への普及徹底を期する」

や、もう一つの、前田多門首席代表の感謝演説（一九五一年六月二一日）

「戦後の混乱と不安のなかにあって、粉砕された屈辱を受けた日本人の心は、希望と光明を与えてくれる治療薬を熱心に求めて、最後にユネスコに求めるものを見出したのであります。ユネスコ精神は、平和を愛する民主国家として再建の途にある今日の日本にとって、指導原理でなくてはなりません。それゆえ、日本人はユネスコの大義に連なることを熱望しています。我が憲法に於いて戦争と軍人を放棄した日本人は、世界平和の問題に、特にわが林域における動乱状態にかんがみて、重大な関心を持っております。平和の防衛が困難であればあるほど、我々は、国際連合及び専門機関を通じての、さらには人々の心の中に平和の砦を築くことによっての国際協力が、絶対必要であると確信するものであります」

などを見れば当時の状況がわかるであろう

もう一つは、これは世界の中でも極めて異例のことのようであるが、このユネスコ加盟について政府に先駆けて、実は有識者を中心とする国民が加盟運動を行ったということである。市民の運動は日本・ペンクラブの参加表明から始まり、仙台、京都、神戸、大阪など全国各地に「ユネスコ協力会」が生まれた。これが、政府のユネスコ加盟を後押し、一九五一年の「ユネスコ活動に関する法律」の「国内委員会」に、東大学長矢内原忠雄、学術会議副会長茅誠司、日本文芸家協会平林たい子、日本ペンクラブ会長川端康成、日本商工会議所会頭藤山愛一郎など、日本のそうそうたるメンバーが参加したのである。

こういう意味では、日本のユネスコは政府と民間による共同産物とでもいうべきであり、現在でも民間ユネスコが各地で活動しているのは世界にも例のない貴重なものとされているのである。

以降、ユネスコは、ハーグ条約など戦争防止に関する様々な条約を頂点とする施策を積み上げていく。

ユネスコと世界遺産条約

おそらくユネスコの中で先の「戦争は人の心の中で生まれる」という名言と並んで最も有名なものが

世界遺産条約であり、一九七八年からスタート（条約締結の一九七二年から七七年までは準備期間）した（日本はユネスコへの加盟は早かったが、世界遺産条約への加盟は一九〇〇年と相当遅かった。国内法の整備が遅れたとか、国民の関心が薄かったことなどがその理由として言われているが明確ではない）。世界遺産条約は記念工作物、建造物群、遺跡の中で普遍的価値を有するものを保護しようというものであるが、これは「平和」について独特なアプローチとなっている。

戦争は、多くの人命を奪うが、それだけでなく、世界的な価値を持つ様々な文化財（有形資産、無形遺産、記憶などを含む）を破壊する。これは人命と同じように、地球という全人類が生存してきた歴史を破壊するものであり、許されない。そこでハーグ条約などに定める、一定の条件の下で、限定された文化財だけを保護するだけでなく、全世界的にかつ日常的に普遍的価値あるものを登録し、その維持保存など通じて、これに決定的な打撃を与える戦争を、間接的に、防止していこうというものである。戦争当事国にとって、戦争の理由は様々にありうるが、それでも「世界的な遺産」を破壊することは許さないという立場であり、それはまた冒頭にみた「戦争は人の心の中から生じる」ということと、平和は一時的な武力によってではなく永久に続く人民の連帯によってしか維持できない、ということを「目に見える具体的な形」で表すものといえよう。

当初この世界遺産の思想と運動は、キリスト教と石の文化を基調とする「ヨーロッパ」が主導的であっ

たが一九九〇年代初期から

1　文化的景観（フィリピンの棚田など）　人間と自然との共生から生まれたものとして、従来の、記念工作物などに加えて、庭園、公園、棚田、聖山なども対象とされるようになった。

2　真正性の要件の緩和　世界遺産登録のためには「真正性」（遺産が創られた当時と同じ状態であること）と「完全性」（遺産が部分的にではなく完全な状態で残っていること）という要件が存在していたが、これは先にみた石の文化を念頭に置いたもので、木や竹あるいは土の文化、すなわち歴史的修復が積み重ねられ来たものは適用されない、といういかにもヨーロッパ中心の基準であった。この基準によれば、何回も改修が重ねられてきた日本の法隆寺などは適用外とされる。しかし、一九九四年の日本の奈良の大会で、同じ材質で、同じ工法で、昔と同じような形に復元されたものは、適用できるというように「真正性」の概念が修正された。奈良だけでなく、その後京都の寺院、あるいは最近富士山が自然遺産ではなく、山それ自体が「神」であるとして文化遺産として登録されるようになったのは、この修正のおかげである。そして、この修正には大きく、従来の西洋哲学の優位の優位の思想から、東洋哲学との併存、具体的に言えば、人間と自然の融合というある種の「転換」「融合」関係が生まれたという点に着目しておきたい。

3　「グローバル戦略」（一九九四年）であり、これは登録対象を大幅に拡大した。

モニュメント及び建造物に加え、先史時代の遺跡群も加える（これにより日本の縄文遺跡なども登録対象となる）。

二〇世紀の文化遺産、ニュウブラジアリアやコルビジェなどの建築物。

産業関係、鉱山関係、鉄道関係にも広げられ、日本では富岡の近代製紙工場、明治近代化の産業遺産などが登録されるようになる。

もう一つ地理的にも世界遺産条約加盟国が全世界に広がり、現時点では国連加盟国とほぼ同じ数の国が加盟し、少なくとも加盟国に最低一か所は世界遺産として登録させたい、というような機運が生まれるようになったのである。

この当否は別として、例えば明治近代化の近代化遺産として、長崎の「軍艦島」（コンクリートの廃墟）が世界遺産として登録されるなど、従来の「審美的に美しいもの」という基準に慣れてしまった目から見れば、まさしく「驚天動地」のような世界が繰広がるようになったのである。こうして世界遺産も年代を重ねるにつれて、その様相を著しく変えるようになってきた。

最後に、ユネスコの精神と直接かかわるものとして、登録とは逆の「危機リスト」に注目しておきたい。ユネスコ世界遺産の面目には、永久に保存すべきものとして「登録」すると同時に、登録後、これを維持保存していくということがある。しかし、この維持保存を破壊する「脅威」もまた顕在化するように

なってきた。大きく言えば

一　自然の劣化

二　自然災害

三　戦争や内戦による破壊

一九九〇年代ユーゴスラビア連邦崩壊にともなうボスニア・ヘルツェゴビナ

クロアチアのドゥブロブニク旧市街　アドリア海の真珠

アンコールワット

イラクの文化遺産　サダムフセイン（ハトラ　アッシュール　暫定リストにはその他たくさん）

コンゴ共和国　国立公園　マウンテンゴリラ　カバ

四　人為的な破壊

バーミヤンの二大大仏

五　経済開発優先による脅威

イエローストーン国立公園　アメリカ　周辺開発

カカドゥ国立公園　オーストラリア　ウラン鉱脈

アラビアオリックス保護区　オマーン　石油

六　都市開発
ポツダム市　サンスー市宮殿　ショッピングセンター
ウイーン市　シェーンブルグ宮殿　ショッピングセンター
ドイツ、ドレスデン　エルベ渓谷
カトマンズの谷　アパート

などである（注2）。このような要因の中でも、最大の脅威はやはり最近のＩＳ国によるパルミラ遺跡の古代神殿破壊にみられるような「戦争や内戦による危機」であることは言うまでもないであろう。この戦争や内戦による危機は文字通り、ユネスコの存立根拠（レゾン・デートル）と、正面から衝突するものであることは言うまでもない。もっと「戦争は人の心の中から始まる」という広い視点から言えば、自然の劣化と自然災害を除いて、人為的な破壊、経済開発優先、そして都市再開発も、いわば「こころ」の中から発生しているものである。

本章では、平泉について、冒頭にみた「ユネスコの精神」すなわち「平和の構築」の観点からさまざまな検討を加えている。この最後の「危機リスト」の観点から言えば、観光や開発による俗化、あるいは人口減少社会の到来により維持保全体制の劣化、本書では検討を省いたがアメリカのユネスコ脱退、南京事件や慰安婦の記憶遺産を巡る各国間の「政治的駆け引き」、そして日本文化庁内部の組織再編成など、多くの危機が浮上するようにもなっている。中でも最大の脅威は、周知のように「北朝鮮による核」であることは言うまでもない。ユネスコ世界遺産、つまり「文化」の力をもって、いかこのような脅威に立ち向かっていくか、これは政府や自治体といった関係機関だけでなく、実は日本国民全体の課題であることを心に刻んでおきたい。

（五十嵐敬喜）

（注1）ユネスコの歴史などについて
野口昇「ユネスコ五〇年の歩みと展望」（シングルカット社　一九九六年）。国会決議、前田多門の感激演説などは同書からの引用である。

（注2）世界遺産条約の歴史及び「危機リスト」などについて
松浦晃一郎「世界遺産」（清淡社　二〇〇八年）参照。なお、同「ユネスコ事務局長奮闘記」（清淡社）では、ユネスコの内部が生き生きと語られている。

第一章

ユネスコ憲章と平泉・中尊寺供養願文

第一　「願文」と無防備都市

私たちはここ数年、というより個人的にいえばここ数十年、五十嵐は真鶴町「美の条例」（一九九三年）、佐藤は義経伝説ＨＰ開設（一九九八年）より、ずっと「日本の文化（風景・風俗・建築物）の中の美しきものを探してきた。

この間、私たちは著者やブログなどで意見を表明してきたが、かねてもっと大きくこの美なるものを市民と共有できないものかと思案してきており、その具体化の一つとして二〇〇六年、高野山大学に国内留学した五十嵐が、人口減などで危機を迎えた世界遺産高野山で市民から見た「第一回世界遺産フォーラム」（『私たちの世界遺産〔1〕持続可能な美しい地域づくり　世界遺産フォーラムin高野山』公人の友社、二〇〇七年として刊行）を開催して、本格的に世界遺産に取り組むようになった。

そこで、これまでとかく文化庁や学者あるいは教育委員会の議論にとどまっていた『普遍的価値の確認』、そして世界遺産登録後は『観光』に傾斜しがちであった市民のかかわり方を、それぞれの呪縛から開放し、世界遺産を市民のまちづくりの将来的な力強い展望・指針として検討し参加していく、ということを確認したのである。

さてその間日本の世界遺産史上、一つの画期をなすと思われる事件が起きた。それは五十嵐の『美しい都市と祈り』（学芸出版社二〇〇六年）で「奥州の古都に平和の思想をみる」として報告しているように、日本で言えば本命中の本命として世界遺産登録の最有力候補となっている『平泉』が、イコモス（注1）によって石見銀山と同じように登録延期勧告がなされ、最終決定機関であるユネスコ世界遺産委員会において石見銀山（イコモスの勧告がくつがえされて無事登録決定）とは異なり、そのまま登録延期と決定されたのである。

日本政府が自信を持って申請した平泉が拒否された。これは当然のことながら政府だけでなく市民にも大きな衝撃をもたらし、マスコミはこれを「平泉ショック」と呼んだ。政府・関係者はその後『戦略』を練り直しながら改めて平泉の九つの構成資産の中から、必ずしも『浄土の思想』とは密接ではないと思われる資産をはずしてより純化した上で二〇〇八年九月再アタックすべく準備を開始した。

そこで私達も、この事件をただ政府関係者に委ねるべきことではなく、あらためて平泉の普遍的価値を検討したいと考え、一度わたしたちが行った作業を再度掘り起こしてみることにした。

その過程で気がついたのは平泉を解く鍵は、何よりも、藤原清衡（注2）の「中尊寺供養願文」にあり、普遍的価値の一切もここに存在するということであった。『供養願文』はそれこそ「道の奥」という意味の「陸奥」にあって、今から溯る八八三年前に、藤原清衡というハードな戦争体験を持つ一人の人物によって起草されたものである（実はこの古文書について藤原清衡死亡後、第三者によって書かれたという説もある。しかしここではこの説は採用しない）。

この願文の精神は、長い時代を越えて、序章でみた第二次世界大戦終結直後の一九四五年に世界的な規模で採択されたユネスコ憲章と、実によく似通っているという点に着目したい。前者は前九年、後三年の役を契機として書かれた。後者は第二次世界大戦の反省を踏まえて成立した国際条約だ。ふたつの成文を貫く精神は、二度と戦争を起こさないためにはどうしたらよいか、という恒久平和実現のための智慧そのものである。

中尊寺供養願文は、多くの人が東北の地で起こった四〇年に及ぶ戦争で多くの人命が失われたことを率直に語る。ユネスコ憲章は、戦争という人類社会最大の不条理が「人の心」から引き起こされると説く。このふたつ成文の底に流れる『恒久平和』の精神こそ、世界人類共通にして最大の眼目である。本章では、このふたつの文章を比較検討することによって、奥州という辺境の地と見なされていた平泉に花開いた黄金文化が世界精神を文字通り体現していたことを証明してみたい。また同時に「滅びの歴史」としてステレオタイプに認識されている平泉の盛衰についても、実は鎌倉による攻略以後も平泉はかなりの程度、奥州藤原氏が四代百年にわたって築いてきた伽藍が維持保存されていた可能性があることを考えてみよう。

二〇〇九年、平泉は世界遺産登録に向けて再アタックを開始した。しかしその中心となるコンセプトは、前回とほとんど同じ『浄土世界』（前回は浄土思想）である。私たちは、この『浄土世界』という基本コンセプトで、普遍的価値の証明をすることができるかという問題についても考えてみた。平泉は『浄土空間』に尽きるのか否か、私達はこの疑問を解かなければならない。

さらに先頃（二〇〇九年四月四日）、平泉のコアゾーンは、推薦書作成委員会の席上、九箇所から五箇所に変更された。特に『柳之御所』の位置づけについては、浄土という宗教空間からだけみれば、やや異質、であることは疑いないが、しかし政庁という政治空間は、まさしく『平和』を構築するための最大拠点であったのであり、「平和＝無防備都市」という視点からみれば、本質的かつ必要不可欠な構成資産となる。もっともここには平泉バイパスという過剰過ぎる公共事業が長く伸び暗い影を落としていることを見逃してはならない。

ここで、これまで愚かなリーダーと言われてきた奥州藤原氏四代泰衡の行動について、『願文』の思想を軸に若干の考察を加えてみたい。

炎立つの泰衡像

これは作家高橋克彦氏による小説「炎立つ」（一九九四・大河ドラマの原作）の発想からヒントを得たものである。高橋氏は、それまでの愚かなリーダーとしての泰衡像を一変させた。何しろ泰衡は、義経を中心に兄弟気持をひとつにして頼朝に備えよ、と遺言した秀衡（父）の命に逆らい、義経を殺害し、ついには自ら戦うことなく平泉を逃亡して、平泉を滅亡に導いた愚かな人物でしかなかったといわれてきた。高橋氏は、泰衡が平泉の町をピカピカに掃除し立ち去る心境をこのように記している。

「親父どのはさぞかし呆れておられましょうが・・・これが手前の得た答え。この国は手前一人のものにござりませぬ。民それぞれのもの。これからは民が自らの国を作って参りましょう。・・・今に賭けるより手前は遠き未来に無数の種子を残すことこそ大事と考え申した。陸奥の山野を、陸奥の村々を、陸奥の子らをそのままに残してやりたかったのでござる。一つの花を皆が守るのが蝦夷であるなら、皆のために一つの花が身を捧げるのも蝦夷、一人一人がその心を失わぬためにはなによりも自由でなければなりますまい。逆賊となり、あるいは源氏の力に屈して我らが従うは民の胸より蝦夷の心をなくさせることに繋がりまする。それゆえ国を捨て申した。民はこののち、自らで道を選びましょう。源氏に従う者とて、無理強いではござらぬ。己の心によるもの。その中でまた蝦夷の心が蘇ります。誇りを残してやることが棟梁である手前の役目と心得ました」（「炎立つ」五巻）。

さらに勘案すれば、泰衡の心の中には、三代百年に渡って築かれてきた聖地「平泉を焦土にしてはならない」という思いで溢れていたのではなかったか。そして私たちは、文治五年（一一八九）秋に、泰衡が取った平泉放棄という行動は、負け戦さ、あるいは臆病といったレヴェルを超えた、どうしても失われてはならない平泉の大伽藍を焼失させないために取った「無防備都市宣言」ではなかったかと推測するのである。

鎌倉軍の無血開城

頼朝率いる鎌倉軍が平泉に入った時の様子を、『吾妻鏡』で再現してみよう。

「(文治五年九月)二二日　雨甚だしい。午後四時頃、(頼朝公は)泰衡の平泉館にお着きになった。館の主はすでに逐電しさり、家屋は灰燼となって消えていた。館の周辺の数町には、寂しさがただよっていて、人っこ一人居ない。軒を連ねていたはずの城郭は皆消え去り、ただ焼土だけが拡がっている。その中を秋風は飄々と幕を叩いて吹いている。」(現代語訳佐藤)。

これを読むと、平泉はすべて焼け落ちてしまったようだが、実はそうではない。平泉の建物の中で、泰衡が火を放ったのは、政庁である平泉館(柳之御所跡と比定される)と自身の邸宅である伽羅御所と高屋の一部である。仏教伽藍としての中尊寺、毛越寺、無量光院、その他神社の伽藍なども、手つかずのまま、維持されていた。

おそらく鎌倉軍が入ってきた時、中尊寺、毛越寺、無量光院の僧侶たちは、読経などをして静かに鎌倉軍の入城を迎えたはずである。住民は鎌倉軍の乱暴狼藉を怖れて、近くの山野で息を潜めていたのであろうか。

衣川館にいた泰衡の外祖父であった藤原基成（注3）は、息子らとともにあっさり捕虜になる。これも無抵抗である。基成は、泰衡逃亡後の平泉には、戦闘員もなく、非武装状態であることを進言したはずだ。頼朝自身、秀衡亡きあと実質的に軍事を含む政治を取り仕切っていたのは基成であると理解していたのだから、頼朝は泰衡の取った行動の意味を即座に理解できたはずだ。まさに無血開城であった。平泉が無血開城して四日後、平泉にいた頼朝に泰衡から密書が届く。命乞いの文と見られてきた。

確かに『吾妻鏡』に掲載されている泰衡の文書からは、愚かなリーダーのイメージしか浮かび上がって来ない。その内容は、「頼朝の家人（家来）になってもよい、どこかに配流《はいる》されても構わない、命だけは助けて欲しい」と懇願をしているのである。

もちろん『吾妻鏡』は、勝者による歴史だから、泰衡を逆賊のトップとして、是が非でも悪者にしなければならないという必然があった。頼朝は、奥州の名リーダーとして誉れ高い秀衡の死後、再三に渡り文を書いて、泰衡（特に外祖父である藤原基成に向け）に揺さぶりを掛けた。その内容の趣旨は実にシンプルだ。義経の首を差し出せ、そうすれば奥州平泉に手は出さない、というものだ。

ここで平泉はふたつに意見に分かれる。義経を中心にして鎌倉に備えよとの秀衡の遺言を守って、鎌倉と一戦を交える覚悟で対峙するか。それとも、言われるままに義経を差し出して、奥州平泉の平和を維持するのか、という難問だ。

そして泰衡は決断する。解答は後者であった。この義経暗殺の決断に決定的な影響を与えたのは、中尊寺供養願文の非戦の思想による法を越えた規範力のようなものと、外祖父「藤原基成（生没年不詳）」の存在ではなかったか。この基成は、紛れもない京都の公家であり、基衡の時代に平泉にやってきて、平泉繁栄の礎を築いた功労者のひとりである。

義経は、文治五年閏四月三〇日、平泉の川向こうに当たる衣川館で殺された。この義経の殺害に関しても、聖地平泉で実行されたかったという事実は、平泉の地が一切の殺生や戦を禁じた区域であるという説を証明するものとも考えられる。

ヒトラー軍パリ無血入場との比較

さて、この鎌倉軍の無血入城と一九四〇年六月一四日、ヒトラー率いるドイツ軍がパリに無血入場を果たしたことを比較することはできないだろうか。もしもこの時、フランス軍が抵抗していたら、パリは戦場と化し、宗教施設も含め、あらゆるものが破壊され、市民の命も数多く失われたはずだ。

無血開城によって泰衡は、都市平泉と住民の命を救ったことになる。源頼朝という人物も、冷酷無情な為政者と見られているが、平泉入城以降に取った行動を見ると、無慈悲で野卑な人物だったとは思われない。弟義経を殺害してでも平泉を支配したいという信念のようなものは垣間見えるが、平泉の清浄な雰囲気、霊場としての圧倒的な存在感や佇まいを見た頼朝は一目でそれが今後とも永遠に保存されるべき価値あるものと覚った。中尊寺大長寿院の別当心蓮などの意見を聞き入れ、中尊寺、毛越寺、無量光院などを安堵し、住民には、もう戦争はない、安心して戻ってきてよいということを、毛越寺南大門の前に掲げさせたのであった。

その板札には、このように記されていた。

「平泉内の寺領においては先例に任せて、寄附する所となった。堂塔はたとえ荒廃の地であったとしても、聖なる仏の法灯を絶やさぬための務めであるから、地頭らはくれぐれもそれを妨害することのないようにせよ」

確かに藤原三代は泰衡と共に滅びた。だが、都市平泉、そして『現世に出現した仏国土』平泉は、ほぼそのまま護られた。

しかし、いつの間にか、戦では滅びなかった都市平泉も、鎌倉・武家政権の出現とともに時代から取り残され、衰退し消滅していくことになった。今日平泉を散策しながら、往時のまま見ることができるのは、初代清衡の興した中尊寺で言えば、わずかに金色堂や経蔵のみ。二代基衡の毛越寺については大泉が池は復元されたが、金堂円隆寺は幻の中にある。秀衡の遺構、無量光院は、わずかにその跡地を残すのみだ。往時の庶民の住宅や街並みなどは、地表深く埋まり、その姿は依然として霧の中にある。なぜこのような大都市が忽然と消えていったのか、実は簡単には滅びずに何百年か宗教都市として残っていたのではないか。また中尊寺存立のアイデンティティともいうべき清衡の一大事業である全五三〇〇巻に及ぶ中尊寺経（清衡経）が、誰によって持ち出されたのか。それは本当に豊臣秀吉の手に渡ったのか。また、その後それはどのような手順で高野山に納まったのか。今後とも私たちは、平泉に眠る謎を、ひとつひとつ明らかにしていかなければならない。

今回の検討で明らかになったことは、泰衡も頼朝もこの都市を焼かなかったという事実である。この事実は泰衡はもとより頼朝にも伝わり、さらには後代のすべての人々にも受け継がれたのではないかと思うのである。平泉というこの都市は決して「戦争」という要因によって滅ぼされたのではない。これが私たちの謎解きの出発点である。

さて、一一二六年の「中尊寺供養願文」の平和の思想は、全世界的規模で起こった第二次大戦の反省より条文化された一九四六年のユネスコ憲章に共時的に生かされていると考えられる。

さらにユネスコ憲章は具体的にこの戦争を防止するために『世界遺産』の制度を創設した。人々が長年にわたって作り上げてきた『文化と自然』は戦争を超える『普遍的な価値』を有する。それを壊す権利は誰にも無い。戦争はこの破壊の代表的例であると確認した。およそ九〇〇年前の平泉供養願文の精神は、時を越え、地域を越えていまや地球規模の普遍的価値となりつつあるのである。

〔追記〕

平泉の世界遺産登録については次のような変遷がある。

1　政府は二〇〇六年一二月　登録名「平泉　浄土思想を基調とする文化的景観」構成資産　九件　中尊寺、毛越寺、無量光院跡、金鶏山、柳之御所跡、達谷窟、白鳥館遺跡、長者ケ原廃寺跡、骨寺村荘園跡と農村景観　として世界遺産登録申請を行った。

2　イコモスは二〇〇八年五月　日本側の主張する、評価基準3、4、5、6の全てについて、証明不十分などとして、「登録延期」の勧告を行った。

3　世界遺産委員会も二〇〇八年七月　イコモスの勧告に従い、「登録延期」とした。

4　政府は二〇一〇年一月　登録名「平泉　仏国土（浄土）を表す建築・庭園および考古学的遺産群」構成資産　六件　中尊寺、毛越寺、無量光院跡、金鶏山、観自在王院跡、柳之御所跡　として再申請を行った。

5　イコモスは二〇一一年五月　柳之御所は，浄土の思想とはなじまないとして五件の登録を勧告した。

6　世界遺産委員会は二〇一一年六月　登録名（前記）、構成資産五件について世界遺産登録を決議した。

〔二〇一七年一一月〕
（五十嵐敬喜）

〔座談会〕

第二　「願文」の価値と平泉・世界遺産

五十嵐敬喜
千葉　信胤
佐藤　弘弥

1　中尊寺供養願文を読む

佐藤　まず【資料1】の「ユネスコ憲章と中尊寺供養願文」の対照表をみてください。願文のほうからみていくと、まず、これは清衡という人物の思いの丈を込めた一種の「恒久平和のための平泉宣言」

とでもいうような内容の文書だったと思います。

　天治元年は、清衡が亡くなる二年前です。齢は七〇歳に達していました。清衡は願文を当代一の文章博士藤原敦光（一〇六三—一一四四）に依頼しました。清書はやはり当代一の能書家藤原朝隆（一〇九七—一一五八）でした。供養の日にこれを携行したのは、公家の藤原顕隆（一〇六二—一一二九）という人物でした。

　この願文の中で、清衡が言いたかったことは何でしょう。彼は三〇年に及ぶ治世を振り返り、平泉という新都が、自分亡き後も、平和を享受し繁栄することを、ひたすら祈っているように思えます。また別の角度から見れば、平泉という都市のグランドデザインが、浮かび上がってきます。

　ただ、この願文は、残念ながら原本が残っていません。今中尊寺に伝わっているのは、時代が下って書かれたもの二種類です。ひとつは、清書した朝隆の血を引く藤原輔方が嘉暦四年（一三二九）に原本を書写したとされるもの。もうひとつは南北朝時代に北畠顕家（一三一八—一三三八）が多賀城の国府にいる時（一三三六）に書写したと考えられるものです。

　さて中尊寺供養願文について、検証していきたいと思います。（『願文』は佐藤弘弥の現代語訳、尚、ここで現代語訳は、願文の意味を一層理解し易くするために、朗読台本として、新たに訳したものを使用した。そこでは、特に『鎮護国家』、仏の教えによって国家を護ることを「平和」と訳している。また、伽藍や仏像の寸法、また装飾のやり方などは省略）。
まず、はじめに、『願文』の全体の構造（構成）を見ていきます。

中尊寺供養願文の構造

1　戦没者供養宣言
2　平和のための大伽藍一区
3　三重の塔
4　経蔵（中尊寺経など）
5　二階建ての鐘樓
6　大池
7　千僧供養
8　東夷の遠酋
9　安養の郷

以上の構造を一目して察せられることは、前九年・後三年の役で疲弊した陸奥という地域を仏教の精神をもって再建し、傷ついた人の心を癒すということにあったのではないかということです。清衡に

中尊寺中心部復元配置図

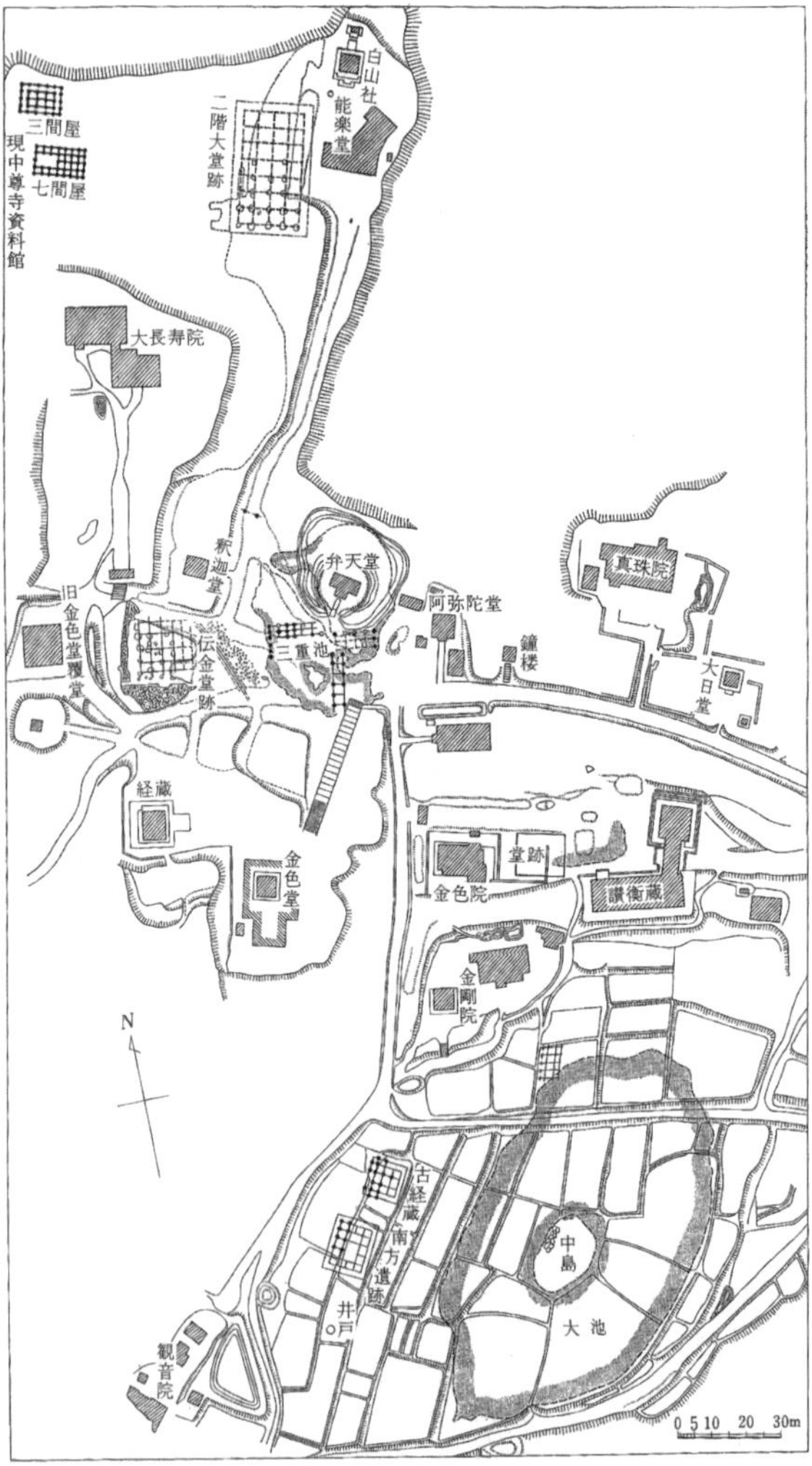

藤島亥治郎著「平泉建築文化研究」55図　68頁

とって、中尊寺の建立という事業は、戦によって焦土と化した陸奥国が立ち直るエネルギーであると共に復興そのものの象徴だったと考えられます。

清衡が行った政《まつりごと》で大きかったのは、戦争経済からの大転換でした。清衡は陸奥国の特産物である「産金」と「産馬」を最大限に活用しました。と同時に、清衡は中尊寺を建立するため奈良や京都にも引けを取らない大伽藍の建設に全力を傾注しました。また中尊寺経に代表されるような一大文化的事業に着手しました。これにより、日本中から建築や工芸などに至るさまざまな人材が、平泉という地に引き寄せられたことでしょう。

平泉は、広大な陸奥国の中心に位置し、東の北上川と北の衣川と南の太田川によって囲まれた小さな区域です。願文には、これを見た人間は、誰であれ、欲にまみれたこの世にも、仏が住むような清浄な美しさを湛えた地はある、と実感するでしょうと書いています。そのことを、今回の鼎談によって、明らかにしていきたいと思います。

①平和のための寺「中尊寺」

清衡は『願文』を起草した趣旨を冒頭から、きわめてシンプルに語ります。

「藤原清衡、かしこまって申し上げます。 私は、ここに平和のために中尊寺を建立し、戦の犠牲となった人々を供養したいと思いたちました。」

ここでは、前九年の役、後三年の役で犠牲となった人々の供養をしたいと高らかに宣言しています。したがって『願文』の本来の趣旨は、戦没者の供養が主眼であって、単に中尊寺が落慶したことを祝うものではない、ということになります。清衡は奥州と出羽を巻き込んだほぼ四〇年に及ぶこの戦いを強く意識しています。この戦で、清衡自身は、父を失い、最初の妻や子供を、目の前で焼き殺されるという目に遭っています。もちろん自分もまた自身の兄弟を含め多くの人間を殺戮してきたはずです。この冷厳な事実を、素直に受け止め、ここから『願文』は始まっています。

続いて、『願文』は、中尊寺境内の伽藍の説明に入ります。

「◎平和のための大伽藍一区のこと。
三間四面の檜皮葺《ひわだぶき》のお堂を建てました。このお堂には左右二十二間（四〇m弱）に及ぶ回廊《かいろう》を渡してします。この中に高さ丈六（二・七ｍ）の皆金色《かいこんじき》の釈迦三尊像を安置しました。」

まず、最初に記されているお堂は、釈迦三尊像が置かれた釈迦堂でした。いわゆる阿弥陀堂ではありません。この伽藍は、清衡が起草させた願文の趣旨を形として具現化したものという意味で中尊寺を象徴する建物であったと思われます。またこれは重要なことです。天台の教義では、「釈迦と大日を一体と説く」（「中尊寺史稿」佐々木邦世編　中尊寺　昭和五八年刊）ということも言われております。

次が三重の塔のこと。

「◎三重の塔のこと。　三重の塔を三基立て、この中に、釋迦牟尼如来三尊、薬師如来三尊、彌勒三尊をそれぞれに安置いたしました。」

三重の塔が、どの辺りにあったのか、諸説があると思いますが、決定的な遺跡は見つかっていないと思います。ここでも、阿弥陀様は登場してきません。五十嵐先生は、この伽藍の構成は密教的なものではないのか、という問題を指摘しておられます。高野山には、壇上伽藍に、大塔、西塔、東塔、と三つの多宝塔が、一直線上に並んで立っていますが、この配置との関係はどうなのでしょう。もちろん高野山では、密教の大日如来と曼荼羅が教えの象徴ですが、平泉では、この塔については、明確な説明ができません。それについては後で議論したいと思います。

②経蔵と中尊寺経の価値↑中尊寺経蔵

三番目に経蔵が出て来ます。

「◎経蔵のこと。

二階瓦葺の経蔵を建立し、皆金色の文殊師利尊像を一体安置し、ここに「金銀泥一切経（きんぎんでいいっさいきょう）」を五千巻余り納めました。

この経典は、紺の紙に金字を一行、次の行には銀字で一行という具合に光が交わるように書写したものです。これを漆の匣《さや》で包み、螺鈿《らでん》を刻んで、これを題目に鏤《ちりば》めました。

文殊師利尊は、智慧を生ずる母の異名です。これを「経蔵」の主《あるじ》といたしました。智力を持って一切経蔵を守るためです。

ここでは、経蔵に納められているいわゆる中尊寺経のことが、詳しく述べられています。その意味からも、経蔵が、平泉という聖地にとって、極めて大切な宝を納める宝物庫である気がします。何しろ、清衡が莫大な資金を使って中国から書写の原本となる経典を輸入し、蓮光さんという偉い僧侶に特に懇請して、八年間も掛けて、総数五千数百巻にも及ぶ一切教を書写させた。これが、金と銀の字で行を違えて交互に書いている。これは仏教史の中でも世界に類例を見ない経典です。二〇〇九年の春に、東京世田谷美術館で平泉展が開かれました。この会場にも、この経典が展示されていました。この前で、茫然と立ち尽くして、そこを離れようとしない人が何人もいました。私も同じで、感

中尊寺経

平泉展図録

動の余り、動けずにいたところ、後ろから押されてしまいました。このような経典を作る中尊寺、ひいては平泉の文化水準というもの、どんなに優れたものであったか、想像もできないくらいです。その意味ではも、このような宝物をずっと守ってきた経蔵という建物そのものが、もっと注目されていいと思います。

千葉 現在の経蔵は、本来二階建てだったものが火災にあって、その焼け残りの部材で建てなおされたもの、というのが寺伝です。ただ、最近の研究者のなかには当初のままとみている人もいます。

③浄土教の浄土と平泉の「浄土世界」は違う

佐藤 さてここまで読んで来て、浄土という文言は出て来ません。金色堂も出てきません。もちろん阿弥陀如来も出てきません。最初に中心伽藍である「二十二間の釈迦堂」を説明しているだけです。これはどうしてなんでしょうか。千葉さん。

千葉 一般的には、浄土イコール阿弥陀の浄土、つまり「極楽」という風に解釈するわけですが、一二世紀平泉の仏教世界には、法華経でいうところの「浄仏国土」の思想も色濃く反映しているんです。いわゆる浄土教の「浄土」という意味合いだけでない、もっと広い意味での「浄土」といったらいいんでしょうか。生きている人間は皆菩薩で、現世にあって人々の心も土地も浄化していく、仏教が理想とする世界観を地上に具現化した、あるいはしようとしたのが一二世紀の「平泉」なんだと思います。

五十嵐　そういうことだと私も思います。後で少しお話しますが、ここには神社などもあって神仏混交の世界が繰り広げられている。宗教の世界は今日想像しているような純化したものではなく、神道、地元のさまざまな祈り、そして仏教、仏教にも顕教や密教がある、が重なり合っていて混沌としている。それをひとくくりに「浄土の世界」といってしまうとやや単純化しすぎる嫌いがある。そこは正確に説明することが大事です。

そこでまず千葉さんに質問なんですけど、大概の人は、平泉の「浄土世界」について、やはり「浄土教の浄土」と思い込んでいるのでしょうね。

千葉　国内でも浄土宗の信徒さんを始めとして、多くの方がそのように認識しているかもしれません。国際的にも、浄土という言葉は「浄土教」の説く阿弥陀仏の世界や、その教えに基づく「浄土宗」など仏教の一宗派との関連でイメージされていると思います。

五十嵐　これは世界遺産登録の推薦書の書き方にも影響を与えるかもしれませんね。

千葉　「平泉」を語る前提として、そこのところをうまく説明しておかないと分からなくなってしまう状況があると思います。様々な仏の世界を「浄土」とみているわけですからね。

佐藤　既に平泉が世界遺産するに当たって、大きな弊害が出ています。例えば、平泉の文化の中で、当然入るべきだと思われる達谷窟や骨寺荘園遺跡が、二〇〇九年四月四日の推薦書委員会で、外されたのは、ここは浄土教の浄土世界では括れないということからです。しかし、これを願文の中心思想である「非戦」というもので考えれば、戦争をしてはならないというものですから、当然この遺跡は入ってしかるべきです。

また衣川地区の安倍氏の館跡も、西方浄土の思想で括らなければ、そのまま残った可能性がある。その意味でも、浄土教の浄土思想という誤解を広めてしまった前回の推薦書はその内容に問題があった。今回は「浄土思想」を「浄土世界」と置き換えているが、世界のイコモスの研究者たちに対して、前回の浄土思想というものと似て非なるものとの説明はしにくいので、新たな誤解を生む怖れがないとはいえません。

明確にすべきは、平泉という宗教都市を清衡が造ろうとした時点では、いわゆる鎌倉時代に入って法然の浄土宗、親鸞の浄土真宗のような「南無阿弥陀仏」という念仏の御利益が強調され特化されていく浄土教とは違って、浄土教は仏教世界の多様性の中のひとつの宗派として、法華経やら密教の教義などと共に柔軟に溶け込んでいたのではないですか。その意味で、佐々木邦世さんの「多面体だ」という考え方が、当時の平泉の宗教というか、清衡自身の考え方に近いのではないでしょうか。

④鐘楼に刻まれた平和への祈り

佐藤　もう一度願文に戻ります。

次ぎは鐘撞き堂の「鐘楼」です。この文章は、願文の中でも、読み手の胸を一番打つ文言が並んでいます。また敵味方を含む戦死者だけではなく、戦争で亡くなったあらゆる生命の死を悼み、彼らの魂を「浄土」ではなく、原文では「冤霊《えんれい》をして浄刹《じょうせつ》に導かさしめん」と短く結んでいます。

まず「冤霊」であるが造語と考えられる。これは「冤罪」の「冤」であり、無実の罪によって、前九年・後三年の役で亡くなったあらゆる命あるものを敵味方から鳥獣魚の差別も一切なく、もしも地獄で苦しむものがいたならば、安らかな世界に導きたいとの清衡の願いを指す。「冤」について、「字通」（白川静著）は、「兔が冂（境界）のうちに捕らえられて、逸脱することができぬさまをあらわす」と説明している。浄刹は、広辞苑によれば「浄土に同じ」とある。あの世である。したがって、ここは図らずも罪もなく亡くなったすべての命あるものたちの御霊を清浄なる浄土に導きたいとなる。ただこれも清衡自身が平泉をこの世に顕現した美しい仏国土ということで考えるならば、この平泉の霊場に招きたいと解釈できる。

「◎二階建ての鐘楼のこと。

　この鐘の一音が及ぶ所は、世界のあらゆる所に平等に響き渡ります。そして生きるものすべてのものの苦を抜き、これに楽を与えます。世界があまねく平等の世界になることを心より祈願いたします。

　古来より奥州の地では、官軍の兵に限らず、奥州の兵によらず、戦によって数多の人命が失われました。それだけではありません。毛を持つ獣、羽ばたく鳥、鱗を持つ魚たちなど、罪もなき多くの命あるものたちが訳もなく殺されて来ました。

　戦で亡くなった御霊たちは、恨み言ひとつ言うこともできず、今はあの世に消え去り、骨も朽ち、奥州の土塊《つちくれ》となっ

中尊寺鐘楼

ております。私はこの鐘を打ち鳴らす度に、彼らの御霊を慰め、安楽な仏の郷に導きたいと願っております。」

実は、願文では、浄土という言葉は、いっさい使われておらず、近い言葉で言えば、「浄刹」です。

⑤平泉は現世に出現した浄土

続いて大池の項です。ここは最後の下りが極めて大事だと思っています。よく聞いてください。

「◎大池のこと。

大門は三つ建て、築垣《ちくがき》は三面に施し、二十一間の反橋《そりばし》を渡し、十間の斜橋《しゃばし》を架け、池には龍頭鷁首《りゅうとうげきす》の船を二隻浮かべ、楽器や太鼓を持つ舞装束の楽人三十八人をこれにつけました。

池を掘るに当たっては、築山をして地形を変え、池を掘って水を引き入れました。草木と樹林を宮殿楼閣の中に配置し、この中で世の人の楽しみとする歌舞を催し、人々の仏への帰依を讃えようと思います。

そのようにすれば、この地を一目見た者は、たとえ国境を隔てた者たちでも、『この世という欲深き世界にも、仏の住むような美しい所はある。』と言うでしょう。」

この最後のところ、平泉を見た者は、原文では、「徼外《きょうがい》の蛮陬《ばんすう》と雖も、界内《かいだい》の佛土と謂うべきなり」となっています。直訳すれば「国外の蛮族の暮らす地域ですら、きっと現実の欲深い世界にも仏の住む国はあるというでしょう」となります。

原文の界内《かいだい》は、法華経譬喩品《ほけきょうひゆほん》に出てくる「三界《さんがい》」と同義です。ある特定の境域という意味で、「あの世」ではなく「現世」ですね。つまり私たち凡夫が住む「この世」ということです。「三界火宅」という言葉がありますね。これは「迷いと苦しみの境域を、燃え盛る家にたとえたもの」（岩波仏教辞典）です。清衡はきっと、願文を起草した藤原敦光に、「平泉を一目見れば、この世にも仏の世界のような清浄な世界はあると思わせたい」と語り、敦光の脳裏には、法華経の譬喩品の三界で苦しむ者たちを、平泉を見るということによって救われるというイメージが浮かんだのではないでしょうか。

この箇所の文章ですが、「徼外」と「界内」で非常に巧いレトリックを使っています。私はこれを訳しながら、ジョン・レノンの名曲「イマジン」の「国境なんてないと想像してみよう」とフレーズが浮かびました。そこで私はこれを「この世という欲深き世界にも、仏の住むような美しい所はある」と訳しました。つまり言葉や文化の違う人間でも、平泉に来れば、その違いを乗り越えられる。そして「この世にも清浄で美しい世界はある」と実感すると言っているのです。とても重要なところだと思います。

高野山もそうなのですが、これはあの世ではなく、高野山流に言えば「密厳浄土」あるいはこの世に出現した楽園のようなところという意味で「パラダイス」だと思うのです。「ピュア・ランド」ではありません。平泉も高野山も現実に存在する宗教都市です。つまり平泉は、浄土教の言う西方浄土のような空想の都市ではなく、現実にそこにあるこの世を浄化する都市ということになります。

五十嵐　この箇所こそ、密教の言う「私たちの心の中に仏がいる」あるいは「私たちの心の中に浄土のような美しい世界がある」ということだと思います。これが清衡の考える「浄土観」のすべてではないでしょうか。まさに西の彼方に存在するといわれる「浄土教の浄土」と、平泉で展開された現世に顕れた世界は違うということが分かりますね。

それと、これは平泉を歩いて金色堂などをみた私の直観であり、極めて重要なことだと思いますが、密教の世界では「即身成仏」、つまり生きたままで仏になる、ということが教義の中にあり、私は清衡の死生観というか、成仏の仕方も「即身成仏」を願っていたのではないか、と思うようになりました。

そうすると、『往生要集』を著した源信（九四二―一〇一七）以降、鎌倉時代になって法然（一一三三―一二一二）や親鸞（一一七三―一二六二）と受け継がれる日本の浄土信仰とは一線を画した別の「浄土」観が伺えます。つまり「南無阿弥陀」と念仏を唱えていれば、亡くなった後、例え凡夫と言えども、阿弥陀様がお迎えに来てくれて、あの世の浄土に連れて行ってもらうというような他力を強調した死生観とは違ってきますね。

佐藤　前回の推薦書では、浄土思想の概念が、浄土教の浄土か、それとも仏国土＝浄仏国土なのか、明確になっていない。もっと言えば、「この世」なのか、「あの世」なのかも分からない。曖昧です。清衡は、この世に生きている人にも、国境を隔てた人にも、平泉を訪れた者には、「この世という欲深き世界にも、仏の住むような清浄な地域はある」と実感させるような寺を造営をしたかった。それが願文に明確に書いてあるということです。

五十嵐　法華経もそうですが、密教・即身成仏の空海の思想と繋がるものが、願文にはありますね。考えてみてください。空海には入定信仰があり、今も生きている。清衡は出家をしていないが、まさにあの中尊寺の西域の一角で、その身そのままの姿で永遠の精神を得て、今も金色堂の中央壇で横になっておられる。その姿は横になっている仏そのものです。

慈覚大師円仁が中尊寺の開祖だとすれば、やはり中尊寺にも密教の要素はかなり入っていたと思いますね。慈覚大師円仁は中国の五台山で修業し、密教を勉強してきている。今日、中尊寺を参詣しながら、経蔵別当蓮光の流れを汲む大長寿院西谷坊のご本尊が大日如来であることを知り、本当に驚きました。平泉には密教の中心である『大日如来』が他にもいて、密教的要素が大変目につきます。

千葉　「平泉は密教的要素が稀薄だ」とおっしゃる方もいます。ですが、それは近年の姿であって、全盛期平泉の宗教世界は、密教的要素がかなり濃厚だったでしょうね。

佐藤　大長寿院所蔵の宝物である金光明最勝王経金字宝塔曼荼羅図なども、まさに密教そのものですし、中尊寺の坊で見れば、常住院ですね。ここには「人肌の大日」と呼ばれる秘仏「一字金輪仏坐像」があります。これは三代秀衡さんの持仏と呼ばれる美しい仏です。あと金剛院とか円乗院、瑠璃光院なども大日如来が本尊ですね。また願成就院には、重文に指定されている五輪塔があります。こ

金光明最勝王経金字宝塔曼荼羅図

平泉展図版

の坊の「密浄上人」の墓と伝わるものです。そもそも五輪塔は、密教で言う五つの要素（地、水、火、風、空）を象徴したものです。高野山にある一〇九m（一町）ごとに立っている高さ三mの「町石」も五輪塔ですね。これは高野山において密教と浄土教の融合をもたらした覚鑁《かくばん》（一〇九五―一一四三）の考案ではないかと、仏教民俗学（高野山大学教授）の日野西真定先生に伺いました。

五十嵐　ますます、平泉を浄土で括ることは難しくなってきましたね。

⑥千僧供養　千人の僧で法華経を唱和

次ぎにいきます。「千僧供養」と「題名僧」のことです。

「◎千僧供養のこと。

千人の僧侶が、千部の法華経を読経いたします。法華経については、私は、常にこの教えを守り、多年に渡り僧侶に書写させてきました。本日、これを一日に転読させ、一人で一部、千人で千部を唱和し尽くしたいと思います。たとえ蚊の羽音でも、これが集まった時には、雷鳴を成すと申します。きっと千僧の祈りの声は、きっと天に届くでありましょう。

◎五三〇人の題名僧のこと。
私は長年をかけて、一切経を書写し、これを経蔵に安置いたしました。その数は五千巻余りに達します。これを五三〇人の僧が、一人一〇巻づつ、次々に軸の紐を解いて、手に持つ捧に伸ばし、題名を揚げます。これにより、この地から一切の煩いは、北上川に立つ朝霧のように一瞬にして消えることでありましょう。

以上のような供養をする私の本意は、ただただ平和の世が続くことを願ってのことです。」


千僧供養について、清衡は、日本国内各地や中国でも行ったとのことです。そのことが『吾妻鏡』の「寺塔已下注文《じとういかちゅうもん》」(注4)にも書いてありますね。「およそ清衡公は在世期間三三年の間に、わが国の延暦寺、園城寺、東大寺、興福寺などから、中国の震旦《しんたん》天台山の根本道場に至るまで、寺ごとに「千僧供養」をしてきました。

ここで読呪される経典は、法華経です。これは内外で平泉が戦争放棄を宣言するような効果をもたらしたのではないでしょうか。次ぎに書写した一切経のお披露目の儀式です。おそらく書写した五三〇人の僧侶たちは、自分の完成させたものを誇らしく掲げた情景が見えてくるようです。

⑦霊場「平泉」の誕生

佐藤　いよいよエピローグに入ります。ここではもちろん「清衡コード」というか少し暗喩のような形ではありますが、平泉を造営した意図や、都市デザイン、さらに京都政権との外交戦略なども伺えます。同時に、清衡という人物の性格や平和を謳歌した三三年間の治世が彷彿として蘇ってきます。ここで清衡は、七〇歳を越えて、自らの死を意識しているためでしょうか。京都との蜜月関係をさらに安定したものとして構築するために、院に必要以上にかしこまって中尊寺の御願寺化を急いでいるようにも思えてきます。

「東夷の遠酋《とういのえんしゅう》（注5）

私は縁あって、奥州の長《おさ》に連なる家に生まれ合わせました。幸いにも白河法皇が統治される平和な世に生き、このように長生きをして、平和の時代の恩恵に浴して参りました。

そして我が奥州の地では争い事もほとんどなくなり、捕虜を住まわせた土地や、かつて戦場だった所も、平穏な地になりました。

さてこの時代にあって、私は、分不相応に「東夷の遠酋《とういのえんしゅう》も、祖先の残した事業を引き継ぐこととなり、誤って、奥州の長の座に座ることになりました。今や出羽や奥州の民の心というものは、風に草がなびくように従順になっております。また海を隔てた地の異国の人々とも、平和な交流を重ねております。

私も、あるがままにこの地を治めて三〇年以上が経ち、平和を謳歌して参りました。

毎年の租税を滞ることなく納め、生業に励み、鳥の羽や毛皮、獣の牙の貢ぎ物の献上も欠かしませんでした。

これにより度々ご厚情をかけていただき、遠い都から「国のために尽くした」とのご褒美を頂戴し、そのご恩に感謝しない日は一日たりとありませんでした。

ところが私は、既に六〇歳を過ぎてしまいました。人の運命というものは、天にあるものではございますが、どうして、平和の世を与えていただいたご恩を忘れることができましょう。それには善行を積む以外にはないと思い立ちました。

そこで、残っている財貨を洗いざらいなげうつ覚悟で、占いにより吉と出た土地に、堂塔を建て、純金を溶かして、経典を書写させてきました。経蔵、鐘楼、大門、大垣などを設け、高い所には築山を施し、窪地には池を掘りました。

こうして平泉の地は、「龍虎は宜しきに叶う」という四神が揃う平和の地となりました。東北の地では多くの者が仏に帰依をして、諸佛を礼拝する「霊場」となりました。」

この部分で私は、平泉という都市の異なった二つの側面を思いました。一は、海を隔てた国と積極的に交流をはかる交易都市「平泉」の出現。二つ目は、戦争の犠牲者を敵味方の分け隔てなく供養する霊場「平泉」の誕生です。そして、この二つは戦がない平和の世だからこそ叶うものです。

このふたつは明と暗のように見えますが、どちらも、平泉という都市のふたつの側面と言えるのではないでしょうか。まず前者の交易都市「平泉」についてですが、清衡は、仏教の経典や最新の文化や文物を持ち込んだ。また北の民族との交流によって、アザラシの皮や鷹の羽など当時としては稀少価値のある物を輸入した。これは前九年・後三年の役というほぼ四〇年に及び消耗極まりない戦争下の状況とは雲泥の差がある。もちろんここには、金という世界的価値のあるものをフルに活用しての大転換だった。

続いて、後者「霊場としての平泉」です。これは仏教民俗学の日野西眞定先生に伺ったことですが、人の魂は死後三三年を経て、山に戻って浄化されるということを伺いました。いわゆる民俗信仰です。これを「山中他界の信仰」と呼んでいます。地元平泉では、中尊寺のことを「お山」と呼んでいますが、これなども「霊場」のひとつの証明になりますね。清衡が平泉開府以来、連綿と続いてきた中尊寺に対する崇敬の念が「お山」という言葉に凝縮されていると思います。

清衡が、奥州の覇者の座に納まって三〇年余りで企画された中尊寺の落慶供養の儀式は、まさに戦で亡くなった死者の魂を浄化し、この世に現れた仏国土としての霊場中尊寺に送る儀式だったのです。

それ以来、平泉には、戦争で親兄弟友人などを失った多くの人々が、敵味方の区別なく、現世に建設された「浄土」として訪れ、月見坂を登り、金色堂に詣でるという参詣の形が定着したものと思われます。願文にある敵味方の区別がない、という理念が本当に素晴らしい。その上で二度と戦争を起こさない、起こさせないという清衡の強い決意が、願文の端々から伝わってきます。

⑧平泉は「安養の郷（注6）」

佐藤　最後は、直接「白河法皇」と「鳥羽天皇」に呼びかけを行います。

「法皇　さま。

今の平和の世では、都の人々から全国津々浦々の民百姓に至るまで、みな今の世を楽しみ、長生きをして、平泉の地に天皇のご命令による御願寺《ごがんじ》ができたことを祝っております。

平和のために堂塔を建てる真意につき、天子さまからのお言葉を頂戴し、今ここに念願であった犠牲者の供養の思いを遂げようとしております。

宝暦三年、陽光の春三月の良き日に合わせて、占いもみな吉と出ています。

そこで本日は、千五百人の僧を招き、八万十二の一切経を読呪いたします。

一切経の金銀の字の輝きは、私の平和国家への真心を照らし、その読呪の声は力を合わせて、法皇の長寿を祈りましょう。そして、一生涯を恵みの海に浴した私は、身体は後に、安養の郷に詣でるつもりでございます。

平泉中尊寺を訪れる者は、この世の牢獄に繋がれた者も、あの世にいて輪廻の苦しみ中にある者さえ、善き報いを受けて、長い牢獄から解き放たれて自由の身となり、心からの安らぎを得ることが叶いましょう。

天治三年三月二四日　弟子藤原清衡　」

2　平泉の世界遺産登録の条件を探る

①平泉を浄土世界で括りすぎないこと

佐藤　願文について、特に中尊寺の伽藍の配置が、現在ではほとんど分からない。この辺りから議論を進めたいと思います。

五十嵐　まず清衡の時代の中尊寺の伽藍配置ですが、どのような文献を読めばわかりますか。

千葉　それには大変な想像力が要るでしょう。基本となる文献は、『吾妻鏡』の「寺塔已下注文」と中尊寺が所有する『供養願文』の二つですが、双方が合致しない点が多いんです。また、当時の木造建造物で、現存しているのは金色堂だけです。地上で確認できる遺構も非常に数が少ない。発掘調査は七〇数次にわたっていますが、境内全体の具体的な様相を解明するまでいってません。ですから、全盛期中尊寺の伽藍配置というか実像については、分からない事の方が多いんです。近世までの伝承を動員しても、文献に記されている堂塔の位置を特定することは、かなり難しいというのが本当のところです。

五十嵐　もう少しスケールを大きく取って、毛越寺と中尊寺という平泉を象徴する二つの寺院について、この配置というか関係性をどのように考えたらいいんでしょうか。コンセプトでもいいんですが。

千葉　『吾妻鏡』の「寺塔巳下注文」でも、別々に記載されています。

五十嵐　本尊は、お釈迦さんとお薬師さんの違いという分け方でいいんですか。

千葉　『供養願文』にある通りだとすれば、中尊寺のご本尊は阿弥陀ではなく、釈迦ですね。

五十嵐　中尊寺と毛越寺は、本末とか親子のような関係性はないわけですね。ここは重要なところだと思うんですか。

千葉　時系列で言うと、清衡が中尊寺を造り、息子の基衡が毛越寺を造り、それを孫の秀衡が完成させて更に無量光院を造ったということになります。大矢邦宣先生（故人・当時推薦書作成委員）が、それぞれ、釈迦の寺、薬師の寺、阿弥陀の寺という言い方をされてます。無量光院境内の東端から見ると、北（右手）に釈迦の寺である中尊寺が造営された関山あり、南（左手）に薬師の寺である毛越寺背後の塔山、そして正面の無量光院の後背つまり西方に弥勒下生《げしょう》の際の神聖なる山がある。これが金鶏山で、吉野の金峰山になぞらえて、金鶏山の頂上には黄金が埋蔵されているんだ、という説明を大矢先生はなさいます。

佐藤　黄金伝説が今に生きている感じですね。金鶏山は、黄金の埋まっている山ということですが、須弥山の他に吉野の金峯山に見立てた山なのでしょうか。吉野の金峯山には「金の御岳《きんのみたけ》」という黄金浄土伝説があります。『吾妻鏡』の「寺塔已下注文」にも、金峯山を勧請したことが記されていて、麓の花立には巨大な伽藍を想像させる礎石が並んでいる。これは吉野にある蔵王権現堂を模した巨大な伽藍があったということでしょうか。

千葉　そうです。金鶏山の東麓つまり現在は文化遺産センターの敷地になってますが、そこに花立廃寺という遺跡があります。これは吉野金峯山の蔵王堂を模した大きな伽藍というのが近世の伝承です。

五十嵐　蔵王権現堂というとかなり巨大な伽藍でしょうね。

千葉　面積的には毛越寺の金堂円隆寺と同規模の建物です。礎石も残っています。

佐藤　礎石を見ただけでも、巨大なものです。凄い大きさです。

千葉　今見えているのは偽石で、あの下にもっと大きな本物が残っています。山麓に蔵王堂があって、金鶏山は平泉の宗教景観における金峯山なんだと。そこには吉野と同様に未来仏弥勒が下生した際に使う宝（埋蔵金）が埋めてあるということになります。

五十嵐　まさにこれは、浄土の世界というよりは、もっとおどろおどろしいものを含む密教の世界が拡がっているような感じだね。

千葉　曼荼羅世界ではないのか、という言われ方もします。

五十嵐　ここでは仏教信仰と土着の民俗信仰のような混交もあったんじゃないですか。

佐藤　確かに平泉には、日本のあらゆる神仏を勧請して、これを東西南北に配置していますからね。曼荼羅というのは、意外に合っているかもしれませんよ。この配置は高野山にも似ている。

五十嵐　中尊寺には最も重要な場所に白山神社がありますが、何で仏院と神社とが共存しているんですか。

千葉　白山神社は、中尊寺一山の鎮守社であり地主神なんですよね。

五十嵐　高野山でも壇上伽藍の金堂の横に、地主神の高野明神が祀られています。神仏混交という点では同じですね。山王社とも呼ばれます。

千葉　比叡山の日吉神社を山王社と呼んだりしますから、比叡山の「地主神」なんでしょう。中尊寺では、白山神社とほかに日吉社が、鎮守社に位置づけられています。

佐藤　この辺りは高野山と同じ配置とみてよさそうですね。

五十嵐　このように考えて来ると、ますます浄土の世界という概念とはかけ離れたイメージが拡がって来ます。

千葉 平泉は、阿弥陀信仰に集約された「浄土教」の浄土では括れない「浄土」ということになります。

佐藤 世界遺産に申請する際の、最初の定義が少し違っていたということになるのでしょうか。面倒なようですが、根本から改める必要がありそうですね。今のままでは、価値の証明は、はっきり言って出来ていないですからね。場合によっては、誤解されたままになっている「浄土世界」という概念だって外すことも視野にいれないといけないかもしれない。

五十嵐 私は登録に関して、メーンコンセプトは宗教の世界でいいと思います。しかし、だからといって何も教義そのものを推薦書に盛り込めと言っているのではない。平泉の空間に表現されている伽藍の配置や風景には、この願文に盛られているような「平和」の考え方が背景にある。このことを推薦に反映させて、価値の証明をしなければならない。実際、戦争が続いた奥州にあって、仏教を中心とする都市を築いて、亡くなった人々を弔い、二度と戦争をしない、という誓いを立てた。それが平泉という都市の中心の思想なんだから。これまでの「西方浄土」の平泉論では、説明不十分ではなかったか。まず、これを認めて、そこからのスタートだと思います。

佐藤 その通りです。『中尊寺供養願文』に盛られている非戦の思想、恒久平和の思想は、ユネスコ世界遺産そのものの価値を高める非常に歴史的価値の高い考えなのだから。現在のままでは、本当に悲しい気さえします。以前、千葉さんから、イコモスの見解として奥州藤原氏の歴史や思想などというのは、普遍的な価値に入らないといわれているということを聞きました。しかし、ことの「真理」すなわち「普遍的価値」について、私は逆に、説得すべきだと思うんですけど。

千葉　世界遺産の視点で平泉を見た時、どこに光が当たるか、ということでしょう。政治行政上の拠点という側面とか日本の中世都市の魁けとか英雄源義経終焉の地などではＯＵＶ（顕著な普遍的価値）にならない。あるいは平泉文化という複合的で濃密な文化をプロデュースした奥州藤原氏自体も、ＯＵＶにはならないわけです。もっと言えば、奥州の歴史にもＯＵＶはない、とイコモスからは言われています。

五十嵐　それはちょっと。世界遺産の規定をあまりにも「古典的かつ厳格に解釈」しすぎて、偏り過ぎではないですか。平泉はこれまで、世界遺産登録のために古典的な基準にこだわりすぎて、その結果、自分でハードルを高くあげすぎて、無理して来たんじゃないですか。

千葉　少なくとも奥州藤原氏にＯＵＶはないということです。イタリアルネサンスを支えたメディチ家やヨーロッパ史におけるハプスブルク家には十分にあるんでしょうが（笑）。

佐藤　うーん。例えばそこで、清衡という人物がいたり、仏教史の中でも比類ない経典「中尊寺経」を完成させた経蔵別当の蓮光さんや同じく『吾妻鏡』に「寺塔巳下注文」を記述させた経蔵別当の心蓮さんのような信仰の力というか、清衡の平和の理念で、平泉を護り抜いた坊さんがいたわけで、平泉というところは、そうした天才たちがいて今に受け継がれているわけでしょう。

千葉　そういう事は、少なくとも欧米の専門家の間できちんとオーソライズされてないとダメでしょうね。

五十嵐　平泉の推薦書ですが、浄土世界という概念を取り去って、もっと広い意味の「平和」を基調とする宗教世界を具体化しているという感じで、中核的な遺産としては金色堂と経蔵と経典と毛越寺の庭園そして柳の御所その他を一連のものと位置づけていくという作業をしたらどうなのでしょうか。

佐藤　私は建物としても経蔵をもっと強調してもいい気がします。経蔵は火事で二階だったものが、元の部材を使って、一階立てになったというのですが、どうなんですか。

五十嵐　それと、中尊寺経が、高野山に渡った歴史についての研究はありますか。

佐藤　それは佐々木邦世さんが、先行研究も踏まえて、信憑性の高い見解を発表されています。

千葉　佐々木さんの説明によれば「中尊寺経の大がかりな搬出は、慶長三年（一五九八）の春のことで、太閤秀吉の厳命によるものであった。そして、秀吉にそれを所望した護持僧三宝院義演と、これも秀吉に信認厚かった高野の木食上人応其《おうご》が係わっていたことは、間違いないようである。」（佐々木邦世著「平泉中尊寺」吉川弘文館　九九年年刊）ということです。

五十嵐　それにしても、よく中尊寺では、秀吉の時代まで、この中尊寺経を管理保管できましたね、頼朝以来約三〇〇年もたっている。

佐藤　他は皆焼けて、金色堂と三代の遺骸と経蔵と中尊寺経が残っていたわけですから、僧侶はそれこそ命がけで守っていたんではないですか。

五十嵐　だけど、それだけの宝物だから、盗賊のようなものもいただろうし、他の大名だって欲しがったかもしれない。これらの圧力に対抗して、平泉には守りきるだけの備えがあったということですか。秀吉は、奪っていったんですか。

千葉　召し上げという形でしょうね。出せという一言でしょう。

佐藤　あの時は、小田原を落として、奥州に攻めて、場合によって、遅参した伊達政宗も命の危険があった。「奥州仕置き」と言われる時で、頼朝以来、この地を治めてきた葛西氏が滅ぼされてしまった時期です。まさに千葉さんの言う「召し上げ」という形で、もっと言えば脅して盗んだということになりますね。これは余談になるかもしれませんが、白山神社の前に掲げられている板札に能の由来が書いてあって天平一九年（一五九一）に関白の豊臣秀次と伊達政宗が一緒に中尊寺の能を観たということです。それ以来、その演目を継続しているらしいです。この時は二度目の奥州仕置きがあった年で、もしかすると中尊寺経を実際に持ち出したのは秀次だった可能性が浮んできますよね。

五十嵐　考えられますね。秀次と高野山の関係は悲劇的です。秀次は秀吉の命によって高野山で切腹させられた。しかし、一方で秀吉は高野山を生母の菩提寺にしている。また、もちろん高野山奥の院には誰よりも立派な秀吉自身の墓があります。秀吉と秀次そして高野山、特に高野山が秀吉に攻められた際に秀吉と和平交渉にあたった木喰上人の関係を丹念に追えば、もう少しストーリーが見えてくるかもしれません。いずれにせよ、平泉から中尊寺経が持ち出されるにあたって、そうすると伊達政宗が共犯者かもしれないというのは大変おもしろい仮説です。まあ、仕方なかったとは思いますが、じゃーそれからの伊達家の平泉への支援は罪ほろぼしですか・・・。

②過剰な公共事業は登録への弊害になる

佐藤　最近強く思うんですけど、この一〇年ほど「世界遺産」という一種のフィルターがあって、皆そのために一種、知的な興奮状態にあるのではないでしょうか。

千葉　「世界遺産」で加熱していることは否めないと思います。また、その前提とでもいうんでしょうか、一九九〇年代には柳之御所遺跡の問題が研究者レベルで加熱しましたね。遺跡の保存運動も展開されました。それとほぼ平行して平泉は「都市」という概念で紹介されることが多くなった。柳之御所遺跡の緊急発掘が、研究というか様々な推論の後押しをした。中世史研究者と発掘現場が相互に補完しあって、大衆に対する話題性という意味でもまさにマッチポンプの状態だったと思います。そうして遺

跡は保存された訳ですが。その辺の終息時期とNHK大河ドラマの「炎立つ」がリンクしているんですね

佐藤　柳之御所遺跡の発掘は、研究者に興奮を誘った。つまり以前には平泉というと、中尊寺と毛越寺というものだったのが、平泉バイパスの計画により、その道路計画の路線を掘ってみると、遺跡や遺物がどんどん発掘されて、これが「吾妻鏡」で言う政庁である「平泉館」ではないかということになった。実際に初代清衡が、この地に遷都して造った跡が出たということは、従来の研究をはるかに越えるもの凄い展開です。研究者だけでなく、地元はもちろん、日本中が歴史ロマンを感じてしまったのは無理がない。

五十嵐　そこに世界遺産登録という第二波が来たわけですね。

佐藤　柳之御所遺跡の発掘に続き世界遺産登録という流れが起きて、この流れというものは、平泉文化論の新しい展開というように思っています。ただ最初の展開の取っかかりになったのは、皮肉にも、平泉バイパスが通る計画がありました。

寺側も研究者も住民も「そんなものを出土した遺跡の上を通したらいかん」ということで、第一次のバイパス反対運動が起こったのです。マスコミを大きく取り上げました。その時には、中尊寺や毛越寺でも署名活動がなされて二〇万人の署名が集まり、文科省にこれを届けた。結局、柳之御所遺跡の価値

が認められ、国土交通省もバイパスの路線の計画を変更し、バイパス自体が、西に一〇〇mほど移動することになった。

これを英断と受け取る見方が大勢だった。しかし、私はそれによって平泉の原風景は致命的な悪影響を受けたと思っています。はっきり言わせてもらえば、東北の住民は遠慮がちです。一度、国に平泉バイパスの計画を変更させて、柳之御所を残してもらったのに、それ以上、運動を発展させることにためらいがあったのではないでしょうか。たとえこのバイパスが、平泉の一番美しい高館山からの景観を根本から壊してしまうとしてもです。二〇〇〇年頃でしたか、「平泉景観問題」というホームページを立ち上げて、「夏草や兵どもが夢の跡」と「芭蕉が詠歎した平泉第一の景勝地を救え」とやった時に、地元の直木賞作家故三好京三さんが、高館からの景色について「どこにでもある河川敷ではないか」という発言をしたということを聞いた時には、尊敬していた方だけにショックでした。何で「ただの河川敷なの」と。そうしたら、あの方は、戦後すぐに北上川を襲ったカスリン台風（一九四七年）だかアイオン台風（一九四八年）で、友人などを失った災害体験を持つ人物であることを伺いました。この地域全体が、そうしたトラウマのようなものを抱えていることを感じましたね。もうひとつ、一〇年ほど前には、日本全体でも「景観意識」というものが稀薄だったこともあったのではないでしょうか。

③歴史を感じさせる町づくり

五十嵐　私は数年前「紀伊山地の霊場と参詣道」（二〇〇四）として世界遺産に登録された高野山で一年間暮らしました。その高野山と比べると、平泉というところは、例えば「道」ひとつを取っても、歴史と現実がほぼ一致している高野山に比べ、ほとんど分からなくなってしまっている。つまり歴史の痕跡が曖昧になっているような気がします。

奈良や京都でも、割とはっきりと歴史の痕跡を辿れるでしょう。例えば文科省が世界遺産委員会に提出した推薦書には、浄土の世界を強調するためにいろいろな「軸線」を取り上げていますが、現実とあわせてみると、無量光院と金鶏山以外の軸線はよく分からない。都市の中枢をなす道路がまったく昔とは別に出来てしまっている。平泉は変容し過ぎだ。町全体からも歴史的な匂いのようなものはあまり感じない。もちろん中尊寺境内や毛越寺のような観光スポットでは、歴史や文化あるいはそれぞれの創建者の思いを感じますが町全体に歴史性が薄い気がしました。第一、ここは当時京都にも匹敵する大都市だったといわれても皆さんピンと来ないでしょう。

佐藤　高野山は山上にある宗教都市ですから地形的に変容のしようがない。吉野なんかもそうです。

平泉で言うと中尊寺の月見坂を登り、惣門をくぐって、東物見を見て、本堂、そして金色堂に至る道は、過去と繋がっています。これは変容していません。ところが山を下り下に降りて来ると、まるで何が何んだか分からなくなってしまう。特に、平泉駅から駅を背に右に折れて中尊寺通りの景観が、まるで歴史を感じさせない。無量光院の前辺りでは、少し通りの住民が、意識的に雰囲気のある町づくりを目指しているようにも感じられるが、他の歴史的地域などと比べると、見劣りがする。私は観光客が歩く道というものを大切に、せっかくできた景観条例もあるので、積極的に町づくりに励んで欲しいですね。

五十嵐　私は二〇〇二年八月に平泉に来ています。その時に柳之御所跡にあったしだれ桜が枯れて〇八年暮れに伐られたと聞きました。また、柳之御所の目の前でバイパス工事の真っ盛りでした。北上川が掘削されていた。余りの大規模さにあ然としたのをよく覚えています。

平泉バイパスもそうでしたが、今回来て見て、驚いたのは、衣川の堤防工事です。これも洪水対策ということですが、せっかくの衣川、これは平泉にとってはまさに歴史のシンボルと思いますが、これがほとんど跡形もなくなる。中尊寺のすぐ下で、何でこれほど大規模な堤防工事を行う必要があるんでしょうか？

このような過剰な公共事業は世界遺産の価値とは両立し難いものがあります。今の状態では、金色堂とか、大泉が池とか、ピンスポットで見れば、浄土の世界も感じますが、バイパス、北上川や衣川の護岸工事を入れて町全体を「浄土の世界」として括った時、世界中の人はなんと言うでしょうか。イコモスの調査員が平泉に来てますが、いかにこれらを隠しても、彼らも確実にこの町の光景を見ています。この過剰な公共事業を払拭して浄土の世界を浮かびあがらせようとしても、それは実に厄介なことだ。

④推薦書では軸線ばかり強調しないこと

千葉　イコモスの評価書には「現在の平泉は、各遺跡の間に、近代化した都市が入りこんでいる」との指摘がありました。これは国指定の「史跡地」として囲い込まれた部分だけが、近代化の波から守られた結果です。また、先ほど五十嵐先生が言われた「軸線云々」ですが、一二世紀平泉の地割とか街区、つまり計画軸についてはまだはっきりしてないことが多い。資産間のおだやかな関係性で説明といた方が無難でしょうね。軸とか言っちゃうと、「その軸はどれだ、どこにも残ってないじゃないか、関係ないじゃないか」と突っ込まれる。

五十嵐　無量光院と金鶏山そして夕日というのはまさしく「西方浄土」を現しています。これはまさしく「軸線」といってよいでしょう。しかし、「柳之御所」から金色堂までの軸線といわれてもほとんど実感できない。

千葉　無量光院伽藍の中心軸は明らかに金鶏山の頂上付近を基点にしており双方の関係は疑いようがないものです。このことは五〇年以上前の、つまり昭和二六年（一九五一）に行われた文化財保護委員会（現文化庁）による総合学術調査で明らかにされたことです。ところがこのごろでは、中尊寺（金色堂）と柳之御所を結ぶ軸線はまだよいとして、経蔵別当領であった骨寺村にも西方浄土を意識した軸線があるとか、果ては中尊寺は衣川北岸の長者ヶ原の遺跡を意識して造営されたとか、達谷窟と白鳥舘が平泉中心部から等距離に位置することに意味を持たせようとしたりと、根拠が乏しくま

秀衡期の軸線

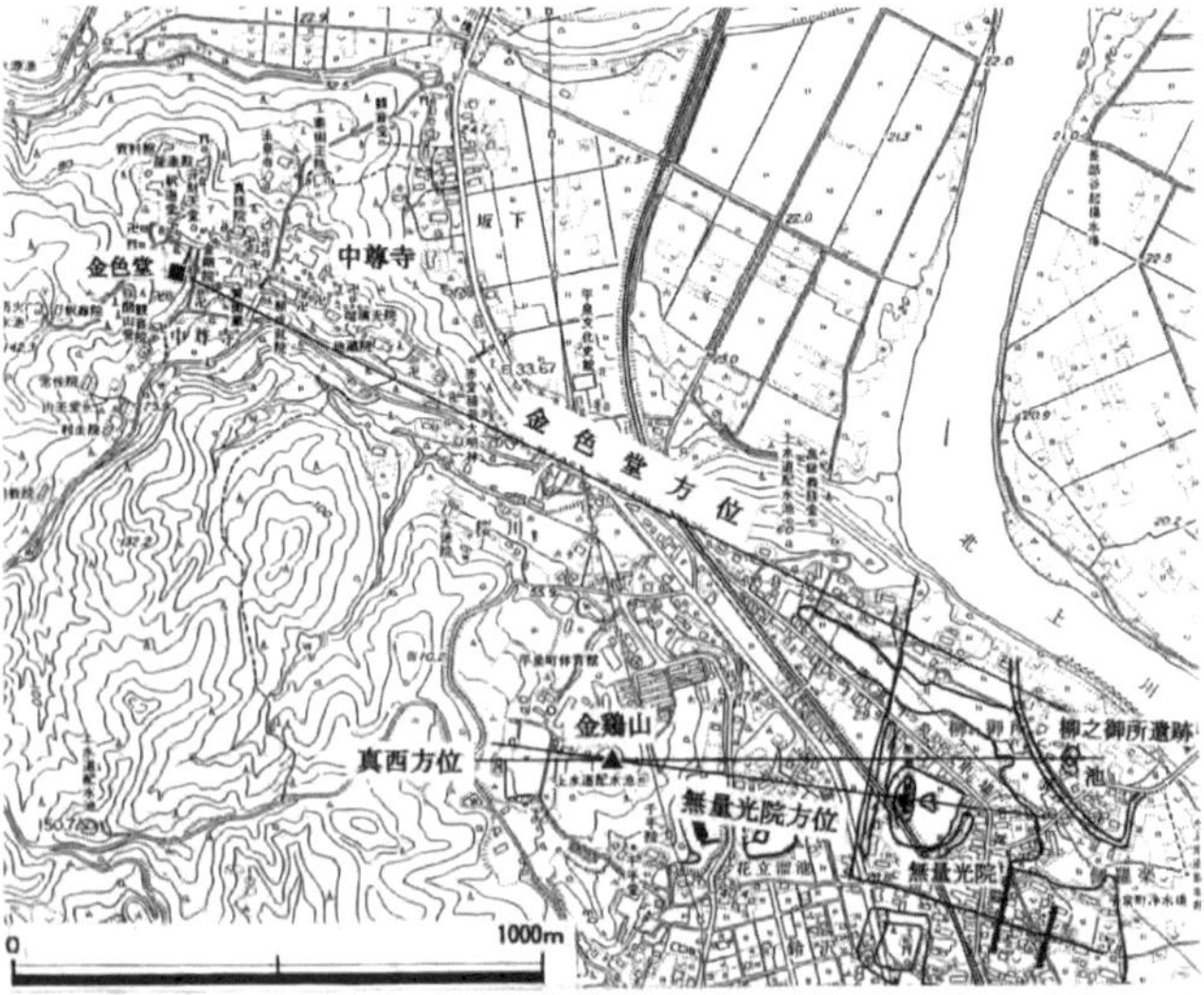

出典：前川佳代「苑池都市」平泉　浄土世界の具現化より

た見ようによっては苦し紛れともとれるような説明が目立ってきました。それらが推薦書や世界遺産委員会への提出物、自治体が作成した一般向けの公式パンフレットに掲載されています。

専門機関に説明するのであれば、空間的な関係性ぐらいでよかったのではないでしょうか。軸線となると「都市のデザイン」に直接関わることになってしまう。

新聞インタビューで、東大の西村幸男先生（当時推薦書作成委員）が、「軸という言い方をすると、ここにキチッとした街路が残っているとか、歩いてまっすぐに見えるものがある、そういうものが今も尊重されて生きているということになる。それが平泉の場合はわかりづらい」とおっしゃってます。柳之御所遺跡から西の方に、金鶏山が見えるとか、その程度の柔らかな表現ですね。西村先生は、イコモス本体の委員をながく務められた方だから、イコモスに「軸」という表現をするとあぶないということを経験からご存じなんでしょうね。最初の推薦書作成段階でも、その辺のアドバイスはきちんとされていましたが、結局推薦書に反映されてない。

佐藤　西村先生の意見に、まったく同感です。まず五十嵐先生が言った「無量光院から金鶏山」という軸線は存在するわけです。

五十嵐　もう一度確認したいのですが、無量光院―金鶏山の軸は、あれこそまさに浄土教にいう「西方浄土」を意識して、意図的に設計したものなのでしょうか。いいかえれば、基衡の時代になって、「浄土教」がくっきりと浮かびあがってくるということなのでしょうか。

千葉 くり返しになりますが無量光院を造営する際に、金鶏山の山頂付近を基準点にした、という事は十分に考えられます。では、無量光院の拝所から、山の頂上に日が沈むのが見えたのか、見えなかった（笑）。CGの光景は、視点場が高いんです。

今のところ、拝所は東中島にあったと考えられています。阿弥陀堂、つまり平等院鳳凰堂を摸したという本堂(阿弥陀堂)が前面にあり、その屋根に隠れて金鶏山は見えなかった。御堂の中心を見据えつつ、金鶏山の頂上に日が沈むのを見ようとすると、明らかに境内地の外に出てしまう。現実にはそういうことになります。

五十嵐 ああそうですか。CGの絵等を見ているとこれは一直線に見えるように思える。しかし実際はそうとう後方に下がらないと見えないわけですね。では外国人に『軸』をどのように説明するのでしょうか。

千葉 金鶏山は、寺院造営の際の基準点だったという説明の仕方もあります。例えば無量光院と同じように、金鶏山の山頂付近から南に真っ直ぐラインを引くと、毛越寺境内の東土塁のラインに重なります。そのような意味で寺院伽藍を造営する際、基準点に山頂を使ったということでは説明できると思います。

五十嵐 それが世界遺産にいう普遍的な価値を構成する中心的な拠点といえるかどうか、また浄土にこだわると・・・。基準点だけだと「浄土」が見えてこない。

千葉　もちろんそれだけではありません。先にもふれましたが、金鶏山の山頂付近は大規模な「経塚」が営まれた、そのことが重要なんだと思うんですよ。

佐藤　大矢邦宣先生（推薦書作成委員）は、金鶏山について、あれはストゥーパ（仏舎利塔）だという説明をしているようですね。

五十嵐　ストゥーパだとすると、骨を埋めたような形跡は実際残っているんですか。

千葉　骨ではなく、経典を埋めたということです。経塚は、経巻を保存するための施設です。弥勒菩薩が、五六億七千万年後の世に如来となって現れる、その時まで経典を保存するためのいわばタイムカプセルなんですね。そして弥勒が現れた時、経塚を造営した人たちは、弥勒の浄土「兜率天」に往生できるという信仰です。経塚の始まりは、わが国では藤原道長（九六六―一〇二七）だったでしょうか。奥州藤原氏は寺院造営や写経と同様に、金鶏山のみならず広範囲に多数の経塚を営んでいたようです。仏教に帰依するものとしての作善、あるいは供養という意味合いがあったんだと考えられるんですね。

五十嵐　藤原道長は高野山とも深く関係してます。吉野参詣の後に、高野山に参詣しています。衰退していた高野山が道長の参詣で再び栄えるきっかけとなった。それくらい大きな人です。高野山では空海は五六億年後には弥勒菩薩になって戻ってくるといわれていますが、経典を納めた人が極楽に行く、という話はあまり聞いたことがありません。これは私の不勉強かもしれません。

千葉　道長が築いた経塚は、吉野の金峰山にあります。道長が埋めた経筒が土中から発見されてもいます。それには、埋経の趣旨などが表面に彫りつけてあります。金鶏山の経塚からも経筒が見つかっていますが無銘でした。平安時代の経塚は全国に分布しています。経塚のアイデアはどこで生まれたものなんでしょうね。聞くところでは中国にも同じような考え方で埋めたものがあるのではということで、論争になっているそうですが、はっきりした結論は出ていないようですね。

五十嵐　平泉では藤原清衡の埋めた甕や筒が出て来ているということですか。

千葉　金鶏山の場合は、出土した東海地方産陶器の年代観から、古いものでは一二世紀のなかばごろ、つまり初代清衡の最晩年以降、何度も埋経が行われていたと考えられています。これはあくまでも現段階での年代観ですから、今後物差しが訂正されたり、別の方法で年代が鑑定できるようになると、話は変わってくるかもしれません。

それに金鶏山頂上部の遺跡はまだ完掘されていません。ですから、今のところ奥州藤原氏の時代に幾度も埋経が行われたようだ、ぐらいに留めておいた方が無難でしょうね。

五十嵐　日本独特の民俗信仰なのかな。ともかく金鶏山に対し昔から聖なる山という信仰があった。昔から自然に存在していた山（というより丘に近い）を信仰によって人工的に聖なる山に変化させていったとみてもよろしいのでしょうか。

千葉　それは言えると思います。聖なるというか、いわば信仰の山なんですね。

3　平泉都市論

①平泉は平和の理念で造営された都市

佐藤　平泉でいうと毛越寺が入口というか玄関に当たりますね。そこで南大門と言われる門を潜ると、この世とは隔絶されたようなハッとする美しい景観が拡がっている。それを現世浄土と表現しても間違いではないようなものです。ふと足もとを見ると大泉が池にかかる反橋がある。それを渡って豪勢な円隆寺という大きな伽藍に至る。それが都市平泉の第一歩なわけです。そこから、中尊寺に至る道なんですけど、今復元されている車宿りの前の道から、真っ直ぐに中尊寺に向かう「道」というものは、あったんですか。

千葉 観自在王院跡の整備事業に伴う事前発掘調査成果から、毛越寺境内の東築地と観自在王院境内の西側土塁の間に東西幅約三〇m、南北に一〇〇mほどの石敷き広場があったと想定されています。この広場からは牛車を止め置いた「車宿《くるまやどり》」の遺構も見つかりました。これまた発掘調査の成果ですが、広場の北方は毛越寺境内の北端にある弁天池が張り出して行き止まりになっていたと想定されているんです。なので、あの広場から北へ、同じ規格でそのまままっすぐに中尊寺に向かう道というのはちょっと難しいですね。もちろん、毛越寺と中尊寺を結ぶなんらかの山越え道はあったと思いますが。

佐藤 弁天池というのは、毛越寺の遣水の源流になりましたか。

千葉 発掘調査の成果に基づくならば、観自在王院前庭の苑池である舞鶴池の源流と考えられます。

五十嵐 毛越寺に隣接した車宿りの道路ですが、何であのように、長方形のスパッとした形態なのでしょうか。ほかはほぼ地形に添うような形をしながらここだけはいかにも人工的です。

千葉 毛越寺・観自在王院の周辺は、わりとしっかりした区画がありました。観自在王院跡の南東角から東方に走る現在の県道らいですが、明治二〇年代に平泉驛に通じる道として新たに建設されたものなんです。その道が平成に入ってから拡幅されたのが今の姿です。その際の事前調査で一二世紀の地割りが、部分的に分かってきています。

佐藤 この周辺について、『吾妻鏡』の「寺塔已下注文」ではこんな記述ですね。「観自在王院の南大門の南北路から東西にかけて数十町に及んで「倉町」が並んでいます。また数十件の「高屋」が建っています。この観自在王院の西や南北に伸びる付近には数十の数の車宿《くるまやどり》（＝駐車場）あります」（文治五年九月一七日の条より　現代語訳佐藤弘弥）。どこか、雅なイメージが漂いますね。また秀衡の長男の国衡邸などもあったと想定されています。頼朝が平泉に来た時にも、あの周辺に駐屯していたと言われていますよね。

千葉　鎌倉方がどこに駐屯したものやら、それは分からないですね。そのような伝説が残されているのは、平泉の近辺では宮城県栗原市金成町の勝大寺ぐらいじゃないですか。それすら寺の伝説でしかないのですけど。それから鎌倉方の軍勢ですが、『吾妻鏡』に記載されてる兵力は、再考の余地があると思います。たしか、鎌倉進発の際の兵力が一千騎だったじゃないですか。

おそらくその辺が精鋭でしょうね。ただそれだって馬千頭の一千騎なのか、徒《かち》も入れての総勢一千人なのか。

佐藤　なるほど、ただ二八万の数はそうだとしても、少なくても数万はいたはずで、そんな頼朝の正規軍が寄宿するとしたら、平泉では、あの周辺しか考えられないのではないですか。

五十嵐　二八万という兵力は、当時としては膨大なものですね。

佐藤　確かに都市がそのまま移動しているような印象ですね。その兵站《へいたん》を考えても、想像力が追い付かない感じです。ある種異常な気さえします。

五十嵐　当時京都の人口は二〇万とも言われるでしょう。その人間が全部来る位の数だからね。

千葉　『吾妻鏡』のあの記述は、少しマユッバものではないでしょうか。頼朝軍が平泉に入る時、岩ヶ崎と金成の周辺（津久毛橋付近）で最後の大きな戦いがあったようです。その時の鎌倉方の精鋭が二万騎と書いてますけど、騎馬武者だけで二万って、ホントにそんな居たんでしょうか。兵站も含めた総勢が二万人というのなら、わかるんですけど。それでも大兵力ですよね。

佐藤　津久毛橋の戦いですよね。あれはもう小競り合いのような様相ではなかったですかね。梶原景高が「陸奥の勢は御方に津久毛橋渡して懸けん泰衡が頸」と詠んだ場所ですよね。

千葉　読み方だとは思うのですが、小競り合いというより、私は平泉方にとっての最後の決戦だったと考えています。それが鎌倉方の精鋭と平泉方の最後の戦いだった。

それにしたって兵站はどうなっていたんでしょうか。『吾妻鏡』の記載だけからではリアリティーが感じられないんですよね。

佐藤　この時、泰衡は、既に古川にあったとされる多加波々城《たかはばじょう》を捨てていました。『吾妻鏡』は、この状況について、このように記しています。これは頼朝が和田や畠山などの将軍たちに宛てた命令書です。

「・・・津久毛の周辺では、平泉の兵たちも、その周辺での戦を避けるであろう。平泉に入るにあたっては、泰衡も城を構えて、兵力を整えて待っているに違いない。したがって、千騎や二千騎を率いて、平泉を攻めるのは間違いだ。こちらも（少なくても）二万騎の兵を整えて対峙すべきである」（文治五年八月二〇日の条　現代語訳佐藤）。

とあります。

このところから分かるのは、頼朝の正規軍と、最前線を行く兵たちは、分散して駐屯していることがわかります。と同時に、最前線部隊も、大将たちが、分散していて、千騎、二千騎単位で、動いていることが分かります。そしてこの記述から、頼朝のいる本隊は別にして、鎌倉軍は、二万騎はいたということが分かると思います。

頼朝はここで、手柄取りで、先を競うように各部隊が行動するのを避けて、全体で事に当たれ、と命令を下しているのです。地元に残る伝説伝承では、津久毛橋で戦闘があって、大変な激戦がなされたように言われていますが、実はもう既に雌雄は決していたのではないでしょうか。

それより大事なのは、頼朝軍が、この栗原の金成地区周辺で、戦勝祈願を行ったことが祭の伝承として伝わっています。今「小迫祭り《おばさままつり》」（白山神社の例大祭として延年の舞などが奉納される）として、国の重要無形民俗文化財に指定されていますが、これは頼朝軍が、平泉総攻撃の前線基地を栗原において、戦勝祈願をしたのが由来となっています。ここから、平泉総攻撃の前には、ほとんど勝敗は決していたと思います。

千葉　小迫の延年ですが、そのクライマックスが流鏑馬の神事、これは文治の奥州合戦で鎌倉方の軍勢が勝大寺に駐屯した際に、源平合戦での那須与一扇の的のありさまを頼朝将軍にお見せしたという、その故事を再現しているんです。

五十嵐　泰衡の方は、その津久毛橋で本気で戦おうとしたのですか。そうなると『供養願文』の戦さをしないという平和の思想はここで崩れることになる。

千葉　そうですね、奥州合戦最大の激戦地であった阿津賀志山の合戦以後も平泉方の軍勢は多賀城周辺や多加波々城と転戦しつつ栗原での最後の戦いまで、死闘を演じてますから、もう屍累々です。平泉方は防戦が中心だったでしょうが、栗原の津久毛橋周辺は平泉の絶対防衛圏ですからね。ここで戦おうとしていた集団は確かにあったということではないでしょうか。泰衡本人は、もうその時は逃げてますから。平泉館を焼いてですね。泰衡は兵数千、それに妻子なども引き連れて北海道まで落ち延びようと北上していたと『吾妻鏡』にあります。

佐藤　『願文』の思想が崩れるとは思いません。そもそも、泰衡が義経の首まで渡すという最大の外交的譲歩をしたにも係わらず、奥州に一方的に攻め入ってきたのは、鎌倉軍ですので。既に泰衡の兄の国衡は平泉軍の総大将として福島の阿津賀志山で鎌倉軍と戦い、敗走し、首を取られています。この時、泰衡の中では、聖地平泉を戦禍に巻き込んでは、願文の意向に背いてしまうと気が気ではなかったのではないでしょうか。

五十嵐　千葉さんから見て、鎌倉軍と平泉軍は、実数どのぐらいで戦っていたと思われますか。

千葉　頼朝が鎌倉を出た段階で、『吾妻鏡』には、千騎とありますが、大体いい数字ではないでしょうか。当初は平泉方でも途中から寝返った者の数も加えて陣内に参集したのは一万人というところでどうでしょう（笑）。いずれにせよ、二八万騎という数字が、どういう数字なのかということですよね。奥州藤原氏の配下十七万騎もそうですが、当時の軍事や軍制に疎くてはっきり申せません。『吾妻鏡』のみならず、当時一般的な兵力算出方法があって、その数え方から出てくるのかもしれません、つまり、騎馬武者と徒、兵站従事者あわせていく人で一騎と数えるとか。

佐藤　ただ頼朝は国中に号令をかけて、奥州討伐軍を募っていますよね。九州だの四国だのですね。二八万というのは少し無理があるとしても相当数いるのではないですか。

五十嵐　奥州軍は何騎ですか。こんなことを聞くのは私は二つの点で興味あるからです。一つは歴史資料の読み方の問題です。『吾妻鏡』は平泉を見るにあたって一級資料とされてきました。しかし、今の話ですと二〇万と一万あるいは数万というおよそ完全に質的な違いがある。この兵力という点は『吾妻鏡』でも相当重要なものですから、ここがこんなに違うとすれば他の部分は果たして大丈夫か、ということです。ここがこれだけ違うと疑問はまさしく『供養願文』にも広がり、これは清衡ではなく後の時代に作られたのではないか、というような疑問にも繋がる。またもう一つは私は「都市」を専門に研究しているものですが、ここでも二〇万と一ないし数万というのでは大違いだ。第一、都市の器が違うし、人々の生活や経済もまったく異なる。法律だって全く違うはずです。平泉を『都市』と定義するかどうかにもかかわってくる大問題で今後解明がまたれます。

②金は秀衡の時代までに掘り尽くされてしまったのか？

五十嵐　都市に関して問題はもっとあります。平泉の特産品であり、まさに金色堂に象徴されるように平泉には「金」は欠かせません。まず私の関心を金についていうと、金が平泉から京都の院、中国の寺、仏師、高野山、東大寺などなどに沢山献上されたということは事実ですね。しかし当時金は市場で流通しているわけではない。そこで平泉の場合、沢山の寺院などをつくり、また何百人、何千人というお坊さん（この人たちはものを生産しない）をいわばただで養うというような財力はどうして出てきたのでしょうか。金を貨幣としての価値と同じに見てよいのでしょうか。金と木材あるいは食べ物など、みな物々交換のようにして手に入れたということなのでしょうか。もう一つこれはあとで話題になると思いますが、頼朝以降平泉は滅んだといわれていますが、この金はどうなったのでしょうか。時期を同じくして金も取れなくなった、金は取れたが鎌倉幕府がすべてこれを取り上げた、その他、金は継続していたという何種類もの考え方があり得ると思いますが、いかがでしょうか。金の行方は滅びの原因を考える上で大論点です。

千葉　それも凄く難しい問題ですね。

佐藤　ひとつの例として、炭焼藤太伝説というものが栗原市の金成に残っています。藤太は、炭焼きを生業として、町に行っては、炭を売って生計を立てている。そこに「奥州の畑村に住む藤太という者と夫婦になれ」という夢のお告げを聞いた藤原家の姫が京都からやってくる。藤太を見つけた姫が、「これで私たち夫婦の家を造ってください」と金槐の入った袋を見せると、藤太は「こんなものだったら、窯の前にいっぱいある」と言う。そして二人は億万長者となって暮らしたという話です。この炭焼藤太は、金商人金売吉次の父ということになっています。私はここにふたつのイメージが見えているような気がします。ひとつは金成という平泉の南側に位置する場所の意味ということで「市」が立つ町とこの金成の周辺地域の関係性です。もうひとつは、奥州がゴールドラッシュのような場所だったことから

「金」というものが、果たした役割というものが透けて見えて来るような気がしますね。

五十嵐　市というものから平泉の都市のいったんが見えますが、「金」が一般的に流通していたとは考えられないですね。市場経済が当時から平泉にもあったのですか。

佐藤　清衡の代から、中国との文化交流や一切経の原典である経典などは、金によって、購入したものでしょう。

五十嵐　中国貿易では、金の価値は分かります。しかし、平泉の経済では小判などがあるというわけではないでしょうから、庶民にとって金は、そんなに意味があるとは思われない。さっきの炭焼藤太伝説も、庶民は金の価値を知らなかったというエピソードにも見えてきます。

千葉　確かに時代的に宋銭が流通し始めていますが、平泉周辺で一二世紀の遺跡からの出土はそれ程多くありません。

五十嵐　とにかく、京都に大量の金を貢いだり、何千人というたくさんの僧侶が、大変な労力を弄して、金と銀を使って一切経を書写したというんですが、このような作業はどういうシステムでなされたのでしょうか。たとえば鎌倉幕府のように完全な政府があり、清衡総理大臣（あるいは大統領）の号令いっか、外交大臣、大蔵大臣がそれぞれ貿易や予算の仕事をこなす。これらと並行して坊さんや、それだけでなく、庶民、職人、商店、あるいは職を受け継いだり、寺で学問を教わったりする学校と生徒、中国や京都に出かける役人、といったような統治と役割分担、そしてそれを支える市民・農民といったような関係はできていたのでしょうか。

千葉　そういった支配機構というのは、いっさい分かっていないですね。

五十嵐　今度は逆に当時の京都から見て、平泉というものは、どのくらいの価値があったんですかね。税を取っているということですが、それは日本全体でどのくらいの割合になるのでしょうか。これも京都と鎌倉、あるいは京都と平泉の関係を考える上で決定的に重要な視点です。

千葉　貢納金というより、物納でしょう。例えばですよ、ある荘園から一〇〇両上がりがあるとすれば、二〇両分を貢納して残りの八〇両は懐に収めるような。モノとしては「金」とか「馬」とか「布」という形ですね。米とかじゃなく、軽くて輸送が楽だけど価値の高いものに置き換えて送ったんではないでしょうか。あと北方の物産、アザラシの皮とか鷹の羽根、昆布等の海産物も考えられますね。藤原氏は北方交易を仲介してたでしょうから。取り替えはきくわけです。

五十嵐　例えば中尊寺全体を建設する時にどのくらいの金がかかって、どのようにその資金を調達したかというようなことは推測できるんでしょうか。また中尊寺経を書くような事業に、どのぐらいのお金が掛かったのか。

千葉　それはとんでもない莫大な金額でしょうね。同時にそのシステムが知りたいところですが、分かっていないのが現状です。

五十嵐　そのようなことを研究している人はいないのですか。

千葉　あまり聞きませんね。

五十嵐　森嘉兵衛さん（一九〇三―一九八一：岩手大学名誉教授『奥羽社会経済史の研究、平泉文化論』など）の産金の研究はどうですか？

千葉　どうでしょうか、具体的な産金のシステムの研究ではないですからね。あるいは高橋崇先生がご存じかも知れません（高橋氏は二〇一四年に逝去）。

佐藤　それでも、どこに金山の跡があるということは、網羅されていますから、あの研究を手がかりにして、各地域ごとの発掘調査や文献を探していけば、平泉の産金の実証的な研究の糸口にはなり得ると思っています。

千葉　各地域に史料は残ってはないでしょう。いいところ近世の伝承止まりじゃないでしょうか。

佐藤　そうなると発掘ですか。また平泉の政治行政機構についての文献は、泰衡が平泉を逃亡する時、全て焼き払ってしまいましたからね。

五十嵐　当時の文字文化というものは、どの程度だったのでしょう。高野山なんかではかなり文字化されて遺っています。

千葉　その点については、平泉でも同程度のレベルでしょう。泰衡が平泉を捨てて逃れる際のことですが、省帳・田文と呼称された一種の租税台帳や土地台帳ですが、それをみんな焼いてしまったと『吾妻鏡』に記されてますよね。つまり基本的な行政書類を焼いて逃げたんです。でも考えてみると、本来そのようなものは、陸奥の国府である多賀城にあるべきものであって、どういうわけか、秀衡さんが陸奥守をやっていた関係でしょうか、平泉にもあったんですね。あるいは原簿ではなく、写しかもしれませんが。

③往時の都市「平泉」の景観

五十嵐　こないだ東京の世田谷美術館で「平泉展」が開催されました。その時展示されていた中世時代の平泉の景観を彷彿とさせる古地図がありましたね。伽藍の配置から、坊がいっぱい書いてあったし、平泉の市街までが表現してありました。

千葉　平泉全盛古図ですね。この手の古図は一七世紀以降明治期に至るまで多数の作品が確認されています。展示されたのは、比較的最近のもので、江戸末か、下手すると明治期のものかもしれません。

佐藤　平泉展には、中尊寺参詣曼荼羅図というものもありましたね。

千葉　参詣曼荼羅は、もう少し古いです、それでも一六世紀でしょうか。あれには僧坊などは出て来ません。意識して寺院は描いていますが、坊は描いていません。あれも想像図です。

五十嵐　あの絵を見て、参詣客やら、旅芸人のような女性が描かれていて、平泉は宗教都市といわれているが、庶民の生活も加わった実に生々しい感じがした。岩波の写真文庫「平泉1952」にも、あの参詣曼荼羅が掲載されていまして、そんな感じがしました。

千葉　毛越寺の金堂円隆寺とか、曼荼羅図が成立した当時既に失われて存在しないはずの御堂まで描いているんです。かつてはこんな素晴らしい霊場だったんだということを絵でもって説明するために、復元的に描いているんですね。

12世紀の平泉想定図

「平泉の文化遺産」ガイドブックより　岩手教育委員会編 2005

佐藤　当時は高野山でも、熊野でも、参詣客を呼び込む目的で、参詣曼荼羅が、描かれた時期がありますよね。その時代の流れの中でこの参詣曼荼羅も描かれたのではないでしょうか。

千葉　一種の宣伝ポスターといいますか、平泉の歴史物語を説きつつ参詣者を勧誘するのに便利なんですね。

五十嵐　しかし、伽藍配置などをみると、かなり現実に即している。まったくのフィクションではないでしょう。

千葉　そうです。それに描かれている堂宇のなかには、ある程度推定

中尊寺参詣曼荼羅

出典：平泉展図版

できるものがいくつかあります。

五十嵐　例えばこれは？（参詣曼荼羅を見ながら）

千葉　ああこれは無量光院ですね。これは高館ですか。これは弁慶堂、これは弁慶の立ち往生したところに弁慶が描かれています。これは金鶏山ではないかと思います。これは達谷窟です。そのように絵解きできるものもあるということです。

五十嵐　方位とかはあっているんですか。

千葉　平泉の旧跡を説明するような絵図はいつの時代にも同じような配置で描かれています。一種の文化伝統なんでしょう。だからいくつかの同類作品を見たうえで良く考えると分かるな、という感じです。大体どの辺をどういう風にまとめて描いているか、という程度ですが。

五十嵐　風俗や風物についてはどうですか。人の着ているものや女性などですが。これをみると女人禁制であった高野山と比べてあまりにも艶っぽく、遊郭などの存在もイマジネーションできます。これを見ると、たしかに平泉は都市そのものだなと思います。そもそもこの絵図は清衡時代を想像して画いたのか、それともこの絵が画かれた時代の平泉を画いたものなのか。もし後者だとしたら、平泉は頼朝以降も藤原三代はいなくなったが大変隆盛をきわめていたということになりますが。

千葉　それは一六世紀の絵画の描き方なんでしょうね。風俗もその影響があるのではないでしょうか。当然ですが平安時代の風俗と考えることはできないと思います。

佐藤　着ている物とか、風俗は感じですが、桃山時代の雰囲気がありますね。女性の着物の柄や着こなしなんかね。

千葉　今までのお話し全てを結論付けるとすれば、「平泉には未解明の問題が山積している」ということになると思いますよ（笑）。私が勉強不足なだけかも知れませんが（笑）。

五十嵐　千葉さんがわからなければ誰も答えられるわけがない（笑）。

④平泉の滅びの過程の考察

五十嵐　平泉の地について、頼朝軍はいっさい手を付けていないですよね。平泉を焼いたりしていない。中尊寺経蔵別当領である骨寺荘園も安堵状を出して、存続させています。そのように考えて間違いないですね。

千葉　平泉の政庁である平泉館を焼いたのは泰衡であって、頼朝はここには手を付けていません。

五十嵐　つまり柳之御遺跡所周辺の一部が焼けただけで、金色堂はもちろん三つの寺院から何からすべて残っていたわけですよね。にもかかわらず、芭蕉がここを訪れた時には何もない、まさに廃墟。どうしてそうなったのか。それが不思議でしょうがないのです。

千葉　奥州藤原氏という圧倒的な庇護者を失い寺社の権力が弱体化した。相対的に地頭など平泉周辺を支配した在地武士の力が強まったということでしょう。

五十嵐　だけど、高野山でも、没落しかけた歴史はあったけど、隆盛をあっという間に取り戻した。宗教の力というのは圧倒的に強いのです。清衡は宗教の力を使って平泉を創った。たとえ、藤原が亡くなり支配者が代わっても宗教そのものをつぶさない限り都市は滅びない。長崎では何百年かも信者が隠れ、それがまた復活します。世界中の世界遺産は大部分がこの宗教の力と関係しています。しかし、平泉の場合は「大都市」が消えて行ったと説明がされていますが、その理由がわからない。理由がわからないのは、文書が残っていないせいもあるんですか。

千葉　具体的に言うと、大きな伽藍が老朽化してもメンテナンスができない、火事で焼けたりした後はもう往時ほどの規模での復興は成しえなかった、つまり経済力がなくなったということでしょう。

五十嵐　通説ではそうだと思いますけど、高野山を見ていると、このような通説はあまり信じられないんですよ。高野山でも火事は何回かありましたが、そのたびに復興しています。信仰の力というのは真実凄いものがあります。

千葉　やはり復興しているんだと思います。時代時代で強力な庇護者がいたんでしょう。

五十嵐　高野山も古くは藤原道長の高野詣のおかげで多くの寄進を受けることができて復興が軌道に乗ったという歴史があります。平泉も頼朝が寺領を安堵するなど保護している形跡もあり、何よりも中尊寺、毛越寺そして無量光院などがほとんど残っている。これは誰から見ても胸を撃つ、それこそ文句なしの世界遺産クラスの質量だ。だとすれば第一に僧侶、第二にそれを庇護するスポンサー（大名など）があらわれてもおかしくないと思いますが。そんなことを考えると平泉はすぐ滅んだのではなく意外と何百年か盛えていたのかもしれませんよ。

千葉　鎌倉・室町期には奥州藤原氏のように東北地方一円を実質支配できるほどの権力者は存在しませんでした。近世に至ってようやく伊達氏という奥州王が藤原氏ほどではないにしろ強権を手にしたわけです。

佐藤　確かに江戸期に入って、伊達家が平泉の復興に一役買っていますね。中尊寺の白山神社の能舞台や弁慶堂、毛越寺の常行堂に開山堂、高館の義経堂など、皆伊達家の寄進によって建てられたものですよね。やはり、パトロンの力は大きい。パトロンの力を考える時、象徴的なエピソードがあります。豊臣秀吉の奥州仕置きの時期に、持ち出されたと考えられている中尊寺経のほとんどが高野山にあるという事実です。先にも五十嵐さんが話していたように高野山の本殿である金剛峯寺には、関白まで上り詰めた秀吉の養子豊臣秀次の切腹の間までありますが、高野山もこの時は、奥州と同じように、一歩間違えば、焼き討ちに遇って没落する可能性だってあった。しかし木食上人《もくじきじょうにん》という人が現れ、その外交手腕で、高野山を救った。いや救ったどころか逆に秀吉の帰依を受けて高野山の隆盛を確保した。これが中尊寺経のほとんどが高野山に存在することの大きな理由かもしれません。

五十嵐　しかし、中尊寺も毛越寺も、頼朝によって寺領や荘園は安堵されたんでしょう。

千葉　安堵した支配者は現地にいませんので、徐々に地頭などの在地武士に浸食されていったということでしょう。

五十嵐　そんなに地頭の力は強かったんですか。

千葉　武士ですからね。彼等は一種の暴力装置ですから。手を尽くして既成事実化していくわけです。中尊寺の中世文書にはそうした横暴を幕府に訴えた際の訴状の写しがいくつか見られます。

五十嵐　高野山なんかは僧兵までいて、信長はもちろん、一時は秀吉とも対峙したんです。叡山もそうですね。平泉には僧兵はいなかったんですか。

千葉　僧兵という形では、中尊寺にそういう記録は残っていなかったと思います。

佐藤　栗原市の栗原寺には、僧兵がたくさんいたようですね。またあの寺周辺の空堀遺構は凄いですよ。あれをみると、あの周辺は往時の平泉を守る砦のようなイメージがあります。しかし平泉は、武装解除しているのか。僧兵の姿はないようですね。

五十嵐　何で平泉には僧兵の姿はないのですか。勿論、高野山や比叡山はもともとが宗教都市なのに対し、ここ平泉は武士が創った宗教都市である。従って僧兵などはそもそも不必要だということになるのでしょう。しかし、それにしても頼朝によって僧侶は一人も殺されていない。何千人かの僧侶はそのまま平泉にいる。そして度々火災にあったことも事実だが、とにかく秀吉に経典をもち出されるまでここを守った。これを守るについては当時の「乱世」の世の中、何等かの武力を含む「力」が存在していたと考えるのは素直でないでしょうか。これも新しい研究課題かもしれませんね。

佐藤　やっぱり平泉周辺は、非武装地帯（注7）というか殺生禁止区域だったのではないですか。

千葉　奥州藤原氏ほどでないにしろ、ある程度のエリアを支配する権力を持った、つまり経済的にも富裕な庇護者がいなかった、というのが一番大きかったのではないですか。

五十嵐　非武装地帯という発想は面白い。先の供養願文と関係してきます。それが確実に実証できたら、「浄土の世界」をこえて、平泉の世界遺産はさらに深く豊穣なものになる。平泉が仮に十数万人の人口を抱えていた都市であればですよ、僧兵はともかく、都市全体がこれだけすーっと消えるのは珍しい。庶民だって、基本的にはたくましいし、特に農民や鉱山関係者などは、農民には畑、鉱山関係者には鉱山があることが前提なのでここから移動できない。十数万人という都市人口を支えるためには食糧生産人口を含めて、大きなインフラが必要なのであり、これが寺院の火事くらいで消えるわけがない。

千葉　そもそもどの範囲で考えればいいんでしょうね。一般的にイメージされているのは、周辺五キロ四方ぐらいでしょうか。そうであったとしてもですよ、全盛期平泉の人口は、もっと少なかったでしょう。『吾妻鑑』に記される平泉保はおそらく現在の平泉町中心部二キロ四方程度だと思いますけど。

五十嵐　その場合、二、三万ということですか。

千葉　二、三万でも、どうかと思ってます。

五十嵐　それくらいの人口で、千人を越えるような坊さんたちを抱えて一切経を書写させたり、豪奢な伽藍を建設できただろうかということです。しかも平泉の町は、百年も経たないような短い期間に急激な発展を遂げた。そんな数であのような発展は実現不可能でしょう。

佐藤　やはり、そこには、侍と僧侶と農民以外に、職人やら芸術家などさまざまな職能を持った多くの人間が集まり住んでいなければ、無理な話だと思います。

五十嵐　平泉の衰退の歴史を明らかにする方法はないですか。

千葉　難しいですね。平泉の場合、史料は限られていますからね。

五十嵐　先ほどちょっとふれましたが、都市の基本的条件の一つは、不労所得者がいるということもあります。要は、平泉に居れば何とか食えて生きていけるということです。

千葉　それもですが、研究者のなかには平泉は都市としての計画性が見えない、とおっしゃる方もおられます。

五十嵐　都市のモデルを何に見ているか、分かりませんが、長安のような都市だけが都市ではないと思います。京都は、長安を模して碁盤の目の都市を造りましたが、あれはたまたま天皇の御所があるから創ったひとつの都市のモデルだということも言えるわけです。高野山だって、厳密に言えば都市と言えるのかどうか分かりませんが、自然の地形に合わせて地割りをし、周囲を川や山などで結界をして、結局高野山という聖地を形成しています。平泉でも、それは同じではないでしょうか。願文にだって、都市計画かどうかは断定できないにしろ、何らかの、それこそ「仏国土」の計画が見えているではないですか。

佐藤　高野山で言えば、下に九度山という寺務所があって、そこで荘園から上がってくる穀物や税などを管理している。あの高野山周辺の構造を見ると、やっぱり、都市の様相が見えて来る気がします。平泉の場合は、今はたまたま、中尊寺と毛越寺と政庁平泉の館などの立ち並んでいた中心地域だけしか、発掘されていないために、都市の全体像が見えて来ないということがあるのではないでしょうか。

五十嵐　平泉では疫痢などの伝染病が流行ったという伝承などはないですか。あるいは大洪水のような、都市が全滅しかねない災害ですね。

千葉　聞かないですね。

五十嵐　日本の都市史でいうと天皇がいなくなって、都市全体が消えるということはあります。しかし、藤原三代の消滅という平泉にとっては天皇と同じ程度の権力の消滅という事実はありますが、都市はそのまま残っている。舟で物資を運んだりした庶民はいたわけでしょう。その人たちの生活の跡は残っていないのですか。

千葉　まだ発見されていない、というべきでしょう。工房らしき痕跡はいくつか確認されてはいますが、数量的に多くないし、そのような遺構が出るたびにやれ川湊だ、職人集団だと過大評価されたり新聞報道されることもありますが、個人的にはあまり組したくないですよね。庶民の生活痕跡とするリアリティーに乏しい。

佐藤　平泉の繁栄を支えた物産の第一は金と産馬ですね。金売吉次のような金商人の館跡と称される場所は、金成や衣川にありますけど、彼が貿易商だったのか、それとも今日の政商のような存在だったのか外交官だったのかは、はっきりしないですね。

五十嵐　金でも平泉の場合は砂金でしょう。仮に私が金売吉次だったとして、この砂金を持っていた場合、いったい何に使えるのですか。

千葉　貿易には使えると思います。特に中国（宋）との貿易は、金で決済したと言われています。仏像を造る時にも、鍍金や箔押しなどといった技法に金は用いられますが、たかが知れているでしょう。

すると金の使い道の最たるものは、やはり日宋貿易ではないでしょうか。

五十嵐　そうすると中国との貿易も残り、砂金関係者も残っている。砂金があり、それが利益を産むのであれば、庶民はもちろん、鎌倉幕府だって京都だって、これを見捨てる理由はないでしょう。金は秀衡の時代までに掘り尽くされてしまったのではないですか？

千葉　そのことについては疑問に思っています。それ以後も金は掘られていましたし、なにより頼朝は上洛時に、奥州の金を持参していったのですから。砂金採掘に関わる権限は、藤原氏滅亡とともに当面の間は幕府に引き継がれたと考えたほうがよいのではないでしょうか。

五十嵐　頼朝が金を持っていったとしても鉱山は残っている。そしたら当然庶民も残っていると思いますが。

千葉　金山運営というか、砂金採掘から集積・搬出まで具体のシステムは解明されていないのです。秀衡の時代、他所から砂金採掘する人たちが多数入り込んでいる、と読める記録はありますが、そうしたかたちでのいわばゴールドラッシュのような状態での乱掘・盗掘だけではなかった思うんです。むしろ藤原氏が管理し採掘権を保証するような場所がどのように運営されていたのか、そちらの方が金の産出量からいっても主力だったと、産金は駿馬の育成とともに奥州藤原氏にとって最重要の勤めであったわけですからね。

それから海外との直接交易していたかどうかですね。これは十分に想定できることだと思いますし話としても想像力が喚起されて面白い。ですが確たる物証に欠けているのが実情です。それはともかく、金の産出から交易までファミリーで経営していたと考えると、いろいろと合点がいくと思いますが。

佐藤　森嘉兵衛さんの見解で言えば、頼朝は金山については、直轄にしたということを言われていますね。

千葉　奥州藤原氏を滅ぼした後、平泉地方を管理するため奉行職を置いたようですが、基本的には幕府の直轄地です。だから上がりは皆鎌倉へ入ったのでしょう。それから奥州藤原氏一族による産金経営ですが、当然そこには中央の権力者も関係してくると思います。たとえば秀衡の舅で泰衡の外祖父に当たる藤原基成に代表されるような、朝廷や院との結びつきが強い有力な縁戚関係者が、いなくなると、あっさり衰退するということも十分考えられます。

佐藤　西行も、藤原氏の親戚でしょう。彼も東大寺の建立のための金の勧進ということで晩年に奥州に下って来ていますが、吾妻鏡を読むと、見方によっては、まるで鎌倉で頼朝の動静を探るような行動に出ている。文治二年八月一五日の条には、頼朝が鶴岡八幡宮に参詣していると、鳥居の辺りに怪しい老僧が徘徊していて、これを捕らえて名を聞いてみると西行だった。頼朝は西行に弓馬のことや和歌の道を尋ねるなどして、真意を推し量るようなことをしているが、西行はこれを強かに跳ね返す。西行は当然、頼朝にも金を無心したでしょう。すると頼朝は金ではなく銀の猫を西行に渡して、二人は別れる。西行は門前の子供に銀の猫をくれてやり、奥州に急ぐ。有名なエピソードです。これなどは、奥州藤原氏の人脈を物語っているのではないですか。

千葉　頼朝が西行に渡した銀の猫ですが、路上で子供に上げたということになってますよね。ところが、銀の猫は平泉にあった。「平泉館」の焼け残った倉の中に、たくさんの財宝があって、その一つが銀の猫なんです。西行さんの贈り物かどうかわかりませんが。銀の猫はその頃、調度品として流行り物だったかもしれませんね。

佐藤　このエピソードですぐ浮かんだのは、頼朝は西行さんに「奥州という猫にスズを付けてきなさい」ということを暗に言ったのだと思いました。半分冗談のようなものですが、西行さんとしては、都の情勢と鎌倉の動静をほとんど同年代の秀衡に、知らせたかったというのは、リアリティがあると思います。

⑤霊場「中尊寺」の誕生

五十嵐　西行さんは実は高野山の聖であり、西行さんが平泉を訪問しているということは、高野山と平泉は相当関係が深いということです。これについては大変面白い話もありますが、今日はここには入らないことにしましょう。もう一つ、皆さんに質問があります。

中尊寺と毛越寺をみて、毛越寺がいわば本山で、中尊寺は高野山の奥之院のような、いわば霊場として、それぞれ住み分けをするというような考え方もできると思います。これは高野山からのアナロジーですが、しかし高野山と平泉には、高野山は僧による宗教都市、平泉は武士による宗教都市という以外に、さらに決定的な違いがある。それは、宗教と女人の関係です。平泉、特にお山と呼ばれた中尊寺に、高野山のような女人禁制というような地域なかったのですか。

千葉　女人禁制の痕跡はないですね。逆に比丘尼寺跡の伝承を持つ遺跡はあります。いずれにせよ中尊寺は釈迦如来を本尊

中尊寺金色堂

とし、法華経の精神を基本理念とする寺です。法華経が説く生命の絶対平等思想からいっても、女性蔑視の観念はなかったのではないでしょうか。それに、中尊寺は山号関山が示す通り、南北往還の関路に開かれた寺ですから、男しか立ち入れないというのでは都合が悪い。

五十嵐　この辺りは高野山とかなりイメージが違ってきますね。坊さんは妻帯ですか。

千葉　西行さんの歌の詞書に、南都から流された僧たちが西行さんに会って昔を思って涙していたというのがありますがね。山内支院は清僧だけでなく妻帯の僧も認められていたと聞いております。

五十嵐　高野山にいくと「山規《やまき》」というものがあって、山で生活する上での一切のルールが決められているんです。人々の住んでいた場所など高野山大学の山陰（加春夫）さんが細かく研究しています。風呂屋はどこにあったとか、全部地図に割り振っています。聖がどこに住んで、行人方がどこに住んでというようにね。

千葉　思いつくのは、中尊寺の地名伝承で、風呂屋というのがあります。鐘楼の近くだったと記憶してますが。この場合の風呂は仏教における施浴の場ということでしょう。

五十嵐　中尊寺には女郎屋のようなものはあったのですか。

佐藤　考えられるとしたら、地名で類推すれば、祇園の辺りではないですか。もちろん根拠はないですが。

千葉　十年ぐらい前でしたか若手の研究者の方が、平泉の祇園社近くに遊郭があったのではないかと歴史雑誌にお書きになられてましたね。いくらなんでもそれはないだろうと思いましたがね。そもそも遊郭というものが平安時代末期にあったのでしょうか。京都の祇園に遊郭が形成されたのだってもっとずっと後の時代ですよ。遊郭とか花街以前の遊女屋にせよ、伝説も含めて聞いたことがないです。

五十嵐　高野山も女人禁制となっていますが、一応それに想定されるような場所はあるんです。

千葉　平安時代からですか。

五十嵐　平安時代からですよ。空海が何故高野山を女人禁制にしたかというと、ふたつある。ひとつは、皆さん想像するように、女性には月のものというのがあって「不浄」だからという理由です。しかしこれと並んでもっと重要なのは、女性は子供を生むということです。人は誰でも、子供が産まれると寺院を含めた財産を子供に相続させたがる。しかしここは根本的に修業のための道場であって、道場は相続によってではなく、いちばん器量のある者によって引き継がれるべきだという思想です。ですから、これを女性差別という視点だけでとらえるのは一面的です。平泉にもたくさんの寺がある。この寺の継続はどのように考えていたのでしょうかね。

また女人禁制はこの山規の最も原則的なものですが、そのほかにも山規では六歳までの子どもは高野山に入れないというようなものもある。宗教都市だから厳格な戒律があり、それが明治時代に近代化されるまで遵守されてきた。平泉にはそのようなものはないのですか。

千葉　平泉の場合は、奥州藤原氏が滅亡した後、周辺全体が農村化したというのが大きいのではないでしょうか。支院での妻帯は早くから認められていたということです。寺院を存続させるために必要だったのでしょう。

五十嵐　それでもあれだけの巨大な伽藍を造って、これを一〇〇年にわたって維持する、そのためには何か地域特有のルールというものが不可欠と思いますが?。

千葉　もちろん中尊寺や毛越寺の宗徒にも戒律がありました。中世文書も残ってます。

五十嵐　中尊寺や毛越寺はどのようにして寺を継いできたのですか。

千葉　一種の世襲ですね。

佐藤　世襲になったのは、いつの頃からですか。

千葉　近世以降ははっきりしてますね。江戸後期の、ある俳人の旅行記に、中尊寺はみな妻帯していて、清僧は一人しかいない、と書いてますね。坊に泊めてもらって、舞茸御飯をいただいたとか。

五十嵐　清衡の時代の僧侶は妻帯していたんですか。

千葉　それは分かりません。

五十嵐　江戸時代は妻帯だということですね。この「論点」も平泉の「都市」を考える場合には非常に大きい。宗教と女人あるいは子供という観点は、都市論とあわせてもっと研究されなければならない。

千葉　妻帯とはいっても、表向きはお寺のオバサマなんだと思います。それから中尊寺の鎮守白山神社の祭礼では、かつて御一つ馬の行列がありました。山内の当年七歳になる男子を白馬に乗せて金堂跡から神社まで行列し参拝するというもので、菅江真澄の記録にもみられます。また毛越寺の延年にも、花折、田楽躍、迦陵頻伽などで子役が登場します。

⑥「願文」に金色堂が記されなかった訳

五十嵐　さて、最後に平和の理念についてなんですけど、泰衡は初代清衡の考え方を理解していたんですかね。なぜ突如こんな質問をするかというと、泰衡は何故頼朝と戦わなかったのかという問いとつながるからです。これについてはいろいろな説があることは知っていますが、私は今日のメインテーマである供養願文の「平和の思想」と結びつかないかと考えているのです。

佐藤　それは間違いなく理解していたと思いますよ。義経を衣川館で暗殺したことも平泉を戦争に巻き込ませてはいけないという一心で決断したことだろうし、最後の最後で、平泉の政庁である平泉館に火を放ったのみで、中尊寺、毛越寺、無量光院のみならず、全国各地から勧請した神を祀る神殿なども、そのままにして、北に逃亡しました。これは、清衡以来の平泉は平和の都だという理念を守るための選択だと考えられます。つまりこれは清衡の作った『願文』の規範が、泰衡の決断をうながす決定的な力となったのだと推測できます。

五十嵐　一方では、泰衡という人物については、愚かなリーダーだったという見方もありますね。

佐藤　確かに、以前までは、そのような感情的な見方が支配的だったと思います。しかし特に、高橋克彦さんの「炎立つ」が大河ドラマ（一九九三）となりました。この時丁度、柳の御所の発掘調査が重なって、一種平泉ブームのような様相になったんですね。その中で泰衡のイメージにも大転換が起こりました。泰衡は凡庸ではあるかもしれないが、けっして愚かなリーダーとしてではないというようなですね。高橋さんは、美しい平泉、平和の理念で建説された平泉を守るために、政庁平泉館と自分の住まいである御所のみを焼いて、北に逃亡したという、考え方を示された。その大河のラストでは、確か頼朝に追われて平泉に入った泰衡が、金色堂に入って三代の御霊に祈りを捧げて去るシーンがあったと思います。

高橋克彦さんの原文で、このシーンを回想すると、こんな感じですね。

「親父どのはさぞかし呆れておられましょうが・・・これが手前の得た答え。この国は手前一人のものにござりませぬ。民それぞれのもの。これからは民が自らの国を作って参りましょう。・・・今に賭けるより手前は遠き未来に無数の種子を残すことこそ大事と考え申した。陸奥の山野を、陸奥の村々を、陸奥の子らをそのままに残してやりたかったのでござる」（「炎立つ」第五巻より）。

五十嵐　その時の泰衡の感情なんですけど、清衡の願文の非戦の考え方が決定的に影響していたと考えていいんですか。

佐藤　そのように思います。『願文』の規範力とでも言いたいですね。私は清衡が『願文』でいうように平泉を戦で亡くなった人々の御霊を弔う霊場として開いたわけですから、少なくともこの区域は、高野山で空海が行ったように、まず結界のようなことをしたのではないかと思っています。平泉の地を俯瞰すると一目瞭然ですが、北に衣川、南に太田川、東に北上川、西に衣川と山の峰というように、括られます。少なくても、この地では、戦も鳥獣の捕獲なども禁止されていたのではないでしょうか。

五十嵐　そういえば、達谷窟西光寺に札が立ってましたね。

佐藤　そうです。「禁札」です。あれには、「一、一切の動植物の採取を禁ずる。一、飲食、飲酒、喫煙、落書を禁ずる。一、犬猫畜類を伴う参詣を禁ずる　平成六年四月　別当奉行（花押）　別当常住（花押）」とありましたね。あれは、西光寺の境内を指すと思いますが、結界された平泉の地域全体であのような「禁札」があった可能性があるのではないでしょうか。この禁令の中に、「別当奉行」とありましたが、昔から、そのような規定が、結界されたあったことは考えられますね。これは高野山で言う「山規」と同じものと考えられます。

五十嵐　もしもそのような文書が発見されたら、まさに平泉は戦争放棄した区域ということで、今日の無防備都市のようなイメージがはっきりしてきますね。

佐藤　またこの考えを裏付けるように、義経殺害の地も、結界された平泉の区域内の高館ではなく、結界の外である衣川館（接待館跡に比定される）との説が有力になってきました。これはやはり、聖域である平泉の中心地では、戦や殺戮の禁忌があってのことだと考えられるのではと思います。

五十嵐　ところで、先ほども一度ふれたのですが、この平和との関係で僧兵というものをみるとどうなるのでしょうか。吾妻鏡を見ても、平泉の中には兵は常駐している。つまり都市平泉は自衛隊はもっている。しかも頼朝とも対抗できるだけの強大なものだ。しかし、宗教都市平泉は自衛隊も持っていないということでしょうか。それともそれは共有されていたのですかね。中尊寺や毛越寺には、僧兵のような存在は見えて来ない。

佐藤　それは分かりません。平泉の緩衝地帯になる栗原の栗原寺では、僧兵がいて、この僧兵たちが、平泉に入る義経を護衛していたと義経記には書かれてあります。高野山でも延暦寺でも、もちろんいたんですが、平泉の場合は、泰衡の部隊五〇〇騎が衣川館に義経を襲って殺したんだけれども、僧兵の姿は見えてきませんね。中尊寺には惣門の横に、弁慶堂があって、弁慶を祀っていますが、位置から言って、僧兵が中尊寺を入口で護っているようなイメージにも取れますね。もちろん弁慶堂は、義経を最後まで護った弁慶の遺徳を偲んで伊達家が奉納した御堂ですが。

五十嵐　まあ無防備都市のようなものであっても、自衛的な部隊は必ずいりますからね。大事なのは、頼朝軍が平泉を破壊しなかったというのは厳然たる事実だということ。その意味では、どんな形であれ、『願文』の精神によって平泉は焼失から護られたということになります。この文脈が証明されれば凄いことになる。これが供養願文が今日のユネスコ憲章、あるいはジュネーブ条約やハーグ条約につながる「非戦」の思想の先取りであるという、いままであまり言われてこなかったことが事実として浮かび上がってくる。この『供養願文』の平和の思想が、都市全体が滅びるか否かという決定的な局面で実践されたものとして、後世の人々に圧倒的な感銘を与えることになると思っています。

佐藤　最後に高野山との比較の問題に付け加えておきたいことがある。見解をお伺いしたいのですが、高野山には、ふたつのセンターがあると言われています。ひとつは壇上伽藍です。もうひとつは奥の院。前者は美しい伽藍が立ち並ぶところ、もうひとつは奥に空海が今も生きていると信じられている入定墓としての奥の院です。後者は、地元だけではなく、日本中のあらゆる階層の人々の墓が無数に立ち並ぶところです。　平泉にもこれと同じ構造があるのではないかと思いました。平泉の毛越寺は壇上伽藍、中尊寺が奥の院の関係になるのではと感じました。清衡も死に方として、空海に憧れた部分がどこかにあるのではないかと思います。つまり空海さんがそうであるように、浄土ではなく即身成仏をして、現世浄土としての平泉の地に未来永劫止まって、平泉の行く末を見守るという思いがあったのではないでしょうか。

『願文』に、完成していたはずの金色堂が記載されていないのは、もちろん御願寺として、国家鎮護の意味を込めているために、自分の入定墓としての金色堂をこれに入れるのは遠慮したのだと考えられます。そしてこの部分が、清衡の本音いわゆる清衡コードだと思うのです。

五十嵐　高野山と平泉の比較ですが、私は最初は確かに構造的に似ていると思いましたが、しかし、今改めて平泉の概念図を見た時に、違いを感じました。構造で言えば、山の上に馬の背のような地形に限定されて、横に「ノ」の字のように道が延び、ふたつのセンターが結ばれている高野山に対して、「十」字形の構造があるように感じました。

毛越寺と中尊寺でみれば平泉も高野山と同じ二つのセンターかもしれないが、無量光院と金鶏山という関係も大事に思えます。毛越寺と中尊寺それにクロスするようになる。つまり平泉は十字形なんです。しかも金鶏山には日本中の神さまを勧請し、吉野の金峯山蔵王権現堂のような巨大な伽藍が聳えていたのでしょう。そうだとしたらこれは修験道の本拠地になります。私は高野山でも思ったのですが、既成概念では推し量れないものを平泉でもつくづくと感じます。

また『中尊寺供養願文』は、平泉憲法あるいは清衡憲法とでも言いたいような価値あるもので、平泉の設計図だと思いますが、そこに込められている平等思想と平和への構想力は、現代の世界人類共通の遺産と呼ぶに相応しいものだと思います。

注

（注1）イコモス（国際記念物・遺跡会議）
ユネスコ委員会に各国から寄せられた登録推薦書を審査し登録の可否を諮問する権限を持つ遺跡研究・遺跡保存の専門家機関、非政府組織。

（注2）藤原清衡
清衡（一〇五六―一一二八）は、奥州と出羽を巻き込んで行われた前九年・後三年の役（一〇五七―一〇八七）を身をもって経験して、最後にこの二国を納めることになった奥州平泉を開府した人物。

この人物の戦争体験が願文を生む原動力となったと考えられる。

前九年の役が起こった原因については、奥六郡（胆沢郡、和賀郡、江刺郡、稗貫郡、紫波郡、岩手郡の総称）

の長だった安倍頼時（？―一〇五七）が、自分の本拠である奥六郡を越えて、多賀城国府の管轄範囲にまで手を伸ばして、租税を押さえるなどした横暴振りにあるとされる。この安倍氏の専横振りを、陸奥守であった源頼義（九八八―一〇七五）が征伐したというのが、現在までの共通の認識である。これは敢えて言えば中央政府の公式見解のようになっている。

それに対し、小説家高橋克彦氏は、小説「炎立つ」の中で、源氏の棟梁頼義が奥六郡の安倍一族の産金を背景にした富に着目して引き起こされた戦という設定を行った。戦いの切っ掛けは、阿久利川（栗原の三迫川と比定される）で頼義が陣を張っていた時、夜半に賊が野営地を襲ったというものである。これを頼義は、一方的に、貞任が頼義の娘を妻にしたいとの申し出を断ったことを逆恨みしたためと言いがかりをつけて、貞任の引き渡しを要求する。頼義の陰謀の匂いも感じられる奇っ怪な事件だ。貞任の父安倍頼時は、貞任の引き渡しを拒絶し、戦闘が始まる。

この戦では、当初、物量と地の利に勝る安倍氏が有利に戦を進めた。だが、出羽の雄清原氏が、頼義を支援して、一挙に形勢が逆転した。安倍氏は、多賀城国府との国境線にあたる衣川周辺を逃れ、長の頼時は、鳥海柵（岩手県胆沢郡金ヶ崎町鳥海）で流れ矢に当たり死去（一〇五七）。さらに北上し厨川柵（盛岡市）まで追われた安倍一族、貞任や清衡の父経清らは、この地で捕らえられ、壮絶な最期を遂げる（一〇六二）。七歳だった幼少期の清衡もまたこの厨川柵の現場に居た。父経清は、頼義によって、首を刃のこぼれた刀で、ノコ引きにされて絶命。母と経清は、捕らえられて召し出された。父の死を含め、戦の残虐さを、幼心に記憶させたことだろう。この時の体験が、生涯清衡の心に強く影響を及ぼし、中尊寺供養願文の平和思想に結実したと考えられる。

清衡の父藤原経清は、国府多賀城に勤務する中央の官僚だった。現在の宮城県亘理郡を領して、亘理権守と呼ばれた。血筋は、藤原北家で平将門を破って鎮守府将軍となった藤原秀郷（生没年不詳）の汲む武門の家。父は下総国住人藤原頼遠。経清は奥六郡で威を奮っていた安倍頼時に見込まれ、その娘を妻とする。前九年の役で、安倍氏が源氏との戦に巻き込まれた時、経清は、安倍氏の陣営に走り、源氏（国府軍）と戦い、先のように処刑されたのである。

清衡の母は、奥州の国を背負い、源頼時を助けて奥羽の覇者となった鎮守府将軍清原武則（生没年不詳）の長子武貞（生没年不詳）に再嫁する。これにより、清衡は母と共に、清原清衡として継父の下で暮らすことになった。

その後、一〇八三年頃、清原氏内部で、内紛が発生し、骨肉の争いが行われる。後三年の役である。また中央から源義頼の子義家（一〇三九―一一〇六）が介入。血で血を洗うような凄惨な戦が繰り広げられる。結局、清衡は、この戦で、

泰衡の系図

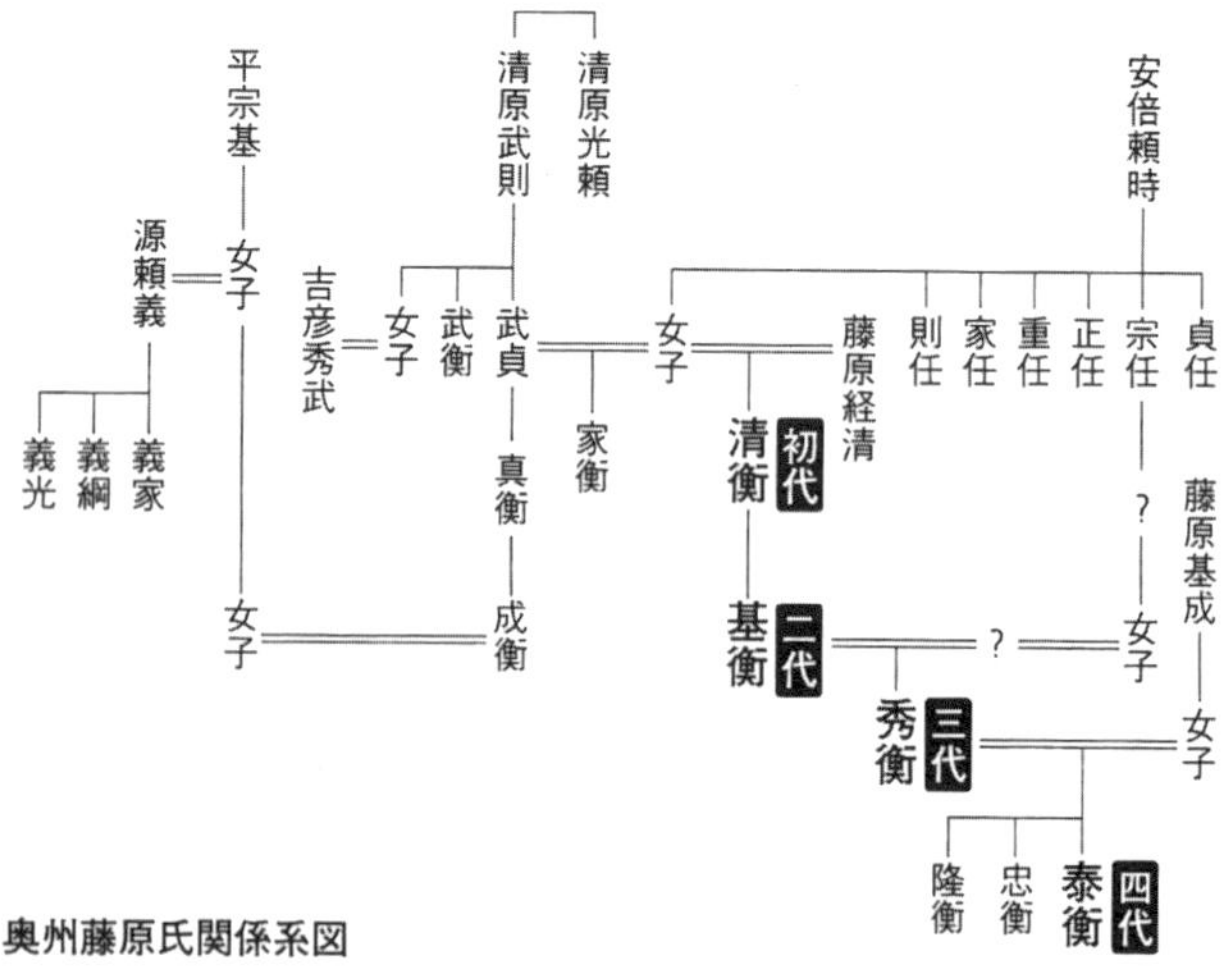

奥州藤原氏関係系図

（「奥州平泉黄金の世紀」荒木伸介他編　新潮社　1987 年より引用）

最後には、同じ母から生まれた実弟の家衡の陰謀に遭い、目の前で実母、妻子を焼き殺されるという悲惨な体験をする。この時、源義家は、清衡を支援し、戦の雌雄に決定的な役割を果たす。

義家には、父以来の陸奥の地を源氏の地としたいとの存念があったと考えられる。ところが朝廷は、奥羽清原氏の内紛に、義家が私怨で介入したものとして、褒賞を与えなかった。源氏内部に、この不満が鬱積し、最後にはそれが頼朝の精神にも受け継がれていて、奥州征服の思いを心に深く潜ませていたのだろうか。

清衡は、陸奥全土を巻き込んだ足かけ四〇年にも及ぶ凄惨な戦争をつぶさに見てきた。まさにそれが願文の平和思想として結実したことになる。清衡は、姓を清原から藤原に戻し、館を当初豊田柵（奥州市江刺区豊田町）に置いていたが、一〇九四年―九九年頃、南下して平泉に遷したとされる。奥州藤原氏の政権都市「平泉」の誕生である。

（注3）　藤原基成

基成の出自は、永久年間から保安年間（一一一三―一一二三年）の頃、藤原北家道隆《みちたか》の流れをくむ名家。父は白河院の近臣大蔵卿藤原忠隆の息。腹違いの弟に隆頼と信説がいる。この二人は、平治の乱（一一五六年）の首謀者の源義朝（頼朝と義経の父）や藤原信頼に加担し失脚した人物である。

基成が平泉に来たのは、康治二年四月（一一四三年）、「陸奥守」「鎮守府将軍」としてである。この頃、基成は二十歳前後の若さであったと推測される。それ以後、基成は、文治五年秋に平泉が頼朝に滅ぼされるまで、平泉に居続けた。この間、年齢がさほど違わないはずの秀衡に自分の娘を嫁がせるという藤原家特有の政治手法（摂関政治）で、奥州政治の中枢に据わる。

中央政府にも顔の利く基成は、平泉の繁栄の立役者であり、本人もそれを強く自覚していたと思われる。義経の平泉入りについても、この人物の力が大きかった。歴史学者の角田文衛氏（一九一三―二〇〇八）は基成が関係していたと推理をしている。

（注4）寺塔已下注文《じとういかちゅうもん》

往時の平泉を知る最重要基本史料のひとつ。文治五年（一一八九）秋、平泉に侵攻した鎌倉軍の総大将源頼朝に、願文の理念をもって交渉に行った中尊寺経蔵別当蓮光らが、頼朝の依頼によって平泉の歴史や寺社を申告した文書。これによって、頼朝は中尊寺が国家鎮護のための御願寺であることを認め、安堵のお触れ書きを毛越寺の南大門の前に立てたと言われる。

（注5）東夷の遠酋《とういのえんしゅう》

これは清衡が院と天皇に遜《へりくだ》って、意図的に使った言葉。直訳すれば「奥羽の蝦夷の族長」という意味。清衡自身は、父は藤原秀郷の流れを汲む父と京都政権から見れば奥六郡の部族長安倍氏の母の血を受け継いでいる混血児である。この言葉を敢えて使うことによって、東北という広大な領地の押領使（管理者）であることの正統性を主張しているようにも伺える。

（注6）安養《あんにょう》の郷

岩波の仏教辞典によれば「安養浄土」という言葉がある。極楽と同じ意味か。しかしここで、金色堂を自らの葬堂と考え、そこに永遠の身体を得て、納まることを考えていた清衡にとって、安養の郷とは、あの世としての「浄土」ではなく、現世に存在している金色堂内の内陣ではなかったか。つまり「安養の郷」は平泉ということで、用語として、敢えて「浄土」という言葉を避けた可能性がある。

（注7）「無防備都市、集落、住宅、建物はいかなる手段をもってしても、これを攻撃、砲撃することを禁ずる」とされている。第二次大戦でパリはナチス・ドイツによる攻撃に対して、「無防備都市宣言」を行い、無血占領された（一九四〇年）。この条項は資料2のジュネーブ条約第一追加議定書五九条につながる。その意味で双方は互いに影響し、共に無防備都市を定めるが、適用要件などについては微妙な差がある。

【資料1】〔対照表〕ユネスコ憲章・前文／中尊寺供養願文

ユネスコ憲章・前文

この憲章の当事国政府は、その国民に代わって次のとおり宣言する。

戦争は人の心の中で生まれるものであるから、人の心の中に平和のとりでを築かなければならない。

中尊寺供養願文

（朗読のための口語訳）

藤原清衡、かしこまって申し上げます。

私は、ここに平和のために中尊寺を建立し、戦の犠牲となった人々を供養したいと思いたちました。

相互の風習と生活を知らないことは、人類の歴史を通じて世界の諸人民の間に疑惑と不信をおこした共通の原因であり、この疑惑と不信のために、諸人民の不一致があまりにもしばしば戦争となった。

ここに終りを告げた恐るべき大戦争は、人間の尊厳・平等・相互の尊重という民主主義の原理を否認し、これらの原理の代わりに、無知と偏見を通じて人間と人種の不平等という教義をひろめることによって可能にされた戦争であった。

文化の広い普及と正義・自由・平和のための人類の教育とは、人間の尊厳に欠くことのできない

◎平和のための大伽藍一区のこと。

三間四面の檜皮葺《ひわだぶき》のお堂を建てました。このお堂には左右二二間（四〇m弱）に及ぶ回廊《かいろう》を渡してします。この中に高さ丈六（二・七m）の皆金色《かいこんじき》の釈迦三尊像を安置しました。

◎三重の塔のこと。

三重の塔を三基立て、この中に、釋迦牟尼如来三尊、薬師如来三尊、彌勒三尊をそれぞれに安置いたしました。

◎経蔵のこと。

二階瓦葺の経蔵を建立し、皆金色の文殊師利尊

ものであり、且つすべての国民が相互の援助及び相互の関心の精神をもって果さなければならない神聖な義務である。

政府の政治的及び経済的取極のみに基づく平和は、世界の諸人民の、一致した、しかも永続する誠実な支持を確保できる平和ではない。

よって平和は、失われないためには、人類の知的及び精神的連帯の上に築かなければならない。

これらの理由によって、この憲章の当事国は、すべての人に教育の充分で平等な機会が与えられ、客観的真理が拘束を受けずに探究され、且つ、思想と知識が自由に交換されるべきことを信

像を一体安置し、ここに「金銀泥一切経《きんぎんでいいっさいきょう》」を五千巻余り納めました。

この経典は、紺の紙に金字を一行、次の行には銀字で一行という具合に光が交わるように書写したものです。これを漆の匣《さや》で包み、螺鈿《らでん》を刻んで、これを題目に鏤《ちりば》めました。

文殊師利尊は、智慧を生ずる母の異名です。これを「経蔵」の主《あるじ》といたしました。智力を持って一切経蔵を守るためです。

◎二階建ての鐘楼のこと。

この鐘の一音が及ぶ所は、世界のあらゆる所に平等に響き渡ります。そして生きるものすべてのものの苦を抜き、これに楽を与えます。世界があまねく平等の世界になることを心より祈願いたし

じて、その国民の間における伝達の方法を発展させ及び増加させること並びに相互に理解し及び相互の生活を一層真実に一層完全に知るためにこの伝達の方法を用いることに一致し及び決意している。

その結果、当事国は、世界の諸人民の教育、科学及び文化上の関係を通じて、国際連合の設立の目的であり、且つその憲章が宣言している国際平和と人類の共通の福祉という目的を促進するために、ここに国際連合教育科学文化機関を創設する。

ます。

古来より奥州の地では、官軍の兵に限らず、奥州の兵によらず、戦によって数多の人命が失われました。それだけではありません。毛を持つ獣、羽ばたく鳥、鱗を持つ魚たちなど、罪もなき多くの命あるものたちが訳もなく殺されて来ました。

戦で亡くなった御霊たちは、恨み言ひとつ言うこともできず、今はあの世に消え去り、骨も朽ち、奥州の土塊《つちくれ》となっております。私はこの鐘を打ち鳴らす度に、彼らの御霊を慰め、安楽な仏の郷に導きたいと願っております。

（以下省略）

天治三年三月二四日

弟子藤原清衡

【資料2】　平和関連条約

1　ジュネーブ条約（抜粋）

「**第59条　無防備地区**

1　紛争当事者が無防備地区を攻撃することは、手段のいかんを問わず、禁止する。

2　紛争当事者の適当な当局は、軍隊が接触している地帯の付近又はその中にある居住地区であって敵対する紛争当事者による占領に対して開放されるものを、無防備地区として宣言することができる。無防備地区は、次のすべての条件を満たしたものとする。

（a）すべての戦闘員が撤退しており並びにすべての移動可能な兵器及び軍用設備が撤去されていること。

（b）固定された軍事施設の敵対的な使用が行われないこと。

(c) 当局又は住民により敵対行為が行われないこと。
(d) 軍事行動を支援する活動が行われないこと。

3　諸条約及びこの議定書によって特別に保護される者並びに法及び秩序の維持のみを目的として保持される警察が無防備地区に存在することは、2に定める条件に反するものではない。

4　2の規定に基づく宣言は、敵対する紛争当事者に対して行われできる限り正確に無防備地区の境界を定め及び記述したものとする。その宣言が向けられた紛争当事者は、その受領を確認し、2に定める条件が実際に満たされている限り、当該地区を無防備地区として取り扱う。条件が実際に満たされていない場合には、その旨を直ちに、宣言を行った紛争当事者に通報する。2に定める条件が満たされていない場合にも、当該地区は、この議定書の他の規定及び武力紛争の際に適用される他の国際法の諸規則に基づく保護を引き続き受ける。

5　紛争当事者は、2に定める条件を満たしていない地区であっても、当該地区を無防備地区とすることについて合意することができる。その合意は、できる限り正確に無防備地区の境界を定め及び記述したものとすべきであり、また必要な場合には監視の方法を定めたものとすることができる。

6　5に規定する合意によって規律される地区を支配する紛争当事者は、できる限り、他の紛争当事者と合意する標章によって当該地区を表示するものとし、この標章は、明瞭にみることができる場所、特に当該地区の外縁及び境界並びに幹線道路に表示する。

7　2に定める条件又は5に規定する合意に定める条件を満たさなくなった地区は、無防備地区としての地位を失う。そのような場合にも、当該地区は、この議定書の他の規定及び武力紛争の際に適用される他の国際法の諸規則に基づく保護を引き続き受ける。

というものである。

なお、無防備都市については、ハーグ陸戦条約附属書にも規定がある。

第二章

鎌倉は世界遺産になれるか?!

はじめに

日本は二〇一一年三月十一日、千年に一回という「大津波」に加えて、世界で初めての広島、長崎の原爆投下の受難を受けたこの国が、今度は自らの手で原子炉爆発事件という大災害を引き起こしてしまった。当時筆者の一人五十嵐は官邸にいて、まじかに政府の大震災対策と関係していたのであるが、被災地の惨状を受けて、まるでそれは全く見通しのきかない戦争を行うようなものであった。特にフクシマの原発事故は、当時の福島第一原発の吉田所長が後に『何度か死ぬかと思った』と述懐したように、その不安はそのまま官邸とも共通するものであったのである。三月十五日未明、菅総理自らが東電に乗り込んだ背景には、もしフクシマの現場から作業員が撤退するようなことがあったら、それこそ東北一帯八〇万人に被害が及ぶ、ひいては日本そのものが崩壊するという危機感があった。アメリカはフクシマから八〇キロ圏内には立ち入りを制限したとか、大使館やマスコミあるいは有力企業が関西方面に移転したとか、フクシマからも市民が脱出を始めたというような真偽入り乱れた情報と重なって政府の不安にもいかにもリアリティあるように思えたのである。

このような重くかつ暗い絶望的な状況の中で、日本国民を元気づけたのは『なでしこジャパン』の大活躍であったが、もう一つ『平泉』（小笠原諸島も）が世界遺産に登録されたというニュースも大きな喜びであった。世界遺産登録それ自体が快挙であるが、私にはそれが平泉であったということが特別であったのである。平泉は被災地のほぼ中心にある。本書第一章でみたように、中尊寺の建立者藤原清衡は供養願文の中で「『敵と味方』、『人間と毛を持つ獣、羽ばたく鳥、鱗を持つ魚』との間に一切の区別なく、又、死者も生きとし生けるものも全て平等にこの世の『浄土』（聖地）に招きたい」と述べていたが、それは今回の東日本大震災復興構想会議の提言（悲惨の中の希望）の「七原則」、とりわけ『鎮魂』や『つなぎ』の精神と根本的に同じ思想に立つ。平泉は復興のシンボルとなり拠点となりうるのである。そしてこの快挙に引き続き、『鎌倉』と『富士山』がいよいよ本年ユネスコの世界遺産に登録申請されるというニュースが流れた。

世界遺産は端に世界的に貴重なものを後世に残すというだけのものではない。ユネスコ憲章前文に見られる通り「戦争は人の心の中から生まれる」という認識の上に、これら貴重な遺産（人間と自然の営み）を恒久的に維持保存することによって逆に戦争を起こさせないようにするという重要な役割を有しているのである。しかしこのような平和への希求という価値を有する遺産は何も戦争だけによって破壊されるわけではなく、災害によっても破壊される。今回の震災によっても多くの貴重な遺産が破壊された。この平和の文脈から言えばこのような災害から遺産を守るということも非常に重要な仕事であり、それは現代の世界全体に安全や安心を構築し、持続可能な社会を構築するという大きな課題ともつながるのである。このような観点からもう一人の筆者である佐藤弘弥と私は、鎌倉登録の申請は、鎌倉市民ひいては日本と世界の持続可能性の構築にどのような意味を持つか、ということを幾度となく議論してきた。

世界遺産は今や九〇〇を超える数となり、これを維持保存するだけでも大きな仕事である。これ以上あまり増やすことはできないというような情報も伝えられてきている。更に日本の遺産は法隆寺や金閣寺や銀閣寺など誰から見ても一見して世界遺産と賛同できるようなものから、少し説明（文脈）がないとわからないというようなものに変化してきている。たぶん鎌倉も又、今回同時に申請される富士山も、このような意味でこれまでにない、ある種の困難を抱えていることは事実であろう。そこで二人は改めてこのような状況を確認しながら、さらにこれを広く市民と共有し来年のユネスコでの登録までに運動を盛り上げていくことは、鎌倉市民だけでなく、被災者にとっても意義があるのではないか思ったのである。

さらに本章では、平和を守るための世界遺産という観点から歴史や考古学、芸術的価値、宗教といった個別領域のなかで分析し論証して行くという方法ではなく、それらをもう一度、広く『政治と文化史』総体の中に取戻し、双方を比較検討しながら都市平泉と鎌倉を浮上させそれぞれの資産（つまり物それ自体）に新たな意味付けを与えるという視点を提供しようとした。このようなこれまでの物それ自体に着眼する世界遺産論にはあまり見られないある意味でユニークなしかし学問的には誠に正面突破的な作業をと考えたのである。

（五十嵐敬喜）

第一　ユネスコ世界遺産40周年と変革への課題

「平和」としての世界遺産を考える場合に、もっとも大きな論点となるのは。その「評価基準」である。

評価基準の問題

簡単に言いますと、世界遺産をどういう基準で選ぶかということですが、これまではご承知のように文化遺産六、自然遺産四、合計一〇の基準によって選択してきた。しかし四〇年もたってみるとそろそろその功罪が見えてきたます。

その第一はなんと言っても、「世界遺産」の対象の拡大であろう。これまで世界遺産といえば『有形な遺産』、主として建築や土木の構築物および自然といったものを対象にしてきたが、ユネスコの精神から見て形のないものでも必要なものがある。それが「無形遺産」。それから有形な遺産でも、たとえば芸術的に優れているとはいえないが、人間の進歩にとって大いに役立ってきた「近代化遺産」とか、文化と自然が融合した「文化的景観」とか色々なジャンルの遺産が増えてきた。また四〇年たってユネスコの加盟国もどんどん増え、今や国連に匹敵するような規模になってきた。

そうなると従来どちらかといえばヨーロッパ的な基準で見られてきた「普遍的価値」というものがどんどん多様化してくる。さらに言うと、ユネスコがなぜ世界遺産を決めるかというと、それら価値あるものを戦争を含むあらゆる破壊から守り、平和を構築するためである。

富士山の登録はユネスコ改革のチャンス

現在は、文化遺産と自然遺産合わせて一〇の基準があり、これは明確に区分されているが、平和の推進という視点からみて本当によいのかどうか検討されなければなりません。たとえば今回日本から申請される富士山というものを見てみましょう。富士山は日本人だけでなく、世界中の誰から見ても美しい。でもこれを世界遺産としてみたときに、当初これは『自然遺産』というように考えられてきましたが、しかし、その価値はそれに尽きない。もっと人間がこの自然とかかわってきたというそのことによってその『美』は増してきた。その人間のかかわりというのを重く見るとそれは自然遺産ではなく文化遺産になる。そこでさらにこの人間のかかわりというのを見ると、富士山には、色々な文献とか言い伝えなどの資料によると、日本人は、富士山を自然それ自体ではなく、「御神体」であると認識しこれを信仰しながらかかわってきたという事実がある。日本には「山川草木悉皆成仏《さんせんそうもくしっかいじょうぶつ》」という言葉がありますが、これは要するに、すべて、人間だけでなく、動物あるいは山や川や海にも皆、魂が宿っていると考えるというのが、日本の精神・哲学であり、富士山などもそのシンボルとして、日本的な価値を世界にアピールすべきではないかということです。しかし、山が神であるというような認識や哲学はヨーロッパ諸国にはなかなか受け入れにくい。

これが先の一〇の基準との明確な分離だったわけです。そこで改めてこのような日本の精神をこの一〇の基準に和ませるというか適合させるために、一から一〇までの基準を、文化と自然に厳格に区分しないで、文化のところにも自然が関係し、自然のところにも文化が関係するというようにして、文化と自然を相互に溶け合ったものとして見ていくべきではないか、という考え方がでてきています。その意味で富士山というのは、日本の価値観を提起する絶好の機会になるのではないか。

しかしこれは容易なことではない。この問題提起は表層的な文化と自然の融合というだけではない、根元的には、キリスト教の一神教的な考え方に対して、アジアや特に日本はその典型だと思いますけれども、仏教など多神教的な考え方の対立と共存というそれこそ地球的な規模での、しかも単なる過去の歴史的な総括というものではなく、地球の未来を見通していく、というような課題と重なっているからです。

文化的景観をどう見るか

もうひとつ論を進めてみよう。これは今回の平泉や鎌倉ともかかわる問題ですが、それは「文化的景観」というものをどのように見るかということです。日本の自然と人間が共存するという立場から言えば、「文化的な景観」はある意味で最もなじみやすいものです。文科省も最近文化財保護法を改正してこの「文化的景観」というものを取り入れるようになった。その意味でこの「文化的景観」概念は一般解となった。さて問題はこれからです。平泉は当初この文化的景観というものを非常に大切にしていて登録評価基準として掲げていた。しかし今回はこの『文化的景観』は取り下げられ、鎌倉でも採用されていません。それはなぜなのか。世界遺産登録のためのテクニックという次元を超えて哲学的な問題としても考えてみる必要があるのではないか？

平泉と鎌倉の連続性

次に、私が考えていることを、少しばかりお話ししたい。平泉と鎌倉は、時期的にも、人間的にも、歴史的にも、文化的にも、深く連続性をもっています。その意味でひとつは「継承」という問題がある。もうひとつは、武家政権確立の以前と以降というような画然と区別される点もあります。このような、継承と断絶というふたつの価値観から、平泉と鎌倉を見た時に、どのようなものに見えるか。

まず第一に構成資産というものを見ると、まったく注釈なしに言えば双方とも仏教や神社の遺跡が多いということに注意して下さい。平泉の場合は、金色堂、毛越寺庭園、金鶏山、観自在王院、無量光院、すべてが仏教に関わる建築物と庭園や遺跡です。同じように鎌倉も、ほとんど鶴岡八幡宮、建長寺、鎌倉大仏など、仏教と神社で宗教と関係するものが多い。勿論鎌倉には、武士の都ですから切通しなどがあり、ここが平泉と違っている。

そこでまず宗教関係の施設を見ると、平泉と鎌倉には雲泥の差がある。何といっても、平泉の場合は、金色堂が、まずバチンとあって、これは芸術的にもものすごく価値が高い。これだけでも世界遺産になれるのではないか、というような気もします。これと比べてみると鎌倉の場合、数は多いのですが、金色堂に匹敵するようなものがあるかというと、正直それはない、日本の国宝や重要文化財としてはともかくひとつひとつを見ればこれが世界遺産だというような圧倒的なものは見当たらない。また宗教施設ではありませんが武家の都のある意味でのシンボルとなるような平泉でいえば、「柳之御所」に匹敵するような「政庁跡」がなく、『切通し』なども、世界の要塞都市の『城壁』などと比べると、それほどメリハリがあるものではない、という気もします。

都市論の視点

しかしこれらの構成資産を一つ一つばらばらではなく、ネットワーキングしてみると、別なイメージが当然沸き起こってくる。これら多様で貴重な資産を抱えるそれはいったい何者なのか、ということであり、それを私は、ここはいろいろな意味で異論もあるところだが、仮に『都市』という概念でくくると、これら構成資産をつなぐ「全体の文脈」というものが極めて重要になってくる、と考えているのです。その結論は今すぐここでは出せませんが、『都市』という視点でものを見るためには、建築や宗教といったものだけでなく、社会科学的なアプローチが必要になると思い、そのひとつの資料としてお手元に『年表』【資料1】を作成した。

これは都市をどのように定義するかというやや観念的なアクセスを中止して、事実から見ていく。これが私のいう社会科学的なアプローチです。

まず都市かどうか。最も重要なファクターである人口と範囲を見てみましょう。実はこれが難解でして、いろいろな説がありますが、まあここではとりあえず、平泉が五万から一〇万、鎌倉が八万から一二万ほどの都市ではなかったかと考えました。もちろんこれは平泉は一〇〇年、鎌倉の方は一五〇年の歴史がありますから、どの時点での人口をみるかということで、だいぶ違ってくる。

次にどのような文化や歴史がこれら人口集積地とかかわりがあるかといえば産業や地形が重要です。特に中世では、現代のような交通や流通の発展した時代とは異なって、山と海、山と川、そして地形が非常に密接な関係をもっている。そこに文化が生まれてきた。

戦争と災害の問題

それから文化や都市づくりと関連して考えなければいけない問題として当然のことであるが「戦争」がある。平泉では、前九年の役とか後三年の役。鎌倉の場合は、源平戦争もありますし、頼朝と奥州藤原氏との戦争があり、また承久の乱というような朝廷と鎌倉幕府の戦争がある。もちろんこのほかにも人々の生活に激変をもたらす要因として戦争以外にも地震や火事というような災害もあります。鎌倉大仏などは、頻繁に災害がおこる鎌倉で、宗教だけではなく、災害とも密接に関係してきた歴史があり、これらが宗教施設はもちろんそれを含む文化全体に対してプラスにもマイナスにも、複雑な影響を与えている。鎌倉文化は禅だけで創られているわけではありません。

朝廷との関係・日宋貿易

それから平泉と鎌倉を考える場合、当時の対朝廷との関係ということも充分に考えておかなければならない。両者とも、対朝廷との関係では屈折した歴史をもっている。平泉の場合は、朝廷をたてつつ、同時に蝦夷の共同体というか、奥州の自立を計るという、独自の歴史や文化がある。一方鎌倉の方は、それこそ日本最初で世界に独自な武家政権を築き、それが江戸時代を含めた六〇〇年の武家文化の基礎を築いた、という実に面白いドラマを繰り広げます。当初頼朝も朝廷のシステムに組み込まれた一員であった。しかしその後北条の時代になって、朝廷に対して、はっきりと自立をすると姿勢をとり、「承久の乱」の勝利によってこれを決定的にします。また法学的な見地からいえば、「御成敗式目」は独自に武家のルールを定めたものであり、これは京都朝廷の律令体制に対してはっきりと決別したもの、と評価すべきであり、これによって、幕府・将軍という形で武家の政治を全国に拡大し、自立するものとなったとみるべきでしょう。

この武家政権都を支えるのが、国内の農産物や魚、金などの資源だけでなく、諸外国との貿易が大きな富を生み出す。平泉を見ると、色々なルートから珍しい文物を集めるという世界を股に掛けた貿易都市の姿が浮かびます。鎌倉の場合も、宋や元とも貿易をしたということが言われています。この二つを、社会科学的な手法を入れて分析してみると、新たに日本的な『都市』概念が浮かび、それが構成資産の対象や評価に大きな影響を与えるのではないか？

保全の大切さ、またいまさら付け加えることもありませんが、世界遺産にとってわすれてならないのは、単に登録されるということではなくて、登録された後、いかに維持管理するかという問題が重要だということです。ユネスコではまさに、登録と引き換えに、きちんとした維持保全を要請します。どういうことかというと、登録することで、戦争などからの遺産の破損や破壊から守る。それにプラスして、世界遺産条約では、遺跡を守り続けることによって、戦争そのものをこの世界からなくしていくという目的があります。ですから維持保全ということは非常に重要でありまして、私はここに、序章でみたように世界遺産が日本国憲法の九条と繋がる大きな平和の思想というものがあると思っています。何故こんな話しをするかというと、実は鎌倉と一緒に来年は富士山が推薦されるということがあるからです。

その富士山のど真ん中に、軍事演習場がある。これをいかに考えたら良いのだろうか。ここにはユネスコの存在そのものにかかわる問題がありそうです。

誰がみても、あの北富士演習場は消すことができません。ユネスコ世界遺産条約に対する根本的矛盾を富士山は抱えている。これをどう考えるか骨太な理論武装をしないと、世界中の人を納得させることができない。富士山は美しいとか、信仰の山、あるいは北斎が富岳百景などを描いているとかいうだけでは乗り越えられない大きなバリアがある。そういうことを克服していく覚悟あるいはそのプロセスというものを世界遺産申請とともに日本国民は世界中に示していかなければいけない。

（五十嵐敬喜）

第二　鎌倉の推薦書の骨子と問題点

新推薦書と鎌倉の山稜部

1　推薦書の骨子について

今日のお話は、九月に出されました鎌倉の推薦書についてでございます。まず推薦書の骨子でありますが、資産の名称は日本語では「武家の古都・鎌倉」となっていますが、英文の方では「Kamakura Home of SAMURAI」となっております。

これは、鎌倉で四回ほど国際専門家会議が開かれまして、その中でタイトルをどうするか、ということになりまして、外国の専門家からいただいたアイデアでした。日本語では「古都」となっておりますが、英語では「Home」ということで、つまり「ふるさと」というくらいの意味になります。そういう風に考えていただくと、鎌倉の考えが分かるのではないかと思います。

都市論を避けた理由

何故この話を最初にもって来たかというと、まず「都市論」から離れたいということがあります。これは国際専門家会議をやっていた中でも指摘されましたし、去る一〇月二三日上野の東京国立博物館で開催されました「世界遺産・平泉に学ぶ」というシンポジウムの席でも触れられておりましたが、世界史の中では、都市というものは、ひとつの確固たる概念があって、それを日本の都市の概念でもって、都市とはこういうものではない、ということを提案できる状勢にはないということです。けっしてそれはヨーロッパ社会の都市のイメージではなくて、古代から都市の歴史を類型的にとった時に、アメリカ大陸は別かも知れませんが、アジアの東の端からヨーロッパ大陸の西の外れまで、あるいはアフリカ大陸から地中海沿岸まで含めて、都市というものは城壁で囲むということで出来上がってくるということがございます。

そういう中で議論をしていったのでは、とても議論できないですし、それを変えてから登録してください、ということを考える必要もないだろうという風に思っています。そういうことで、本来の鎌倉の価値が分かるような形で、申請にしようということで、国際専門家会議の中でも、「都市という言葉は使わない方がいいよ」というアドバイスもいただいて、都市論からは離れていったということです。また鎌倉を都市論でやってしまうと、現在鎌倉の市街化されているエリアを遺産として評価していかなければいけない、という話しになってきます。鎌倉市の中心市街地、中世の街並みの中心となった区域は現在の鎌倉の市街地であり、近代的な都市区域です。中世の街並みがそのまま残っているわけではありません。中世鎌倉の街並みが歴史的にどんなに価値があるものであったとしても、それが街の形として残っていないのですから、世界遺産の対象とすることはできません。また、中世の鎌倉のまち全域に渡って国家が保護している状況にするということ、すなわち国指定史跡に指定することは、難しいというレベルではないだろうと思いまして、都市論からは離れたという経緯があります。

奈良・京都との比較

それともうひとつは、鎌倉が世界遺産登録をしていく時に、どうしても通らなければ行けなかったのは、奈良・京都との比較研究でした。個々の資産の比較といったところでは、目に見えている建築物か庭園とか、個々のものをとった時には、世界遺産登録の価値基準のⅰにあたるマスターピース、すなわち傑作といった価値基準で評価することは難しいだろう、というような中で、鎌倉とは何なのか、という議論をしてきました。その結果を推薦書の中でまとめてきたということです。

簡単に取組の経過を振り返ってみますと、平成四年、一九九二年ですが、日本が世界遺産条約を批准いたしました。その時に、将来日本国として推薦する予定の物件を暫定リストとして、一〇件ユネスコに提出しました。その時に鎌倉は「古都鎌倉の寺院・神社ほか」としてノミネートされたわけです。これが今各地で世界遺産登録運動をやっているところとは違うところです。今は自薦ということで、地方公共団体の方で候補物件を文化庁に提出し、国はその中から推薦物件を選んでいくということをやっていますけれども、そういう段階のものではありません。ある意味で暫定リスト入りは、地元自治体には寝耳に水の状態だったということです。

平成八年に、鎌倉市では総合計画に世界遺産登録を位置づけ、それ基づいて以後体制の整備を行い、学術的な調査を行ってきました。ところが、当初文化庁と調整をしておりました時には、課題はほんの少しでした。鶴岡八幡宮などいくつかの追加指定がありました。それが終わったら推薦をしましょうということでした。しかし「紀伊山地の霊場と参詣道」の登録が契機となりまして、資産について全部管理計画を作りなさいということになりました。それに非常に時間がかかりました。一方、資産の価値証明というか、どこに価値があるのか、ということを検討するため、「鎌倉市歴史資産検討委員会」という委員会を作り、鎌倉や世界遺産に詳しい学識者の方々にお集まりいただき、世界遺産としての鎌倉の価値について学術的な検討を行ってきました。それが後に広域行政体の連携ということで神奈川県・横浜市・鎌倉市・逗子市の四県市で世界遺産登録推進の推進母体を作り、そこに委員会を移して検討してきました。

また市民との連携ということでは、鎌倉市世界遺産登録推進協議会という団体を作っていただきまして、そこで色々な活動をしてきました。現在の状況は、九月末に、推薦書の暫定版を提出いたしまして、ユネスコから文書の指摘があれば、それを訂正するということで、その回答待ちと同時に、推薦書のスキルアップを行っているということです。最終的に一二月末には、文化庁に推薦書を提出し、一月中には、ユネスコ世界遺産委員会に提出されることになっています。以上のような予定で、作業は進んでいます。正式推薦になれば、二〇一二年の夏か秋頃に、イコモスの現地調査がありまして、それを受けて二〇一三年の六月頃の世界遺産委員会で登録の可否が決まるという流れになるのだろうと思います。

推薦書の概要

さて、推薦書の概要です。「武家の古都・鎌倉」の遺産の概要ですが、かなり文章が長くなってしまいました。

ただ言わんとするところは、二つありまして、ひとつは武家文化が生み出された証であるということ、もうひとつは要害的な地形と一体となった世界的にも珍しい政権所在地の類型であるということです。

それで、これが価値基準のⅲとⅳに該当するということです。前回までは二一の候補物件を「シリアルノミネーション」で登録しようと考えていましたが、これらが重要な構成要素であることに変わりはないのですが、これをシリアルで登録するという考え方は、今回止めました。何故止めたかといいますと、国際専門家会議の中で個々の資産の背景になっている山というものが非常にインパクトがあるという指摘があり、そして私たちも、三方山に囲まれ、一方を海に面するという自然地形を巧みに利用して政治的拠点を作ったということを説明していました。そうなってくると、個々の資産一つ一つではなく、地形と一体になった資産というものが鎌倉の特徴を表しているということになり、個々の遺産をシリアルで登録するという考え方を止めにしました。

鎌倉は、三方を山に囲まれ、一方を海に面していますが、この三方の山の部分に重要な資産がありますから、そこのところを登録していこうということになりました。今までの推薦の考え方とは、少し変えてきたということですが、これは国際会議の中で、外国の方々の色々な意見を聞き、そして内部で議論をした上で変更したわけです。

山稜部の地形の重要性（構成資産の価値）

ではここで、個々の資産の価値に戻ってみたいと思います。「武家の古都・鎌倉」というのは、正確には「home of SAMURAI」と言った方が良いのでしょうけれども、武家による政権を樹立し、武家文化を生みだしたことを示す物証である。つまり武家文化が生まれたことの物的証拠です。そして、要害的な自然地形に社寺などの防御上、行政上、物流上の拠点が機能的に配置されて、山稜部と一体となった独特な政権所在地の類型が形成されたということで、物証であるということと政権所在地の類型であるということのivを適用して、普遍的な価値を考えています。

これは大分日本史の先生の考え方が反映しておりまして、我々は行政文書なのだから、こんな細かい書き方はせず、もう少し世界史的に分かり易い言葉を使って書いた方が良いのではないかと考えて、作業の中ではやって来ました。しかし、色々と直しが入りました。推薦書の原案を作るのに、鎌倉市の担当と県の担当とそれから文化庁の担当との間で、文書が行ったり来たりして、検討しているわけですが、推薦書委員会の先生方の指導を仰ぐと、またどんどん変わってくるということで、なかなか難しい作業をしております。

「iii　『武家の古都・鎌倉』は、戦闘集団であった武家が、新たな根拠地として政権を樹立した土地である。」これは平泉と福原を意識して書いています。新たな根拠地というところですね。続けます。「武家は既存の貴族政権から独立した権力と支配を確立するとともに、権力の支配の更なる強化を目的として、一三世紀半ば過ぎから中国伝来の禅宗を積極的に摂取し、後世において日本を代表する思想として発展する『禅』として成立したことを筆頭に、中国文化との交流などを背景として独自の文化を築き上げた。

武家は鎌倉において国家祭祀権を行使する場として鶴岡八幡宮を自ら造営し経営したことを始めとして、政治理念の構築や権力強化に利用した神社・寺院、それらと組み合わせて鎌倉全体としての防御機能を果たす武家館、切通し、港などを、鎌倉の特徴的な地形を利用しつつ造営した。また、特に寺院においては、茶道や禅といった文化的諸要素も醸成された。

したがって、『武家の古都・鎌倉』は日本国全体を以降七〇〇年間にわたって武家が支配する出発点となった、世界で初めての武家政権が存在した証左であるのみならず、その支配体制及び文化的側面の画面、即ち『武家文化』がここに創出されたことを示す、唯一無二の物証である。」

「したがって」以降の最後の部分で十分だと思いますが、上の段落二つはその説明ですね。もうひとつが「(ⅳ)」です。

「(ⅳ) 日本において鎌倉時代までの政権所在地は、奈良や京都のように、当時の東アジアで大きな影響力のあった中国の都城制の模倣による造営であったが、武家は一二世紀末、世界で初めて一国の政権所在地を三方が山で囲まれ一方を海に開く「鎌倉」に樹立した。そこでは、政治理念の構築や権力強化に利用された神社や人が、機能的に配置され、周囲を取り巻く山稜部と一体になった世界的にも稀有な政権所在地が形成された。

神社や寺院は周縁部の自然と一体となった静寂な宗教空間を有する独特な社寺景観を呈した。中でも禅宗寺院からは、中国の南宋五山の形式を踏襲しつつも、造成された狭隘な土地の制約から、より直線的な配置を強調する日本の初期大禅宗寺院伽藍の基準が生まれた。

したがって、『武家の古都・鎌倉』は、武家が自然地形に積極的に働きかけ、機能的な政権所在地を整備した結果、鎌倉固有の社寺景観の見本、日本における初期大禅宗寺院伽藍の見本を伴いながら形成された世界でも稀に見る政権所在地の類型である。」

そこで、先ほどから、議論になっている「OUV」の検討があります。第三二回世界遺産委員会資料に、「WHC-08/32.COM/9」というのがありまして、これは二〇〇八年の世界遺産委員会での「OUV」についての報告です。ユネスコのＨＰを開いて「WHC-08/32.COM/9」と入れる、本文が出てきます。それからインターネット上でも、和訳されたものが見られるはずです。鎌倉で使いました基準（iii）と（iv）について、どのように考え方が変化してきたのか、この報告の中に書いてあります。一九九六年の一番新しい文章です。

「（iii）証拠／Testimony

１９９６：現存する、あるいはすでに消滅した文化的伝統や文明に関する独特なあるいは少なくても稀な証拠を示していること。

評価基準（iii）の多くは、考古遺跡に適用されてきた。近年は文化景観にも適用されている。」鎌倉でのこの評価基準（iii）への適用文書でも説明させていただきましたけれども、ここに示されている文化的伝統や文明に関する独特で稀な証拠というふうなところで、使っているということです。

それから評価基準（iv）です。

「類型：Typology

１９９６：人類の歴史の重要な段階を示す建築形式、建築的又は技術的な集合体の類型、景観の顕著な例であること。

評価基準（ⅳ）の適用は、他の評価基準に合わないと思われる資産を評価するうえで、最も使い勝手の良い方法と考えられる。適用されている資産の種別は宗教関連資産が二六％歴史都市が二〇％・・・」

要は何かのことで括れるんだという意味合いがあります。一群のものを指すということでしょうか。また他の評価基準に合わないようなもので使われる、特に都市遺産の評価の中で、類型「Typology」というものが使われることが多いようです。鎌倉の場合は、都市遺産ではないですけれども、政治的拠点というものの類型ということで、これを適用しているということです。

構成資産の範囲

次に、資産と資産の範囲です。考え方として構成資産は、1です。そして山稜部と海浜部に地形的に分かれるということです。面積は五八一・二ヘクタールです。緩衝地帯（バッファゾーン）については、鎌倉地区と称名寺周辺の二つのエリアに分かれているということです。この二つですが、後の時代の物理的開発によって離れてしまいましたけれども、同じ価値を持つものです。それは武家文化が生まれたこと、政権の所在地の類型ということで同じ価値を示すものということで、この二つのエリアを提案をすることになりました。

後の地形的な変化や開発や法的規制によって分断されていますが、このようなことになりました。ここで大事なのは「鎌倉のかたち」というものを、要は個々の資産でなくて背景にある山と一体になっているものとして考えようということです。資産と緩衝地帯の内容ですが、ここでは資産の方は、新しいことをやっています。これについても、上野のシンポジウムの中でも話題に上りましたが、資産に含まれる山稜部の保護というものを、「古都における歴史的風土の保存に関する特別措置法」というもので保護しようとしています。つまり文科省が管轄する「文化財保護法」以外の法律で保護するということです。

実は鎌倉の登録が遅れてきた理由のひとつは、このことがあります。国際専門家会議を行うと、三方の山というのは非常に重要であろう、資産の文化的価値をその山自体が示しているとは言わないけれども、その山があって初めて、鎌倉というものは成り立つということで、山を資産の範囲に含めた方が良いということのアドバイスをいただきました。ところが、それを文化財保護法でやるとなると、これは大変な話であって、それではいつになるか分からない、ということになります。一方、世界遺産登録は世界遺産条約という条約に基づくものですので、各国政府が保護していれば良いというのがユネスコの考え方です。

要は国土交通省と文部科学省の省庁間協議となりまして、調整が行われました。古都保存法のエリアを世界遺産のエリアにした方が良いとの考え方は、実はうんと昔、平成六年ころでしたか、「鎌倉市歴史遺産検討委員会」ができる前から、東京大学の西村幸夫先生からアドバイスをいただいておりました。ところが、文化庁も世界遺産の登録に当たっては、一九九二年に条約を批准するに当たって、衆参両院の外務委員会で「世界遺産はどういう風にして登録するか」という質問に、「重要文化財の中の「国宝」、史跡の中の「特別史跡」、名勝の中の「特別名勝」をもって、世界遺産登録の候補にします。」と答えているのです。つまりこれは文部科学省所管の法律によって保護されているものの中から、世界遺産登録を行っていきます、という国会答弁なのですが、それからずっと、それに縛られてきたわけです。鎌倉の登録が、遅れてきたのも、そこに原因の一つがあったわけです。

平泉との相違点

鎌倉で不動産の国宝というと、円覚寺の舎利殿と鎌倉大仏しかありません。そういう意味では、平泉さんに大きく出遅れているというか、差を付けられてしまったということです。鎌倉の価値を評価するためには、やはり、山稜部を評価する必要があります。実は昭和四二年に古都保存法が誕生して、鎌倉では山稜部を保存をしてきたという経緯があるわけですが、ある意味で、この世界遺産登録の過程で高く評価された山稜部は、鎌倉がやってきた保存のあり方が、再評価されたものと思います。そして鎌倉の残してきた、その一番大事なところを世界遺産としてアピールすべきだということがありまして、古都保存法の扱いについて、文科省と国土交通省が協議をして、世界遺産登録に当たって、古都保存法を使うことの了承を得たということです。実は文科省は、これだけをやっていたのではなくて、富士山も絡んでいました。富士山は史跡だけでやっていては資産範囲が狭くなってしまいます。そこで国立公園法をもってくるというようなところがありまして、同じような提案を受けているわけです。富士山の交渉もまた国土交通省と行っていたようです。ですから、資産及び緩衝地帯について、資産の保護というものですが、今までは日本国内において、推薦のあり方としては新しい段階に入ったということが言えると思います。

緩衝地帯（バッファゾーン）について

次に緩衝地帯ですが、簡単に言いますと、古都保存法と風致地区条例、景観法、森林法の保安林、緑地保全法、それと用途地域、ということになります。鎌倉はかなり広い範囲が風致地区になっています。

古都保存法の六条、四条区域、それから近郊緑地の上に風致地区が被っています。これはかなり強い規制ですね。ところがまちの中心にあたる部分が赤く示されています。この部分が商業区域・近隣商業区域となっています。鎌倉のまちづくりで一番問題になった地域です。鎌倉市では、鎌倉地区について建築物の高さはずっと風致地区なみの行政指導をしてきました。当時の神奈川県の風致地区条例は、地区が二種類しかありませんでした。第一種は建物の高さが八メートル、第二種は一五メートルでした。鎌倉は、全部二種だったのですが、一種なみの八メートルで行政指導してきました。そしてそれ以外は商業区域・近隣商業区域も含めて、風致なみということで、一五メートルで規制をしてきました。

このように鎌倉では建築の高さ規制が長い間の懸案でした。そこで景観法の施行ということになりました。景観法では高さ規制はできるだけという規定でした。そこで一五メートルの規制を行いました。規制を法制化するというのは、地元からは、商工業者を中心に大きな反対がありました。昭和四〇年代からずっと色々な働きかけをしていたのですが、結局できませんでした。そこで世界遺産登録というものを契機として、世界遺産をやるんだったら、一五メートル規制はしょうがないね、というように思っていただいて、やっと一五メートル規制というものができるようになったわけです。そこで今まで通りの行政指導はできないのですか、という話をよく聞くのですが、行政手続法というものが施行されているので、それはできないのです。必要な規制はルールを作りなさいとなっていますんで、ルールを作らないで建物の規制をすれば、過度な行政指導というものになってしまいます。このように、鎌倉では世界遺産登録を契機にして、まちづくりのルールは進んだと思います。ただ、それで十分であると言っているわけではありません。

2　世界遺産に登録への課題

都市化と市民意識について

次に課題ということになりますが、一番は市民意識が未成熟ということだと思います。これは世界遺産に関する理解不足があると思います。過去、鎌倉でも「城塞都市論」があり、鎌倉の街そのものが資産になるという思い込みをしている方が沢山いるということです。市民のかなりの部分が、今市街化されている部分が、他の国で世界遺産に登録されている「歴史都市」いわゆる「ヒストリック・センター」と言われているような「旧市街」というものをイメージして、それと鎌倉を比べてしまうというようなことがあるわけです。中世の街並みが残っているわけではありませんから、残念ながらそんなことはありえないことです。あるいは今のままでは、恥ずかしいとか、そんなことを思っていらっしゃる。本来世界遺産になるということは、登録資産に即した街づくりを行うことだと思います。

先日の上野の世界遺産シンポジウムの中でも、京都の宗田好史先生から話がありましたが、「京都は数年かかって、歴史環境保存区域という実体的な規制がなかったところを、高さ規制を厳しくして、建物の高さを下げてきた。それは大きな成果である。」ということでした。やはり鎌倉も、世界遺産というものを契機にして、世界遺産に相応しいまちづくりをすることが必要です。世界遺産登録は鎌倉のまちづくりの第一歩になると思います。いや鎌倉の場合は、山稜部の保全を行ってきましたから、第一歩でなく、第二歩にも第三歩にもなると思います。しかし残念ながら、鎌倉は京都と違って、歴史都市の姿はありません。

鎌倉は極端に言えば、戦後にできた街です。元になる部分では、第二次世界大戦前にできた別荘の文化というものがあるわけですけれども、実際は昭和三五年当時の人口が確か六万人位でした。丁度私が鎌倉に引っ越して来たのが、昭和三七年でした。今、一七万五千人くらいで、三倍近くに膨らんでいます。ほとんどが外からきた方々です。簡単に言えば、現在の鎌倉の三分の二の人は、余所から来た方々です。その方々が作ってきたのが、今の鎌倉の街なのです。ですから歴史都市としての元の姿がないので、議論の元になる、どういう街にしていったら良いのかというイメージが浮かばないのです。以上が一番の悩みということになります。

しかし地域によって、別荘から繋がっているところ、門前町から繋がっているところなど、色々あるわけですから、そこにあった都市計画というものを作っていく必要があるのだろう。そういうところが出発点になると思います。

歴史を伝える歴史博物館の不在

鎌倉は歴史のある都市ですが、歴史都市かと言われると、なかなか難しいものがあります。それから世界遺産を考える際に、その価値を考える場所が必要だと思うのですが、鎌倉にはそれがありません。つまり歴史博物館がないということです。美術館はありますが、鎌倉の歴史や価値を考える博物館がないのです。鎌倉が世界遺産になった時に、何故鎌倉が世界遺産になったかというようなことを示し、考えたりしてもらうところがないことは、致命的な欠陥だと思います。これは平泉でもあるようですが、遺跡の文化財的整理が進んでいないということです。どうも鎌倉にいると、鎌倉について分かったような気持ちになってしまうところがあります。日本史の中で習ったから、そうだと思ってしまう。ところが世界遺産を検討してきた中で日本史では教えてもらえなかったこと、逆に言えば、今まで書かれていないことを、私たちは見つけてきて、それを論理的に整理して、世界遺産登録に、繋げているつもりでいますが、その発見した価値は、歴史の中では、まだまだ書かれていないのですね。まして日本史の教科書には書かれていません。

ユネスコ精神に資する鎌倉文化

最後になりますが、先ほど五十嵐先生がおっしゃっていましたが、世界遺産というものは、世界平和への懸け橋なのです。私は世界遺産の話をする時には必ず、ユネスコ憲章の前文をもってくることにしています。最初にもってくることもあれば、最後に紹介させていただくこともあります。これは一九四五年の一一月に起草されたものです。

「戦争は人の心の中で生まれるものであるから、人の心の中に平和のとりでを築かなければならない。相互の風習と生活を知らないことは、人類の歴史を通じて世界の諸人民の間に疑惑と不信をおこした共通の原因であり、この疑惑と不信のために、諸人民の不一致があまりにしばしば戦争となった。」とあります。第二次世界大戦を振り返りその反省を踏まえて、平和を築くためには、お互いの文化を知らなければいけない。互いの文化を大切にしなければいけない、ということを述べています。世界には様々な文化があることを踏まえ、お互いの文化の理解の上に、平和を築いていこうというのが、ユネスコの考えであり、そこで施策として行われているのが、世界遺産登録なわけです。もうひとつ言えば、日本人を理解するためには、武家文化を理解する必要があると思います。やはり日本はサムライ日本です。サムライの考え方をしっかり理解しないと、日本人は理解できない。その為には、鎌倉を理解していただかなければいけないと思うのです。やはり鎌倉の文化遺産は日本にとっても世界にとっても大事な遺産であると思います。

鎌倉の遺産を保全し、理解してもらうことは、これからの世界平和に、きっと繋がっていくのではないかと思います。

最後に蛇足で一言付け加えさせていただきます。「武士とはなんでしょう？」武士には色々な性格があります。大土地所有者であり、農業従事者であり、牧畜従事者であり、しかし基本は戦士です。世襲的な職業戦士です。これは国際会議の中で議論になったのですが、戦士はもっとも野蛮な人間の名称だそうです。もっとも無教養な人間の名称だそうです。ところが日本では､武士というのは文武両道です。武だけだと乱暴者です。文だけだと軟弱者です。文武があってはじめて立派な人間と言われます。こういう風に、世界でも稀有な文化を武士たちは作り上げてきました。今地域紛争の盛んな時代に武を制するということは、非常に大事な文化ではないか、と思っています。そういう意味からも鎌倉の世界遺産登録というものは、文化を通しての平和外交を推進する日本にとっても世界にとっても、貴重な遺産になると考えている次第です。

（玉林美男）

第三　都市鎌倉を見る新視点

はじめに

まず五十嵐先生とお会いしたきっかけからお話したいと思います。最初の理由は平泉でした。それも公共事業に関わる件でした。で、何があったかと言うと、平泉の高舘と言うところは義経の最期の地と言われているところです。そこを突き抜ける形で、平泉バイパスが通ることになりました。そのことで柳の御所遺跡が発見されたわけですが、そこを突き抜ける形で平泉バイパスといわれる大体一六キロぐらいのバイパス計画が持ち上がって、高舘の景観が台無しになるということで、何とかしようということになったわけです。

高舘の景観と言うのは、松尾芭蕉がやってきて、「夏草や兵どもが夢の後」と言う名句を残した平泉第一の景勝地と言われるような場所なのです。

そういう場所が公共事業によって台無しになるという、これは何とかせんといかんとなりました。しかし私は東京に住んでいるので、何とかしなければいけないと言っても何もできません。できることと言えば、ホームページを作って、写真をそこに発表することくらいかなと思ったのです。そこで起ち上げたのが、「平泉景観問題」というホームページでした。それによって、現在平泉の景観がどうなっているのか、そして今後どうしなければいけないかということを、写真を通じて訴えたのが始まりでした。

でもやっぱり、公共事業っていうのは動き出すと、ほとんど止まらないような状況で、日本一の先生に登場してもらうしかない言うことで、五十嵐先生にお願いして、平泉に行きました。

当時、中尊寺の貫首だった千田貫首にもお目にかかりました。それで、やっぱり公共事業はいけないと言うような話しになりましたが、でもやっぱり、ダメなんですね。平泉の文化を代表する中尊寺が嫌だと言っても、毛越寺が嫌だと言っても、平泉バイパスという工事は止まらないのです。

このバイパスを止めるために考えたのが、「世界遺産という概念あるじゃないか」ということになりました。二〇〇〇年当時、ちょうど平泉が日本国内の暫定リストに登録されるというニュースもありましたので、「平泉を世界遺産にする会」というものを作って、立ち上げたのが「平泉の景観問題」というホームページでした。それから、平泉の世界遺産登録をずっと見てきていますから、ざっと世界遺産とは丸一一年ほどの付き合いになります。平泉とも、そういうことでずっと関わってきました。

平泉の世界遺産登録が現実感をもって受け止められたのが二〇〇六年に一関市のホテルで開催されたイコモスの国際委員をお呼びしての世界遺産シンポジウムだったと思います。私も東京から新幹線に乗って出席させていただきました。

その時、オランダの委員のデ・ヨングさんという人だったと思いますけど、金鶏山というコアゾーンの中に鉄塔が見える、おかしい、という発言があって問題になりました。「浄土とは、宗教なのか、哲学なのか」と発言して物議を醸したのも彼でした。それを朝日新聞が書いたからです。所謂外国人が言ったり、朝日新聞がネタにすると、世論がすごく盛り上がると言うような事が幾度かあり、虚しさを何度も味わってずっとこの平泉の問題に関わって来ました。

ところで、平泉という世界遺産の特徴ですけれども、意外なほど何もないように見えます。だけど、何も見えないように見えて、芭蕉が表現したように、その中に強い精神性を感じるところがあります。

平泉と一〇年以上関わってきて教わったことがあります。それは一見、何もないように見えるところにどんな価値を見出すかという価値の発見という視点だと思っています。そんな視点というか価値観をもって、この間ずっと、平泉の写真を撮ったり世界遺産に関わる文書を書いてきました。

平泉から鎌倉へ

そこで、今回は、その経験を踏まえて、平泉と鎌倉について、お話をさせていただくことになりました。

このところ、三、四年ほど鎌倉についても世界遺産という視点から、ずっと見てきました。一昨日も行ってきたのですが、材木座の側にある人工島の和賀江島ですか、そこを見ますと、先ほど玉林さんが言われましたけども、やっぱり、材木座から由比ヶ浜や稲村ヶ崎海岸沿いを眺めると、高さ制限がかかっているせいか、建物のデコボコはないですね。そう言う面ではいいんだけども、海岸沿の道を歩いて見ると、都市化の波というものがあって、色々問題があるように見えました。平泉と一番違うのは、都市化の中で、土地の権利が複雑になっていて遺跡や遺産の修復や保全が、平泉に比べて容易ではないということではないでしょうか。

和賀江島は、国指定の史跡になっているようですが、残念ながら、あの周辺は非常に景観が荒れています。波乗りのロッジみたいなのが、今建っています。それからコンクリートで固められたような護岸があってもったいないと思いました。是非、修景していただきたいと思います。元々素晴らしい場所ですから、鎌倉時代の交易の跡を思い起こさせる世界遺産のコアゾーンと言われるような、史跡だと思います。

平泉と鎌倉を単純に比較して思うのですが、「山と海」っていう感じがしております。もちろん山は平泉、海は鎌倉です。それぐらいやっぱり、文化が違うと思います。

まず平泉について、「奥州」という言い方がありますけど、実はその政権の歴史的性格から考えれば、奥州ではなく「奥羽」でして、その政権も奥州政権ではなく「奥羽政権」というべきだと思います。

つまり、前九年・後三年の役という東北全土を巻き込むような戦争が、ほぼ四〇年間続いた結果、清原氏と安倍氏（藤原氏）が一緒になったのが、平泉政権の本質だと思います。一目瞭然ですが、平泉政権には、日本海側にも拠点があったはずです。例えば、酒田とかですね。最上川沿いに上りますと、酒田に着きますけどここには港があった可能性が高い。

そんな平泉政権には多くの謎があります。一般的には奥州藤原氏は、青森の十三湊を経由して、北海道のアイヌと交易をしたり、また樺太を渡って黒竜江川の人々とも交流があり、そこから色んな文物を持ってきて、京都に持って交易を行ったと言われています。しかし、十三湊は青森であり、北海道に渡る時は近いですが、京都や中国に行くことを考えるとやはり平泉から最短距離にある日本海側に港があった方が効率的です。特に中国に行くとなると、博多を経由することが必要ですから、太平洋側を航海したのでは、時間とお金の無駄遣いになります。やはり、日本海側に港があったと思います。

そこで、少し視点を変えて、芭蕉の奥の細道のルートを見ると、非常に面白い点に気づかされます。芭蕉の足跡を辿ってみますと、平泉政権というものが、やっぱり奥羽政権であったことを想像させられます。要するに平泉政権が、管理していた道を見事に歩いていって象潟まで歩き、そして、義経が頼朝の追っ手を逃れてきたかもしれないルートを、逆に歩いて西国に向かって歩いています。

芭蕉の研究者の多くが、「奥の細道のピークは平泉だ」というようなことを言っています。芭蕉は、奥州藤原氏や源義経が生きた黄金の都「平泉」に、少し感傷的なロマンチシズムを持っていたのかもしれません。言ってみれば、「奥の細道の奥に何があるのか?!」ということを、探求したかったのだと思います。

簡単に言えば、「いったい平泉って何だ」ということです。そのことが、芭蕉自身、自分の深川の芭蕉庵という小さな家を売り払い、退路を断ってまで旅に出た理由が根底にあったのだと思います。もちろん、芭蕉には自分の俳諧という表現芸術のルーツであり、ヒーローでもあった西行法師の足跡を辿り、日本文化の真髄に触れて、自分の芸術を完成させたいという思いがあったと思います。

そういった思いで、芭蕉が高館で詠んだ「夏草や兵どもが夢の跡」という句を考えてみます。この句は、日本人で知らない人がいないというほど有名な句です。この時、高館には、伊達家が建立した義経堂《ぎけいどう》が、建ったばかりでした。しかし芭蕉は、そんな新しい建物などには、見向きもせず、義経主従が、泰衡に攻められて亡くなった悲劇を思い、蕩々と流れる大河北上川の荒涼とした中に、夏草が生い茂る様をのみ詠んで、しばし泣いていたと言います。

それから中尊寺に行って「五月雨の降り残してや光堂」という句を残しました。この句ですが、金色堂そのものを詠んだ句というよりは、金色堂を風雨から守っている鞘堂に着眼し、この究極に美しい金色堂を未来永劫保護しようとしている後世の人々の思いそのものを讃えているような句にも聞こえてきます。奥州政権が鎌倉政権によって滅ぼされた後、しばらく金色堂は裸のままで、中尊寺の奥の一角に立っていたことを想起したい。

頼朝が、平泉を征服した後、中尊寺と毛越寺に安堵の命を下し、中尊寺や毛越寺が廃れないように指示したのですが、やはりその中心である金色堂は、年を経るごとに、雨晒しになってどんどん傷んでいきます。

そこで、こんなエピソードがあります。吾妻鏡に載っていることですが、ある時、北条政子さんの枕元に甲冑を着けた武者が立っていた。翌朝、政子さんは家臣や陰陽師を呼んでいったい誰だろう、何でそんなことが起こったのか、ということを話すと、どうやらそれは中尊寺の金色堂の中に眠っている藤原秀衡公だろうということになり、直ぐさま、中尊寺の修復させるように指示を出したということです。

奥州政権を滅ぼし征服した側の人間が、中尊寺と金色堂を安堵しただけではなく、傷んできた金色堂を修復したという事実がある。素晴らしいことです。

芭蕉の「五月雨の」句には、そうした北条政子さんの優しい心を普遍化し日本人の心として、詠んだ句ではないかと思うのです。

何だかんだ言って、平泉の建築物で完全な形で遺っているものは金色堂しかないのです。しかし私は、平泉を造営した初代清衡さんの思いと言いますか心は、今でも平泉の地に間違いなく遺っていると強く思います。それは平泉の永遠性のようなものですが、芭蕉はそのことに気が付いたのではないかと、先のふたつの句から思っています。

同じようなことを世界的な日本文学の研究者ドナルド・キーンさんが言っています。確か一九八六年だったと思いますが、平泉で平泉の文化に関するシンポジウムがあった時、キーンさんが、「平泉は一度も死ななかった」というようなことを言われました。面白い表現です。何故、滅ぼされたはずの平泉が継続して生き続けたかということです。例えばカンボジアの世界遺産に、アンコールワットやアンコールトム遺跡がありますね。この遺跡は戦争によって敵国に滅ぼされた後ジャングルに戻って、確か一九世紀になって、フランス人によって発見されたものです。平泉の場合はそうではない。捨て置かれたことはない。いつの時代も、滅ぼした鎌倉政権も、その後江戸期の伊達家に限らずこの周辺を支配した豪族たちは、すべて平泉にある金色堂を中心とする文化を保護してきたのです。これは日本人の心であり、日本人の美意識に通じる感性であり、平泉という文化の素晴らしさであると思います。

ですから先の北条政子の金色堂修復のエピソードも、単に滅ぼした奥州藤原氏の怨霊が恐いから鞘堂を作るというようなものではなくて、美しいもの、魂が宿っているものは大切に後世に伝えて行かなければならないというような文化保全の思考が働いているのではないかとさえ思えるのです。その意味で平泉の文化的価値は、鎌倉によって一定程度継承保全されてきたと言っても差し支えないのではないでしょうか。

都市論としての平泉と鎌倉

次に、「都市論」というものに移りたいと思います。最近上野の東京国立博物館で開催された「世界遺産・平泉に学ぶ―世界遺産と都市―」の中のパネルデスカッションの中で、ひとつのテーマが「都市論」でした。その中のパネルデスカッションにおいて、佐藤真先生が「都市論」に関して、日本の関係者に自信を抱かせる言葉を言われました。発言の趣旨は、「都市というものに関して日本には西洋とは違う考え方があるのではないか」といったものでした。もっと言うと、アジア的な都市という考え方があっても良いんではないかということです。つまり、城壁で囲んでいるから、それが都市であるといった考え方だけではなくて、日本には、日本の都市の考え方があったのではないかということです。先ほどから、千葉さんや玉林さんの報告で明らかになったことは、イコモスの国際委員に説明するのが面倒なので、平泉にも鎌倉にも都市論から意識的に遠ざかっているようなところがある。それで「武家の古都・鎌倉」の翻訳も「Home of SAMURAI」というものになって、極力西洋流都市の概念との衝突をさけているわけです。佐藤真先生の言葉で私は、日本には日本の都市概念があって必ずしも城壁で囲うというのではなく、自然の川や山や谷などが関の役目を果たし、都市の境界になることがあるということを強く思いました。

そして平泉は武士である奥州藤原氏の宿営地などではなく、都市であると思いました。また鎌倉も都市であると、むしろ都市でないことなどあり得ないと思いました。確かに平泉の場合は権力者である武士以外、僧侶たちは見えておりますが、庶民、職人といった市民の足跡が見えてきていません。遺跡も平泉の中心部が掘られているだけで、今後そうした市民の住居跡が見つかる可能性はあります。ただし、鎌倉の場合はこれから説明していきますけれども、権力者である武士以外の人間たちの生き生きとした生き様が見えてきて、これが都市でないはずがないという思いを強くもちます。

都市論の系譜で考えますと、奈良、京都、というものは、古いタイプの都市であると思います。これに対して新しい都市は「交易」がありますから、海に面していないと駄目なんですね。山や内陸の都市では交易を効率的にできない。ですからどうしても地勢的な立地条件として海に面した場所が、新しいタイプの都として選ばれるような歴史的必然性があったのではないでしょうか。

その意味で平泉は、奈良、京都という古いタイプの内陸型の都市と福原や鎌倉のような海に面した新しいタイプの都市を結ぶ中間的な存在だったのではと考えられます。

都市論の系譜でいいますと、「平泉と鎌倉」の間に「福原」を入れて、「平泉・福原・鎌倉」というものになるのではないかと思います。今、福原の研究が、どんどん進んでいます。最近も新聞で福原の清盛邸ではないかと思われる遺跡が見つかったとのニュースが掲載されていましたが、期待したいと思います。

以上のように、都市の系譜からみて海に面していることを最大限に活用したタイプの都市を形成した鎌倉は、内陸にある平泉とはまったく違う新しいタイプの都市であったと言えるのではないかと思います。

都市を造る時に、絶対必要なものは人、物、金がありますが、中でも重要なのは道や橋や造る土木工事の技術者ですね。彼らは、山を崩し、石を切り出し、色々なものに加工します。さらに寺社建築の大工職人、あるいは鋳型を造り、鐘や仏像を鋳造したりする鋳物師などです。ただ、そのような職能民というような人たちは、歴史の中で注目されて来なかったんですけれども、網野善彦先生などはこうした職能民の姿に注目して、中世社会の中で、様々な職業を持つ人々が生きていたことを語っています。もっと言うと、単にサムライと百姓しか存在しないような社会ではなく色々な職業に携わる人々が、生き生きと暮らしていたんですね。そして鎌倉という新しいタイプの都市を造る時に、そのような人たちが、いっぱい集まってきた。それが都市でなくて何だ、ということを思います。

災害都市鎌倉と大仏

次に大仏と災害都市鎌倉について、お話ししたいと思います。吾妻鏡には「大地震」や「大風」や「洪水」などについて沢山の記述があります。大地震の記載がとにかく多いです。聞くところによれば、鎌倉という場所は新しい時代のたい積層の上に造られた都市ですから、地震に弱く、雨や洪水にも弱いという土地柄だと思います。

こうした中で、地震が起これば激しく揺すられ、その後に津波がくれば波をかぶる大仏（鎌倉の大仏）の凛とした姿が、どれほど鎌倉の庶民に勇気を与えたのではないかと想像します。次ぎに大仏が坐っている場所ですが、深沢の里と呼ばれる地域ですね。丁度、都市鎌倉の入口に当たるような場所ですね。平泉で言えば、都市平泉の入口に当たるのは毛越寺の南大門と言われますが、そんな感じもしてきます。

　鎌倉の中心部に入る前、鎌倉大仏がデンと構えている。造営当時、ここには遺った礎石の遺構から高さ四〇メートルにもなるような大仏殿が存在し、そこに最初は一一メートルの木像の阿弥陀仏があり、それが後に今の金銅製の大仏に代わります。その大仏は一一メートルで一二一トンもある巨大なものです。木像仏から金銅仏に変化する過程で、何があったのかは分かりませんが、とにかく、私たちが目にしている大仏に代わったのです。

　都市というものは、尋ねて来る旅人に対し威厳を示すような構築物が必要なのではないでしょうか。何しろ四〇メートルに及ぶような高さがある大仏殿があり、そこに一一メートルを越える大仏がじっと坐っている。四〇メートルですよ。きっと大分離れた場所からも、その巨大な伽藍が見えたでしょう。これはやっぱり、鎌倉の為政者と宗教者が共同して製作したのではないかと思います。そしてここでは災害が起こった時に、忍性さんたちが五〇日間炊き出しをして被災者たちを救ったということが、記録されて

長谷寺から海を見る若夫婦

いますが、同じようなことが何度かあったようです。まさにこの大仏は東国の権威の象徴であり、災害都市鎌倉の救済拠点となった場所だったのではないかと思います。

それにしても鎌倉大仏に関して調べて見ますと、非常に謎が多いことに気が付きます。何故こんなに謎が多いのか。吾妻鏡にもその開眼までの過程が明かにされていません。このことについて、私はふと平泉における金色堂の存在に近いのかなと思いました。周知のように金色堂は謎の多いお堂です。これは初代清衡が建てた宗廟のようでもあり、阿弥陀堂の様相もある。中尊寺を建立した時の願文である「中尊寺供養願文」にも、この金色堂のことが書かれていない。大仏も同じように思えました。

災害都市鎌倉にあってこの大仏がどんな存在だったか、吾妻鏡には少ししか記載されていないのですが時系列に振り返ってみたいと思います。

大仏が造られたきっかけですが、吾妻鏡によれば嘉禎四年（一二三八）三月二八日の条に、「深沢里大仏事始」とあります。何でも「浄光という僧が、全国を勧進して廻り、この計画を推進したようです。

さて同年（一二三八）五月一三日の条には、「深沢里の大仏の御頭《おぐし》を挙げ奉る。周は八丈」とある。この時木像の大仏に頭部が差し込まれて大仏が完成したことになると思われます。周八丈は周囲ではなく、坐像が立ち上がった時八丈（二四メートル）となり、坐像はおよその半分の相当すると解釈されています。

近年、この浄光上人が幕府に申し出た「浄光跪言上《じょうこうきごんじょう》」というものが注目されています。浄光が、当地にどのような思いでこの大仏を建立しようとしたのか、その謎を解くカギにもなり得る文書です。正式には「新大仏勧進進上人浄光跪言上」というものです。

この文書には、延応元年（一二三九）九月の記述があります。

これは、北陸、西国に新大仏の勧進に歩くに当たって、鎌倉幕府から各地に命令書を書いて欲しいとのお願いです。この中で肝心な部分を現代語訳し抽出してみます。

「祈るのは、この大仏が東国繁栄の本尊とすることです。東国に西方浄土の極楽の教主である阿弥陀如来を建立するため、・・・（一人より）五銖の銅貨ひとつを集め、これによって、八丈の大仏を建立したいと思います。」浄光という人物が大仏を何とか東国の繁栄を期して、鎌倉の地に建てたいとの思いが強烈に伝わってくる文書です。しかもこの中でその仏について、はっきりと「阿弥陀仏」と表記しており、最初から大仏は木像ではなく、金銅仏を造るという計画があったように見えます。一人から五銖銭を一個預かり、それを集積し、溶かして大仏を一刻も早く完成したいと読めます。

その後吾妻鏡によれば、建長四年（一二五二）八月一七日の記載で、深沢で金銅の八丈の釈迦如来像を鋳造し始めると記されています。ここで木像が金銅製に、そして阿弥陀仏が釈迦仏に変わったことになります。

一番肝心なのは、最初に鎌倉大仏を発願した浄光の言葉「東土利益の本尊」ということではないでしょうか。これは奈良の大仏とはまっとく違う建立の動機です。奈良の大仏は鎮護国家です。しかし鎌倉大仏は、「東国利益の本尊」で、高さも一五メートル弱ある奈良大仏と比べると、かなり小さい。また阿弥陀仏であるか、釈迦仏であるかよりも、元々存在した巨大な大仏殿が大風や地震や津波によって何度も災害に遭い、その度に被災者となった鎌倉の庶民を励まし、復興の希望の光りとなったという事実です。

そして鎌倉幕府が滅亡（一三三三）以降は、北条氏という有力な支援者を失い、炎天の下露座の大仏として、常に庶民と共に鎌倉の象徴としてあったとう事実ではないでしょうか。この鎌倉大仏を言う時「露座（屋根のない場所に坐る）の大仏」という言葉がありますが、今年の東日本大震災のことを考える時、鎌倉大仏のある景観は海に面し、谷間や崖などの地形のために、さまざまな災害が常襲した災害都市鎌倉を守護する神々しいものではないかと思います。是非、今後のユネスコ世界遺産登録の推薦書では、この辺りを強調してもらいたいものです。

国際都市「北鎌倉」の風景

さて往時の北鎌倉ですが、私は国際都市ではないかと考えています。中国の宋を攻め滅ぼした世界帝国「元」は当時、朝鮮半島も支配下に治め、日本にも食指を伸ばしました。宋の文化人や仏教徒は中国を逃れて、宋文化を体現した文化人や宗教家が鎌倉に異文化を持ち込んだのです。そしてその征服者「元」が、元寇の役という形で攻めてくるのですから、鎌倉は一種のパニックのような状況に陥った。時の執権だったのは北条時頼、時宗親子でした。父時頼は、宋の臨済宗の僧「蘭渓道隆《らんけいどうりゅう》」を開山として北鎌倉（山ノ内）に建長寺を建立し、厳格な規律で知られる臨済禅を日本に伝えました。また息子時宗は、二度に渡る元軍の襲来を大風が戦況を変えたとは言え撃退しました。この時、時宗の外交アドバイザーのような役割を果たしたのが、宋からやってきた僧「無学祖元」でした。

その後時宗は、無学祖元を開山として円覚寺を建立することになりました。この寺は、二度に渡る元寇の役で命を落とした人々

建長寺

を敵味方なく弔うという願いをもって建設されたものです。

頼朝の平泉文化継承の思いの結晶としての「永福寺」

論点はこの円覚寺建立の精神が、おそらく鎌倉を開いた頼朝が、奥州合戦の後に建立した永福寺建立の精神を汲むものではないか、ということです。永福寺は、今でこそ、廃寺となって二階堂の藪地の中にありますが、往時の永福寺は壮大なお寺でした。現在、湘南工科大学がこれをＣＧ化して、発表していますが、ものすごい偉容を誇る寺院でした。

吾妻鏡を見ますと、頼朝は文治五年（一一八九）で奥州合戦で勝利を得た後、鎌倉に帰ると直ぐに、「永福寺事始」というものを発表する。それによると、中尊寺の二階大堂を模し、となっていますが、その概観から頼朝の思いというか、パッションが分かります。真ん中に初代清衡の建てた二階大堂を模した金堂を造り、右にはおそらく二代基衡の毛越寺を意識した薬師堂を、左には三代秀衡の建てた無量光院を意識した阿弥陀堂を配置しています。

しかもこの三つのお堂は、廊下で繋がれています。前には池が掘られ、池の中には力持ちで知られる畠山重盛が一人で持ち上げて池の中に運んだと言われる立石がありました。本尊は阿弥陀仏ですので、東に向いて立っていました。この全体の構図は、宇治の平等院や無量光院の流れを汲むものですが、私は平泉文化を綜合継承して、これを引き継ぐのだという頼朝の強い意志のようなものを感じるのです。

この永福寺ですが鎌倉市とでは用地買収が完了し、歴史公園化する計画も進行しているようです。是非とも、奥州清衡が敵味方なく戦死者を弔うという恒久平和の思想（中尊寺供養願文）を受け継ぐ形で鎌倉に建立された永福寺跡を往時のイメージが浮かぶまで修景して欲しいと思います。またこの永福寺建立の精神は、元軍を撃退した北条時宗にも受け継がれ、円覚寺建立の精神にもなっています。

永福寺前の石柱

つまりは平泉で初代清衡が中尊寺を建立する時に願った敵味方なく戦死者を平等に弔うという精神を、鎌倉で頼朝が永福寺を建立することで受け継ぎ、さらに時宗は世界帝国元軍を撃退したことを祝うのではなく、その戦争で亡くなった兵士たちを敵味方なく弔うことを祈って円覚寺を建立したのです。平和の根元でありこれが継続されている。

極楽寺と忍性

次に極楽寺と遁世僧「忍性」（注1）ということでお話ししたいと思います。忍性とはいったいどういう人物だったのか、あるいはどのような宗教的背景があったのか、また鎌倉幕府との関係はどのようなものだったのか。忍性については、一五〇年の鎌倉幕府の歴史の中でも、その評価が定まっておりません。私は忍性と鎌倉幕府の関係性というか、鎌倉社会という社会構成上の役割分担が判明すれば鎌倉史は新たな展開を迎えるのではないか。それほど重要なテーマと考えるようになりました。

まずこの「極楽寺伽藍古地図」をご覧下さい。これは極楽寺に伝わっている往時の極楽寺周辺を描いたものと言われています。これだけ見ても、この極楽寺周辺が、一大宗教都市の様相であったことが分かります。ここには学校や病院、浴場、宿泊所、牛馬の病院などもあったと言われています。もちろん多くの塔頭も建っていました。今の寂しい極楽寺界隈のイメージとはまったく違う賑わいがあった。この極楽寺は十六夜日記の作者の阿仏尼という藤原定家に繋がり、後に冷泉家を興す貴族の女性が訴訟のためにわざわざ鎌倉までやってきて、月影地蔵という山の麓の辺りに住んでいました。この裏には忍性とのコネクションがあったと言われています。そうすると、極楽寺周辺は単に貧民だけが住むような場所ではなく、鎌倉に用事があって長期停泊したりできるような場所もあったということにもなります。

忍性という人物の個人的資質を考えると、人を組織して束ねる才能、まちづくりの才能、そして彼の自戒の誓いというものが残っていますが、人や社会には施しを分けるが、自分は必要以外のものを欲しがらないという人です。ある研究者などは、〝鎌倉時代のマザー・テレサのような人〟というようなことも言っています。ただ、日蓮はこの忍性をそれこそ口汚く口撃しています。おそらく忍性は幕府と結託して、鎌倉社会の特権的あるいは独占的に支配している宗教集団の頭目だと見ていたのだと思います。

ある面で日蓮という人は、忍性とはまったく異質な生き方をした個をもっ

極楽寺伽藍古地図

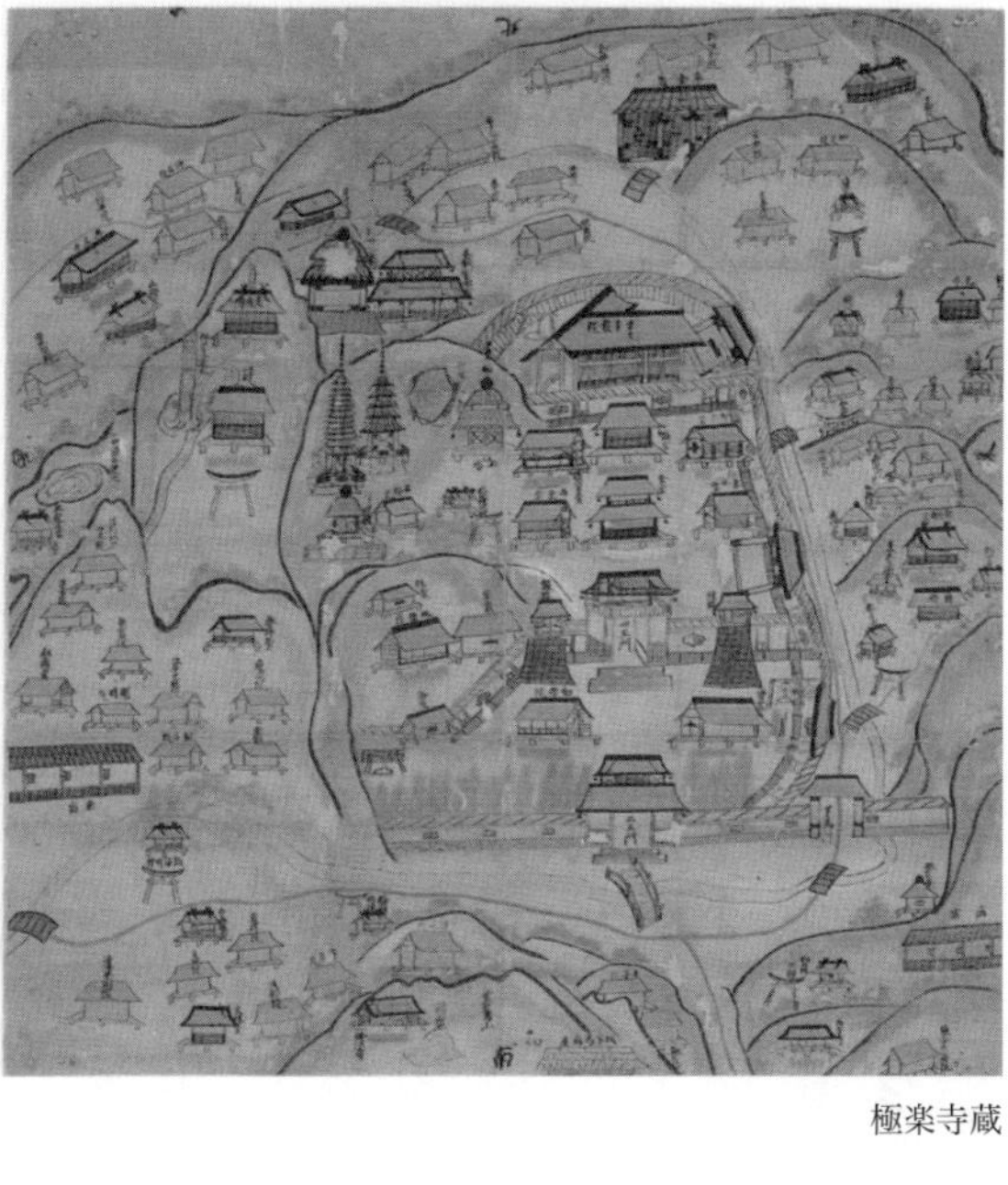

極楽寺蔵

て、幕府に意見を具申するような宗教者です。それに対して、忍性という人は日蓮のように個というよりは、国家そのものとは言わないまでもひとつの共同体を構成できるような技術集団を率いているような人物です。言ってみれば忍性集団とか忍性グループというような組織だったと思います。これが幕府の信任を得て組織だって経済活動、社会活動をしたわけです。

貧者救済で病院を極楽寺に造りました。執権時宗の要請によって、大仏側の桑ヶ谷にハンセン病専門の病院（療病所）も建てています。一三世紀の日本にあって、このような先駆的な救済活動を行ったことは世界の歴史の中でも誇れることではないかと思います。この事実ひとつをとっても、遺跡も明確に残っていますから、さらに研究が進めば世界遺産的価値は大いにあると思います。

忍性という人がいかに鎌倉の政権と深く結びついていたか。エピソードとして実は金沢文庫にある称名寺も、忍性の推薦によって、開山僧が決まったようです。この寺は、極楽寺と同じく真言律宗の寺です。真言律宗というと旧仏教ですよね。私たちは鎌倉仏教というとどうしても、イメージとして「鎌倉新仏教」を連想してしまうのですが、現実の鎌倉社会をみると、この真言律宗という旧仏教との結びつきが、私たちが漠然とイメージしているよりも、遙かに強い関係にあることが分かります。鎌倉という新しいタイプの都市建設の中にあって、都市建設の原動力のような役割を果たしたようにも見えてきます。それは金沢文庫の港である六浦とか、あるいは和賀江島のような港の利権を、この極楽寺の忍性集団が管理していることからも分かります。つまり彼らは極楽寺に収まって、病院や学校や寺院を管理していただけではなく、鎌倉中の道路や橋を造り、石塔を建て、鐘や仏像を鋳造していた、さらに交易の中心になる港をも管理していたことからも推測できます。忍性は元寇の役の時には元軍調伏の祈祷も行い、このことによってますます時のリーダー北条時宗の信任を得て、永福寺や勝長寿院、鎌倉大仏の別当にも任命されています。これは、鎌倉政権の政治・行政・宗教をすべてカバーするような強大な権力を支える役割を果たしたということでしょう。

このような事実を客観的に見ていくと、この忍性集団を鎌倉幕府が政権内に引き入れた背景には、単に撫民政策とか、貧民救済政策のために、彼らの力を借りたというよりは、都市鎌倉というものを建設するにあたって、忍性集団が一国をも支えられるような職能技術集団を抱えていたという現実があったからではないでしょうか。この職能技術集団のリーダーが忍性という人物だったと考えられます。

この辺りは新しい都市鎌倉の研究テーマであると思います。今後、「鎌倉遺文」など古文書の解読を通して、極楽寺を経由する形で、どのように鎌倉の流通経済環流し、最終的に極楽寺の収支決算、さらには幕府にどれほどの利益をもたらしたのかというような金の流れが分かれば、鎌倉政権というものがどういうような過程を経てひとつの権門である「西大寺派」の宗教集団と結びついて行ったのか、解明される可能性がある。

ただ残念ながら極楽寺周辺には、世界遺産のコアゾーンになれるような遺構や遺跡がありません。わずかに奥の院のあったところに、忍性塔という三メートルを越えるような日本で二番目に高い五輪塔はありますが、できれば、遺構を傷付けないように整備して、往時の極楽寺周辺を辿れるようなウォーキング・トレイルを造っていただいて、一大宗教都市「極楽寺」を廻れるようにして欲しいと思います。

まとめ

最後になりますが世界遺産を考える場合、象徴的景観と申しますか、記念碑的なモニュメントのようなものが、どうしても必要であると思います。誰が見ても世界遺産というものは、もう登録されてしまっていてもうない、だから今後の登録においては、いかにしてストーリーを見つけ価値を発見することが必要ということが言われるようになりました。確かにその側面はあるかもしれません。しかし私はそれでも、代表的景観あるいは象徴的景観というものは必要であると思います。平泉の場合は、間違いなく金色堂だと思います。世界のどこにも見ないような造形がそこにはあり、あの天才松尾芭蕉が、その偉容を「五月雨の降り残してや光堂」と詠みました。

翻って鎌倉に置いて象徴的景観とは何なのか。私は自信をもって真っ直ぐ海に向かって坐る「国宝鎌倉大仏」であると思います。その根拠はあの大仏が、武家の古都鎌倉の玄関の場所にあって当初は大仏殿に守られていたものが、くり返し起こる鎌倉を襲った地震や津波、大風、洪水によって、大仏殿が倒壊し、大仏殿再興の願いもあったが、鎌倉幕府滅亡後の資金難もあって、再興は実現せず、ついには、鎌倉深沢の里にあって裸のまま露座の大仏として、建設から七五〇年以上に渡って、鎌倉の変遷を見てきた金銅仏であることが挙げられます。まさに鎌倉大仏とは、武家たちが、海に面した都という新しいタイプの政権都市を実現させた都の記念碑的モニュメントであったことは明らかです。

最後に一枚の写真を見ていただきたいと思います。この写真は、鎌倉市発行の「図説　鎌倉年表」に掲載されている関東大震災で倒壊した鶴岡八幡宮です。屋根が上からバサッと崩れ落ちてますね。やっぱり、鎌倉は地震や津波のようなものに何度も遭ってきたと思います。そして日本は、今年三・

関東大震災で崩れた鶴岡八幡宮

鎌倉古写真（図説　鎌倉年表）

一一の大災害によって、大きな被害を受けました。そこで昨日もユネスコ世界遺産条約を読んで来たのですが、戦争というものに対しては強いメッセージ性をもっていますが自然災害で文化財が被害を受けるということに関しては取組姿勢が弱いような気がします。この辺りは来年ユネスコ世界遺産条約が四〇周年の記念大会が開催されるようですが、三・一一の災害を踏まえて、日本が条約そのものを、もっと自然災害にも対処した条約になるように働きかけをすることが必要なのではないかと思います。

（佐藤弘弥）

第四　平泉と鎌倉　政治・文化史からの検討

二〇一一年六月の平泉世界遺産登録に引き続き、鎌倉（と富士山）が二〇一三年の世界遺産を目指すことになった。率直に言って、平泉の場合、中尊寺あるいは毛越寺庭園という、見れば誰でもその美しさを感じる「遺産」が存在する（それでも一度は登録が延期されるという苦難の道を歩んだ）のに対し、鎌倉の場合はそのようなものが存在せず、その行く末が大いに気になった。（なお追記でみるように「武家の古都・鎌倉」はその後イコモスによって「不記載」となり、鎌倉市などは申請自体を取り下げている）。そこでいくつかの論点について私なりの全体的な「文脈」の中で考えてみることにした。

1　平泉と鎌倉の「構成資産」の評価と検討

構成資産

平泉の構成資産は

①中尊寺、②毛越寺庭園、③金鶏山、④観自在王院跡、⑤無量光院跡の五つであり、

鎌倉の構成資産（「武家の古都・鎌倉」）は、

①鶴岡八幡宮、寿福寺、建長寺、瑞泉寺、鎌倉大仏、覚園寺、仏法寺跡、永福寺跡、法華堂跡、北条氏常盤亭跡、亀ヶ谷　坂、仮粧坂、大仏切通

②極楽寺

③円覚寺

④荏柄天神社

⑤浄光明寺
⑥朝夷奈切通
⑦東勝寺跡
⑧名越切通
⑨称名寺
⑩和賀江嶋

というように多数ある。

平泉の場合、中尊寺と毛越寺庭園以外は、無量光院も観自在王院も「跡地」であり、金鶏山も昔は経典が埋められていた聖地であったとはいっても今は単に「山」というに過ぎない。「柳之御所」という、平泉という都市の政庁（現在の政府、国会あるいは裁判所まで合わせたような中核的遺産であり、「都市」平泉にとっては絶対に欠かせない存在）。跡地は構成資産からは除外されている。それでも上記二つの遺産には圧倒的な迫力があり、他の遺産を入れなくともこの二つだけで普遍的価値の存在を実感させる。

これに対して鎌倉のそれは、寺、神社、切通し、港、など多数の資産が挙げられ、これらの一つ一つをみると中には確かに国宝や重要文化財などが含まれていて、勿論それ自体として価値あるものであることは疑いをいれない。

しかしそれらが日本国内の国宝や重要文化財という水準をこえて世界に誇る普遍的価値を有しているかと問われれば、誰しもたじろぐに違いない。その数によって、つまり平泉の場合は構成資産が五つであるのに対し、鎌倉の場合は二〇を超えるのでこれらを全部足せば中尊寺と毛越寺庭園の価値を凌駕するということにもなるまい。やはり一プラス一はここでは「一」なのである。なおこの「一」については、平泉では五つの構成資産それぞれが独立した存在として登録（シリアルノミネーション）しているのに対し、鎌倉の場合は「古都鎌倉の寺院・神社ほかの遺産」が全部で「一」という考え方を採用していることに着目しておきたい。これは世界遺産としての鎌倉を論ずる際の重要な論点であり、それは端的に言って鎌倉を「都市」とみるかどうかという本質的な論点とかかわっている。

さて、これら物的な資産に「意味」（価値）を与えるのは、これら資産に関わる文脈であり、この文脈は世界遺産の場合、「登録基準」として明文化されてきた。言い換えれば、これらの資産が単なる存在を超えて世界的な「価値」として認定されるためには、一定の世界の共通基準に該当しなければならないのである。それでは平泉はどのような基準に基づいて、また一つ一つが独立したものとして世界遺産と認定されたのか。また鎌倉はどのような基準によって、またそれが全体として一つに該当するとして申請されようとしているのであろうか。

評価基準

まず端的にいうと、双方とも寺や神社というような宗教施設が圧倒的多数・比重を占めているということが分かる。しかし同じような宗教施設にもかかわらず、その価値の位置づけは相当に異なっている。もっと率直に言えば、その基準をみればわかるように、ほと

平泉の場合

登録基準	評価の内容
(ii) 建築、科学技術、記念碑、都市計画、景観設計の発展に重要な影響を与えた、ある期間にわたる価値観の交流又はある文化圏内での価値観の交流を示すものである。	平泉の寺院と浄土庭園は、日本独特の自然信仰である神道に基づき進化を遂げた仏教とともに、アジアから作庭の概念がどのようにもたらされ、結果的にそれが日本に独特の計画、庭園の意匠設計の概念へとどのように発展を遂げたのかを顕著に明示している。平泉の建築・庭園は、その他の都市の建築・庭園にも影響を与え、特に鎌倉には中尊寺に基づく仏堂の一つが存在する。
(vi) 顕著な普遍的意義を有する出来事（行事）、生きた伝統、思想、信仰、芸術的作品、あるいは文学的作品と直接または実質的関連がある。	平泉の浄土庭園は、東南アジアへの仏教の普及、日本に固有の自然信仰の精神及び阿弥陀如来の極楽浄土思想と仏教との特有で固有の融合を明確に反映している。平泉の建築・庭園の複合体からなる遺跡群は、現世における仏国土（浄土）を象徴的に明示している。

文化庁「『平泉―仏国土（浄土）を表す建築・庭園及び考古学的遺跡群―』の第三五回世界遺産委員会における審議結果について（第二報）」（二〇一一年六月二六日）から作成。

鎌倉の場合

登録基準	評価の内容
(iii) 現存するか消滅しているかにかかわらず、ある文化的伝統または文明の存在を伝承する物証として無二の存在（少なくとも希有な存在）である。	「武家の古都・鎌倉」は、戦闘集団であった武家が、新たな根拠地として政権を樹立した土地である。武家は、既存の貴族政権から独立した権力と支配を確立するとともに、権力と支配の更なる強化を目的として、13世紀の半ば過ぎから中国伝来の禅宗を積極的に摂取し、後世において日本を代表する思想として発展する「禅」として成立させたことを筆頭に、中国文化との交流などを背景として独自の文化を築き上げた。 武家は、鎌倉において、国家祭祀権を行使する場としての鶴岡八幡宮を自ら造営し経営したことをはじめとして、政治理念の構築や権力強化に利用した神社・寺院、それらと組み合わせて鎌倉全体としての防御機能を果たす武家館、切通、港などを、鎌倉の特徴的な地形を利用しつつ造営した。また、特に寺院においては、茶道や禅といった文化的諸要素も醸成された。 従って、「武家の古都・鎌倉」は日本国全体を以降約700年間にわたって武家が支配する出発点となった。世界で初めての武家政権が存在した証左であるのみならず、その支配体制および文化的側面の両面、即ち「武家文化」がここに創出されたことを示す、唯一無二の物証である。
(iv) 歴史上の重要な段階を物語る建築物、その集合体、科学技術の集合体、あるいは景観を代表する顕著な見本である。	日本において鎌倉時代までの政権所在地は、奈良や京都のように、当時の東アジアで大きな影響力のあった中国の都城制の模倣による造営であったが、武家は　世紀末、世界で初めて一国の政権所在地を三方を山に囲まれ一方を海に開く「鎌倉」に樹立した。そこでは、政治理念の構築や権力強化に利用された神社や寺院が、機能的に多数配置され、周囲を取り巻く山稜部と一体となった世界的にも希有な政権所在地が形成された。　神社や寺院は周縁部の自然と一体となった静寂な宗教空間を有する独特な社寺景観を呈した。中でも禅宗寺院からは、中国の南宋五山の形式を踏襲しつつも、造成された狭隘な土地の制約から、より直線的な配置を強調する日本の初期大禅宗寺院の伽藍の基準が生まれた。　したがって、「武家の古都・鎌倉」は、武家が自然地形に積極的に働きかけ、機能的な政権所在地を整備した結果、鎌倉固有の社寺景観の見本、日本における初期大禅宗寺院伽藍の見本を伴いながら形成された世界でも希に見る政権所在地の類型である。

文化庁・文化審議会資料「世界遺産暫定一覧表記載資産　準備状況報告書」から作成。

んど異質といっていいくらいの差異があるということに注目しておきたい。

これは世界遺産の文脈でいえば、平泉は「自然信仰と極楽浄土の仏教との特有で固有の融合を反映した現世における仏国土」を表しているという「浄土の世界」を強調しているのに対し、鎌倉は「武家が、政権支配・防御の構造を創り、山稜部と一体となった政権所在地の類型」として武家社会の創造が強調されていることと関連している。すなわち平泉では寺院はそれ自体として「浄土の世界」という宗教そのものをシンボリックに表すものであるのに対し、鎌倉では寺院や神社などの資産は「宗教」そのものというよりは、武家の政権の文化を表すものあるいは戦争の際の防御施設として位置付けられているのであって、その「宗教」はあまりその内容を問わないという点で明白に異なっているのである。

平泉と鎌倉をつなぐものとして、ユネスコは「寺院と庭園は日本独特の計画、意匠設計へと発展を遂げ」、それがその他の都市の建築・庭園にも影響を与えたとして「鎌倉には中尊寺に基づく仏堂のひとつが存在している」（永福寺。そのほかにも称名寺がある）と指摘していた。

これは平泉と鎌倉文化の継承の問題であるが、今回日本側では肝心の鎌倉はこれを武家の文化として切断しているという点に面白みがある。先に指摘したように、鎌倉では平泉と異なって、構成資産一つ一つではなく、全部を集めてそれを一つにして全体としての武家文化を証明するという方法を採用したため、ユネスコのように日本独特の計画と意匠の「継続」あるいは「発展」といった問いかけが失われてしまったのであろうか。

鎌倉の独自性

日本人ならともかく、日本の歴史に必ずしも通暁しているとは限らないイコモスなどの専門家、あるいは最終的に登録の成否を決めるユネスコの加盟国に、鎌倉がこの日本の奈良、平安、次いで平泉、というような歴史の変遷のなかで武家政権を確立し、江戸の政権や文化の基礎を築いたというところに鎌倉の際立った特徴があり、それが世界的な価値を有しているということを証明し納得させることは容易ではない。当たり前のことであるが、世界中どこの国でもそれぞれの段階を区分する歴史やドラマがあり、それを象徴する遺産を残している。戦争や武力というのも、言ってみれば世界に共通する歴史でもある。またそのような歴史の中から残されてきた遺産は、それが現在から見て、あるいは世界から見てどのようなものであろうとも、どんなに貧弱なものであっても、それぞれの国民にとってみれば勿論かけがえのないものなのである。本来それらに区別をつけることすらあってはならないことなのかもしれない。同じような経過を辿ってきている日本の、しかも鎌倉の「武家文化」だけが世界的に見て普遍的で顕著な価値を有しているとどうして言えるのか？　室町文化は？　江戸文化は？　鎌倉に比して優劣があるのだろうか。ここがおそらく当落の分岐点であり、世界中の人々の同意を得て登録させるためには、たぶん先に見た世界遺産の評価基準をもっと強化する、場合によってはそれを超える大きな物語が用意されなければならないのではないか。これが、私が以下の「政治・文化史」を付け加えようとした動機である。

2　平泉・鎌倉の「政治・文化史」

科学としての物語

さて、その上でこのような「大きな物語」はどのようにして創られるのだろうか。勿論その物語は小説のようにある人の頭脳の中で自由自在につくられるわけではない。この物語は世界遺産の価値は「ものそれ自体」に語らせるものであるという意味で、ものすごく「唯物的」なものであり、私たちはそこから自由ではない。しかし、「もの」の意味はものを見る人の主観、さらに言えばこれは個々人の主観ではなく、多くの人の共感を得なければならないという意味で「客観的」なものでなければならないのである。言葉の定義として正しいのかどうかは別にして、ここではそのような意味で「科学的」でなければならない、ということにする。私は、そのような考えのもと、もう一度「武家社会」というものを、世界遺産基準と関連させつつ、しかも従来の説明を超えた視点から再構築しなければならないと考えるようになった。この視点はいわば、「平泉と鎌倉の政治・文化史」とでも言うべきものである。あらかじめその問題意識を結論的に要約して言えば、少なくとも初期の鎌倉は平泉と多くの点で共通性を持ち、後期鎌倉（承久の乱と御成敗式目制定が分岐点）は、平泉とは全く異なる世界に冠たる武家文化を作り上げたといえるのではないか。

武家政権の誕生

簡単に言えばこうなる。平泉は藤原清衡によって一〇八七年に開かれ、一一八九年に源頼朝によって滅ぼされた。源頼朝は一一八三年、つまり平泉を滅ぼす六年前に鎌倉を開き、一一八九年には自ら平泉に攻め入り滅ぼした。その際、頼朝の目にはそれこそ「浄土の世界」を彩る圧倒的な都市が飛び込んできたのではないか。平泉という京の都からも、勿論鎌倉からも遠く離れた「蝦夷」の国に、何故このようなある意味で絢爛豪華な浄土の世界が誕生したのか、不思議でたまらなかったであろう。既に様々な方面から平泉の全容は聞き及んでいたとはいえ、実際にその眼でみると、それは想像をはるかに超えていたに違いないのである。頼朝は平泉から帰るとその印象の一端をすぐさま永福寺の建設として実現した。頼朝が自らの居宅と政庁（大蔵幕府）のすぐ近くに建立した永福寺はまさしく平泉の二階大塔を引きうつしたもので、第三の佐藤論文をみればわかるように、それをはるかに凌ぐものであったと想像されている。たぶん、この永福寺の建設に当たっては、平泉の僧侶などを集めて、そこに導入された魂や技術、あるいは清衡、基衡、秀衡の執念なども聞いたかもしれない。

そしてそれにプラスしてもこれをその後生み出す財や、それを駆使する「統治構造」などの話も聞き参考にしたのではないか。ここには先のユネスコの指摘にもあるような平泉文化（統治構造を含む）の継承がある。しかし頼朝は必ずしも平泉の継承者というだけではなかった。平泉侵攻後間もなく、一一九二年に朝廷から、平泉の秀衡が受けた「鎮守府将軍」をはるかに超える「征夷大将軍」に任ぜられた。つまり、あくまで「自立」を本願としながら建前上は朝廷の家来のような顔をしていた平泉のような立場を超えていくのである。「征夷」という称号は平泉（蝦夷）の支配という意味をも有するのであろうか。「大将軍」は少なくとも朝廷権力の中の「軍事権」の分離・独立をさしている。このようにして頼朝は平泉と決別し、朝廷からの独立を図っていくのである、それでもまだ頼朝は平泉と同様、いろいろな意味で朝廷の支配のもとにあり、共存する体制をとっていた。そして、ここが第一の論点である。それがどの程度のものであったかは、単に平泉と鎌倉というだけでなく、平泉や鎌倉と同じように、「福原」に新しい都を建設しようとしていた平清盛（平氏）と朝廷との関係なども視野に入れなければ判定することが出来ない。しかし、このような比較検討は一大作業であり、ここでは本稿の手に余る。

私なりの印象だけを述べれば、平家は勿論朝廷からの一時的な離反もあるが、ほぼ朝廷と同一体となって統治の一翼を担ったのに対し、平泉は京からはるかに離れた遠方にあったという「地の利」などもあって、一方で朝廷に対して恭順を示しつつ、他方で蝦夷の国の「自治・自立」を図っていた。これに対して鎌倉は、当初は朝廷に対抗する武家による全国支配を貫徹するための準備期間として、あくまで朝廷権力の一部門（軍事部門）担当にとどまっていたが、後期鎌倉では朝廷とは完全に決別するようになる。鎌倉では、頼朝の死（一一九九年）以降、北条氏が権力を握り、ほぼ二〇年後の一二二一年には鎌倉と朝廷・後鳥羽上皇が武力衝突するようになる。それが「承久の乱」であり、この戦いに勝った鎌倉幕府は軍事だけでなく権力の一切を握るようになった。これを法的にも確定させたのが一二三二年の「御成敗式目」だったのではないか。この新しい統治形態や文化が「武家文化」である。そしてこの鎌倉の新しい文化「武家文化」は一三三三年に新田義貞によって滅ぼされたが、その後も室町時代、戦国時代を経て江戸時代までの七〇〇年もの長い間、日本の武家社会の基調となったのである。

政治・文化史年表

このような問題意識から、私は端的に構成資産を物それ自体として単に世界遺産の評価基準に当てはめるだけでなく、もう少し政治・文化的な関係の中で検討する必要があると考えた。勿論先のような問題意識を論証するためには、平泉との関係だけでなく平氏も入れなければならず、時代的にも室町以降とも比較しなければならないのであるが、本稿では世界遺産との関係で地域的には平泉と鎌倉に限定し、また対象も世界遺産としての評価という視点にとどめ【資料1】の「政治・文化史」にもある意味での限定を加えたものであることをお断りしておきたい。

私の政治・文化史ではとりあえず、人口、都市の範囲、産業、地形的特徴、開創者、戦争、最盛期、朝廷との関係、権力機構、宗教、代表的寺院や神社、政権施設、国内法、貿易、災害を取り上げる。

3　武家政権とは何か

平泉と鎌倉はどこがどのように違うのか。これには多方面からの議論が必要であり、また可能であるが、ここでは世界遺産の観点からいくつかデッサンしてみたい。

権力の所在

この二つの政権は平泉が前九年・後三年の役、鎌倉が平家との戦いに引き続いて平泉と戦い、いずれも戦争に勝利して政権を打ち立てた。その意味で双方の権力樹立の主役は明らかに武士である。にもかかわらず平泉は浄土の世界、鎌倉が武家の世界と規定されたのは、この武士の集団である奥州藤原氏と源氏の統治構造について大きな差があったということであろう。

当時の権力をみる時、次の諸点の検討が欠かせない。一つは朝廷との関係である。なかでも最も重視すべきは、何よりも権力の淵源の所在や帰趨である。現代の用語でいえば三権と軍事権、つまり行政（徴税・課役を含む）、立法（ルールの決定）、そして司法（裁判権）そして軍事権の存在、そのパワーと広がりが対朝廷との関係で、どうなっていたか、ということである。

次は、今日のような観点から言えば想像もつかないような、天皇家との血縁の関係である。当時天皇家だけでなく、それぞれの家でも藤原氏、源氏、そして平氏は何よりも血筋が重んじられた。そのような何事も「血縁」によるという構造のもとで「権力」を握るということは、それは一方で天皇家と合体することであった。ちなみに「武家社会」で最も重んじられたのがこの「血筋」を守るということである。これを破壊された者の「仇討ち」は誠に正当なものであり義務であり、最も根本的な規範であり文化となっていた。

そして最後に、統治対象の範囲である。藤原氏は平泉を中心として奥州を、鎌倉は関東地方から次第に全国に広げられ、平家は一部九州に独自の統治対象を持ったが、ほとんど朝廷のそれと重なっていた（この観点からは平家のミヤコ「福原」についても検討が必要である）。

この三つの権力の中で最も政権として典型的な体制を構築したのが鎌倉であり、鎌倉は権力の頂点として全国に守護と地頭を配置し、荘園などからの税収や賦役などを確保した。

これらが当時の権力状況であるが、これを構成資産との関係でみるとどうなるであろうか。　平泉の場合、このような意味での権力をシンボリックにあらわにしたのが、清衡時代の「中尊寺の建立」とその動機や理念を示す第一章でみた「供養願文」である。世界遺産の「中尊寺」は、あくまで自己の政権の象徴としてのみ建立されたものではない。

「白河法皇様。蓬莱山にある御殿に、太陽と月の光が、音もなく静に伸びて、善行という林の中で、（私は）煩悩から目覚め、すっかり心が晴れ渡りました。まるで金輪王（転輪王のうち最後に出現し、金の輪法を感得して四州全体を治めるとされる聖王）のように、心は不動となり、その衣すら動くことは無くなりました。

鳥羽天皇様の時代は永遠です。

国の母になられた待賢門院様は、仙女のように長寿をされ、林の庵に月明かりが射して松かさを際立たせています。諸々の大臣も武官文官も、全国津々浦々の民百姓は、みな今の世を楽しみ長生きをして、平泉の地に天皇のご命令による御願寺ができたことを祝い長く祈ることでありましょう。

国家鎮護のために堂塔を建てる真意につき、卑しくも徳の高き天子様に、お言葉をお願いし、ここにかねてよりの供養の思いを遂げようと思います。

天治三（一一二六）年三月　日　弟子藤原清衡」（中尊寺供養願文　佐藤弘弥訳）

というように、中尊寺は建て前上はあくまで天皇の「御願寺」として建設されたのである。もっとも、御願寺だからといって当時の朝廷そのもののコピーを創るというものではなく、伽藍の配置、祀られる神々、芸術的・工芸的な技術などは京都のそれをも凌駕するようなものであり、そこには蝦夷文化にとどまらず、それ以前の「縄文文化」の息吹もこめられていたといわれている（注2）。

つまり、ここには蝦夷の大将としての清衡の自負、つまり朝廷からの独立が覗いており、これが基衡、秀衡の代に受け継がれ、徐々にその色彩を濃くしていくのである。基衡や秀衡への朝廷からの「位」の授与と自治・自律の関係は、平泉の武士集団にとってもきわめて複雑で悩ましいものであった。

朝廷から見れば、平泉は奥州という日本全体から言えばほんの一部を支配しているだけの、黄金や馬を献上してくれる忠実な部下・家来であり、清衡の身分も朝廷全体からみれば正六位上（秀衡は従五位上）、というかなり低いものであった。しかし、統治の範囲は奥州に限られていたが、例えば「貿易」というような観点から見ると、平泉は北海道だけでなく中国（宋）とも交流しており、その交通ルートは港や道路、川など全国的に行きわたり決して奥州に限定されていたわけではない。その文化も、従って奥州を基盤としているだけでなく、金色堂の工芸品にみられるように、中国や全国各地の素材が集められており、奥州だけでなく日本、さらには世界的な文化圏を構築していたとみることができるのである。直接統治は奥州に限定されていたが、その力は日本中に広がっていた。それでは、平泉は何故武力による全国支配を目指さなかったのか。そこには朝廷を頂点とした藤原氏、平氏、源氏の複雑な力関係があった。このような観点から平安後期に勢力を伸ばし始めていた「平氏」、特に平清盛（一一一八―一一八一。後白河政権のもと、太政大臣の地位まで上り詰めるが最晩年には同天皇を幽閉する）の戦略なども検討しなければならないのであるが、紙数の関係でこれは省略して鎌倉に入ろう。

鎌倉の一元的な権力体制

鎌倉は、頼朝が東国武士の棟梁として鎌倉に入った時点で既に関東一帯を支配していて朝廷から独立しており、少なくとも軍事的には朝廷から独立し、権限を独占するようになった。その意味で政権の形を整えつつあったのであるが、政治学的に言えば、幕府という政権（幕府の成立が直ちに権力の掌握あるいは武家文化の確立に繋がるかどうかはさらに検証が必要である）の成立時期については、一一八〇年に頼朝が鎌倉に入り、軍事政権を打ち立てた時点、一一八三年一〇月に朝廷から宣旨を得て東海・東山両道の紛争解決権を公認された時点、一一八四年の公文所、問注所を設置した時点、一一八五年に頼朝が日本国惣追捕使・惣地頭に任じられて諸国に追捕使（のちの守護）・地頭を任命した時点、一一九〇年に頼朝が右近衛大将に任じられた時点、さらには征夷大将軍に任じられた一一九二年というように諸説（もっとも頼朝はその後この征夷代将軍の地位を辞している）あるようである。

しかし、軍事権を握ったというだけではまだ「政権」と言うには足りず、完全な政権たりうるには軍事だけではなく「税」と「賦役」という行政権限、あるいは訴訟の司法権限、そして現在の国会にあたる立法権限の掌握が必要である。頼朝はそのようなものの手始めとして税の徴収や軍事的支配を貫徹するために守護と地頭を置いた。守護《しゅご》は、日本の鎌倉幕府が置いた武家の職制で、将軍によって任命される、国単位で設置された軍事指揮官・行政官である。なお後に見る御成敗式目では、守護の職掌として、軍事・警察的な職務である大犯三ヶ条の検断（御家人の義務である鎌倉・京都での大番役の催促、謀反人の捜索逮捕、殺害人の捜索逮捕）を行うようにした。

地頭《じとう》は、鎌倉幕府が荘園・国衙領（公領）の土地や百姓を管理支配するために設置した職である。しかしその守備範囲はあくまで関東に限定されていた。朝廷は京都にあって西国を中心に軍事力こそ鎌倉に劣っていたとはいえ、税の徴収や争いごとの解決を行っていた。その意味で権力はいわば西と東に分かれている「二元体制」となっていたとみることが出来よう。

さてこれを覆すのが頼朝亡き後の北条氏の執権政治、そして北条（得宗）家による専制政治である。事件は頼朝亡き後、ほぼ二〇年たった一二二一年に発生した。時の朝廷・後鳥羽上皇は『新古今和歌集』を撰する文化人であるとともに、武芸にも通じている。鎌倉幕府に対抗するため、それまでの北面の武士に加えて西面の武士を設置して軍事力を強化し、諸国の御家人、守護、地頭らに北条義時追討の院宣を発する。しかし北条政子が御家人らに対して頼朝以来の恩顧を訴えて上皇側を討伐するよう命じた声明を出し、幕府側は大軍をもって二万数千の朝廷軍を撃破し京都を占領した。そして幕府は首謀者である後鳥羽上皇を隠岐島に、順徳上皇を佐渡島に、土御門上皇を土佐に配流し、朝廷に加担した武士の財産や所領を没収する。その結果、朝廷と幕府の力関係は逆転するようになり、幕府は全国に守護・地頭を配置して支配権を確立するとともに、御成敗式目という従来の律令制とは全く異なる法を制定し、軍事権だけでなく、行政権、立法権、司法権の全てを掌握するようになる。これはほとんど「革命」とでも呼ぶべき大事件であり、これによって武家政権は真実の「権力」となったのである。

この「権力」を見るにあたっては、御成敗式目の制定が決定的である。現代のような法治国家では、如何なる権力も法に適合的でなければ如何なる正当性も合法性もまた権威性も与えられない。しかしこれはいわゆる「近代」のルールであり、それ以前はどこでも「法治」よりは「人治」が優っていた。権力とは法を超える「独裁」と言ってもよいのである。しかし歴史を巨視的に見れば、どこの国にも時代の特質を典型的にあらわす「ルール」がある。当時の朝廷はいわゆる律令制を採用していた。それは必ずしも厳格なものではなく、しばしば権力者によってないがしろにされたとはいえ大筋はこれに基づいて政治が運営（統治）されてきたのである。その意味で、当時の政治運営がどのように行われたかを見るにはこのルールの検討が不可欠であり、ルールが同一であれば、それは少なくとも革命的な権力の創出とは言い難いのである。鎌倉幕府成立時、幕府には法がなく、武士の実践道徳を「道理」として裁判をしていた。

これに対して、一方の朝廷は律令制によって政治を行っていた。律令制は中国の制度に範をとったもので、天皇制を頂点にしてこれを祭祀を所管する神祇官と政務一般を統括する太政官によって支え統治しようというものである。しかし承久の乱以降、鎌倉幕府の支配が全国に及ぶと荘園領主・現地住民との法的な揉め事が増加するようになり、幕府は新たに土地などの財産や守護・地頭などの職務権限を明文化した「御成敗式目」を制定するようになる。この御成敗式目は「神社を修理し祭祀を専らにすべきこと」から「問状御教書を帯し狼藉をいたすこと」まで膨大なルールからなっているが、ここには今で言う民事上の争いに関する民法、刑事的争いに関する刑法、そして権力のあり方に関わる行政法などの諸規範が謳われていて、明らかに律令制とは本質的に異なるルールが存在していることを確認することが出来るのである。これが武家政権の根本規範であり、鎌倉幕府滅亡後においても、江戸幕府が武家諸法度を制定するまで武士の基本法として維持されたことに強調しておきたい。これによって初めて鎌倉武家政権は、その滅亡後も室町、戦国時代を経て江戸時代まで続く武家政権の土台となるのである。まずここに諸外国に類例をみない「文化」の価値を認めることができるのではないか。

4　武家政権と宗教のかかわり

軍事都市と宗教施設

先に平泉と鎌倉の構成資産を検討した際、双方とも圧倒的に寺や神社という宗教施設が多いことを指摘した。何故と言えば、それらの宗教施設は軍事政権にとっても当時、宗教施設は不可分なものとなっていたからである。しかしここで言う宗教の役割について みると、双方には明確な差異がある。平泉では文字通りそれは「戦災者に対する供養」が大きく、祈りは軍事に優っていた。平泉はいわば戦争の中から創られてきた都市（当時の「殺生禁断地区」、あるいはそれをさらに発展させた「戦禁断地区」を土台にした可能性もある）ではあるが、軍事的拠点としての機能は必ずしも強くなく、むしろ平和都市＝非戦都市を目指していたという点はすでに、第一章で明らかにした。中尊寺はあの世の極楽だけではなく、この世の「浄土」を示すものであった。戦争はまさしくこれとは正反対のものなのである。

しかし、鎌倉は明らかにこれと異なっている。確かに源頼朝は、鎌倉に入った後、ただちに永福寺、勝長寿院、鶴岡八幡宮という三つの社寺を建立した。先に見たように永福寺は平泉の二階大塔を模したもので、それこそ平泉を上回る荘厳なものであった。頼朝はこれを祖先（父義朝）供養として建立した。勝長寿院は戦災者供養、そして鶴岡八幡宮はまさしく軍事的勝利の祈願寺として建立されている。ここには一部祖先を含め戦争被災者への追悼や供養も存在するが、「この世の浄土」をつくろうなどという姿勢はほとんど存在しない。むしろ頼朝から見れば平家と平泉を倒したとしてもまだ朝廷は健在であり、東国は平定したが、西国はいまだ完全に掌握したというわけではない。ひょっとしたら、外部からではなく内部からの反乱もあるかもしれない。ここではまだ軍事的な防衛が必要なのであり、その威厳を天下に見せなければならなかったのである。建長寺や円覚寺などのいわゆる禅寺はその禅の思想が武士道と言われるような武士の精神と相呼応するものとして建立され、時の権力は彼ら禅僧を自らの政治的ブレーンとしても採用している。しかし、禅寺はそのような高等教育機関としてのみ存在していたわけではない。禅寺が「谷戸」（山に挟まれた谷状の地形）という特異な拠点に作られたということを見れば鎌倉の防衛を担っていたということもできるのである。平泉の構成資産に見られない「切通し」や「港」は、第一義的には交通や貿易の目的のために創られたのであるが、それはこれら寺の配置や機能と同じように、同時に戦争への備えであったことも論証されている。ここまではいわば通説とでも言うべき部分である。しかし、今回の構成資産の中の極楽寺や鎌倉大仏などはもう一つ別な、そして極めて本質的なもう一つの物語をもたらしてくれている、と考えるべきである。

衆生救済

平泉の浄土の世界は周知のように、既存の地元信仰をもとに、天台宗の法華経を主流にして密教や浄土教を含めた一大「仏国土」として形成された。それは基本的に天皇の御願寺であり、同時に藤原氏の御願寺でもある。ただ、平泉ではこのような宗教や施設が、いまだ資料が見つからないためか、あるいはそもそものような性格を持っていなかったためかは分からないが、当時の庶民との関係で宗教がどのような役割を果たしていたのか定かではない。金色堂、毛越寺庭園あるいは無量光院や観自在王院は、全て藤原氏の「祈り」の拠点であり、それは同時に庶民の救済を願うものであったとしても、また庶民もそれを信仰したとしても、ここで庶民のために「具体的な何か」が行われたかどうかはわからない。

これに対して鎌倉の場合、第三の佐藤論文にみられるように特に忍性の「極楽寺」（律宗）が有名であるが、ここでは庶民救済、特にハンセン氏病などの病気、貧困さらには非人、さらには馬など動物の救済が行われたことが知られている。ここは治療のための病院でもあり、薬を創るための施設でもあり、また医師を教育するための大学でもあった。更に緊急時には極楽寺を飛び出し被災者を救うために鎌倉大仏の前で「炊き出し」を行うなど救急医療や救命対策のためのセンターでもあったことが知られている（注1参照）。

鎌倉では宗教施設が禅寺のように武士の精神と呼応し、高等教育を行っていたというような、ある意味で庶民とは遠くはなれた存在であった寺だけでなく、実はこのような庶民救済を実践する寺もあり、これが両輪となって幕府を支えたのである。権力が権力でありうるのはどのような時代であってもそれは最終的に人民によって支持されるということがなければならない、人民が権力を支え権力がその正当性を誇示できるのは、いわば人民の「非常時」に権力がどのようにしてその救済にあたるか、ということに関わっている。権力とは一面で災害対策のシンボルである「治山・治水」の実践者でなければならないのである。鎌倉時代は、「禅」以外にも、法然、親鸞、日蓮などが既存の宗派に反し、いわゆる鎌倉新仏教と言われる新しい宗教を生み出し、それぞれに社会・文化に影響を与えたことは周知の通りである。これら信仰宗教の誕生と流布も後に見る「鎌倉の災害」が関係しており、中でも忍性＝極楽寺は具体的に庶民を救済した。これが鎌倉幕府を支えたということを忘れるべきでなく、構成資産の「極楽寺」はそのような価値を体現した遺産として評価されるべきものであろう。

5　災害論

都市を考える場合、政治や宗教、そして軍事的センターは極めて大きな都市の構成要素である。世界遺産論で言えば、それらのうちの一部が現在も遺跡として残り、これが評価の対象となっている。しかしより根源的に、それではなぜそのような都市が成立し、それらの政治や宗教、そして軍事的なセンターが構築されたかといえば、平泉と鎌倉はまさに「戦争」によって、また「戦争」のためであった。しかしもちろんそれだけではない。戦争と同じように理不尽に庶民を苦しめ、ひいては権力にも打撃を与えるものとして「災害」があり、それは時として戦争被害を超えた。この災害については一つは災害予防のため何が行われたか、また被災者に対してどのような救援対策がとられたかをみることは権力の性格、あるいは帰趨をみる上で極めて重要で本質的なことである。もう一つ、そのような土木・建築、医療や介護といったものだけでなく、さらには「あの世」あるいは「この世」での救済を訴える精神・宗教の誕生から流布、そして信仰の広がりまでも凝視すべきであろう。鎌倉時代なぜあのような沢山の新興宗教が生まれ信仰されたかといえば、それは戦争を含む災害と深く関わっている。そのような視点から災害をみると、平泉ではそう多く災害が記録されていないのに対し、鎌倉は言ってみれば災害（地震・津波・台風、飢饉、火災などなど）のオンパレードであったことがわかる。以下は、宇野俊一ほか編『日本全史』（講談社一九九一年）から引用した災害の記録である。

一二〇一年八月一一日、関東地方を大暴風雨が襲い、鎌倉でも鶴岡の宮寺の回廊や八足門をはじめ、いたるところの仏閣や塔廟が倒壊し、無事な家屋は万に一つもない状況であった。さらに日にも同規模の大暴風雨がふたたび襲来して穀物に大損害を与え、人々に飢饉の不安をつのらせる。

一二一五年八月一八日、大風で鶴岡八幡宮大鳥居が転倒、堂塔も多数転倒。

一二三〇年六月一六日、武蔵、美濃に降雪。この年諸国で大凶作。

一二三一年七月、寛喜の大飢饉が起きた。前年秋の大凶作、さらにはこの年初夏の麦の減収により、飢饉が全国各地を襲った。京都では春ごろから餓死者が増えはじめ、七月に入ると死人を抱いた通行人があとを絶たず、また道路には死骸が満ちあふれ、死臭が家の中に届くほどのありさまとなり、「天下の人種三分の一失す」といわれた。

東国の被害も甚大で、三月一九日、鎌倉幕府執権北条泰時（四九）は、飢えに苦しむ人々を救済するため、伊豆・駿河両国の米倉をもつ富裕者に、利子付きで返済する出挙米の放出を命じた。飢饉においては、通常は禁止されている人身売買すら黙認される。

一二四一年四月三日、大地震で津波が発生し、由比ヶ浜の鶴岡拝殿などが破壊される。

一二五六年八月六日、鎌倉で大風・洪水などのため山崩れがあり死者が多数出る。

一二五七年八月二三日、前代未聞の大地震が鎌倉を襲う。すさまじい地鳴りが響き渡ったかと思うと、地は裂け山も崩れんばかりの強震が襲った。神仏の加護深い神社仏閣も被害を免れたところは一カ所もなく、築地・垣などことごとく倒壊する。浜には流民があふれ、若宮大路では地面に亀裂が走り、青白い炎が吹き上げたという。

一二五八年一〇年一六日、鎌倉は大雨で河川が氾濫、民家が流失し、溺死者も多数にのぼる。

一二六三年八月二五日、諸国の大風雨のため、幕府は将軍の上京を中止し、課銭を返却する。

一二六三年八月二五日、大風雨で鎮西（九州）の貢船六一隻が伊豆沖で遭難する。

一二七一年七月二二日、大干ばつのため、幕府は極楽寺の僧忍性に降雨を祈らせる。

一二九三年四月一三日、関東一円を大地震が襲った。折しも幕府は三度目の元軍襲来の危機感につつまれており、人々は不安におののいた。


鶴岡八幡宮や将軍の御所をはじめ、寿福寺・大慈寺など社寺や多くの家屋・建造物が倒壊、火災が発生し、建長寺は蘭渓道隆の御影堂のみを残して全焼した。死者は二万三千人以上に達し、八幡宮の鳥居のあたりには一四〇体もの死体があった。

一三〇七年三月二日、関東に大地震。

一三一五年三月八日、大火が発生し、将軍邸、幕府の政所と問注所などが焼ける。

一三二五年一月三日、執権北条高時の邸より出火し、幕府政所などを類焼する。

これら災害の一つの帰結が前記「極楽寺」や「鎌倉大仏」であり、恐らくは非常時にはこのような寺だけでなく、「禅寺」、そしてあらゆる政府施設が開放され、救済にあたったものと思われる。ただこの部分は宗教や都市施設とのかかわりを含めて、率直に言ってまだ全容が解明されたとは言い難く、今後の研究の発展が待たれる分野である。

6　都市論

以上で、冒頭に記した世界遺産の文脈をより強固に、さらにはそれを超えて平泉と鎌倉を語ることという私の意図が徐々に明らかになってきたと思う。そして最後に、この文脈に魂を込めるのが「都市論」

である。これは平泉では一つ一つの構成資産が独立して世界遺産として登録されているのに対し、鎌倉では二〇を超える構成資産を全部合わせて一つの世界遺産として登録しようとしているということと関わっている。

これにはどういう意味があるだろうか。それは平泉と鎌倉を「都市」とみるか、それとも都市とは言えないがある種独特な日本的集合地域（鎌倉は都市ではないが、かといって勿論農村でもない）、文化圏とみるかの相違であろう。論争を複雑にしているのはヨーロッパの影響が強いイコモスあるいはユネスコでは、都市とは「周辺を城壁で囲まれ、城壁の中に市民が存在しているところ」いう伝統的な定義があり、この定義によって世界中を観察しているという点にある。このような定義によれば、城壁をもたない日本の都市は都市ではない。平泉は一つ一つの構成資産が優れているため、そこが都市であるかどうか深く詮議することなく、それぞれ独立した遺産としてみることが出来る。しかし、鎌倉は一つ一つ取り上げると平泉に劣ることが明白であり、しかも「都市」でないとすれば、「武家文化」を構築する全体のネットワークとしてみる以外にないということのようである。しかし双方は都市ではないのだろうか。また、もし都市と定義することが出来れば、それではどのような「評価」となるのであろうか。この問いにはいくつかに分節してアクセスしていかなければならない。

ヨーロッパ的都市観について

平泉や鎌倉は、これまで見てきたように「軍事」と「宗教」に特化している。まずこれだけで、少なくとも「農村」ではない。軍事や宗教に特化した何万人という人が集まっている農村などというのはそもそも言語矛盾ではないだろうか。また城壁と市民というような定義からすれば、平安時代の京都、平泉と鎌倉、そして室町時代の京都、さらには戦国時代を経て豊臣の大阪（自由都市堺）、さらには当時世界三大都市と言われた徳川の江戸までもヨーロッパ的な意味での城壁で囲まれたものではなく、都市ではない、ということになろう。これは明らかに常識に反する。それでは日本ではいつから都市が始まったか。少し古代都市の研究者の意見を聞いてみよう。

古代国家とはいわゆる邪馬台国から始まるが、古墳時代といわれる三世紀半ば過ぎから七世紀末ごろまでの国家を指す。この時代について、たとえば古代国家や古墳などを「考古学」から研究している都出比呂志は、「都市をどのように定義するかは人によって異なりますが、都市とは、①首都の政治センター機能と、門前町などの宗教センター機能と、港町などの経済センター機能を合わせてもち、②王や役人、神官や僧侶、手工業者や商人など、農民以外の多数の人が住みつき、③人口が極度に密集した結果、近隣の資源だけでは自給自足できなくなり、食糧や生活の必需物資を外部の遠隔地に依存する社会である、と私は考えています。自給自足できる農村とは異なり、都市は生活の基盤を外部に依存する社会なのです」（注3）。

この定義によれば、古墳時代を経た七世紀の飛鳥京や藤原京のようなミヤコはすでに立派な都市である。平泉や鎌倉はその後何百年もたって成立した。これら古代都市と違うのは、この都出の定義のうち、「首都」はどこにあるかという点だけであり、当時の首都はもちろん朝廷のある京都であり、この「首都」という定義にこだわれば、勿論平泉も鎌倉も都市ではない。しかし、第一章座談会「「願文」の価値と平泉・世界遺産」でもみたように平泉、特に鎌倉それも後期鎌倉は京都＝朝廷に勝るとも劣らない首都機能、宗教的・経済的機能を備えた地域であった。高度に人口が密集しており、日常必要な食糧や生活物資を外部の遠隔地、日本全体あるいは世界まで求めていたことも争う余地がない。そういう意味から言えば、それは都市そのものという以外にないであろう。日本にはヨーロッパとは定義の異なる都市が成立していたのである。

平泉と鎌倉の実態

この都市の定義を意識しつつ、再び構成資産にこだわって検討すると、平泉では中尊寺とその他、鎌倉では禅寺やそれこそ極楽寺など多数の宗教施設があった。これらの宗教施設は現在のような死者が出た時の葬儀や年に一回の供養や参拝を営むというようなところでは全くない。当時、伽藍はまるで大学のキャンパスのように多様で広く、そこで働き学ぶ僧侶たちも「僧坊」などを見ればわかるように、最盛期にはおそらく何千人ともいう数になっていたと思われる（注4）。そこで彼等、僧侶の生活をみると、勿論本職として彼等は宗教儀式を執り行い、写経のような作業を行った。けれども彼ら自身は何も生産していない。都市論を考える場合にこの「生産」あるいは「流通」ということが決定的であり、これが食物の生産と域内での流通しか見られなかった農村と決定的に異なるところなのである。食料は農民や漁民によって、建物は大工によって、様々な建築工芸素材は技術者によって造られ運ばれ、僧侶は、さらにはそれを集めて壮大な伽藍をいくつもいくつも建立し運営してきた。僧侶らは托鉢し布施を受けるということもあるが、これだけ膨大な数の僧侶が布施によって食べていたとは考えにくく、まして寺院の建築費など自らの利益だけでは到底賄い切れなかったことも確かである。それではなぜこのような大きな伽藍を創り、維持運営できたか。答えはただ一つ、スポンサーがついていたということである。平泉では藤原氏、鎌倉では幕府がそうしたスポンサーであった。それではスポンサーはどのようにしてそのような「利潤」を蓄えたかといえば、荘園などからの税、あるいは「漁業権」などの許認可権の行使とその対価、「貿易」などに対する関税、「金」その他「馬、皮」「工芸品」「薬品」などいろいろな産品交流、あるいは鉱物の採掘などの権利を握っていたのである。この権力の所在地には、従って農民だけでなく、貿易商も職人も遊女もいたし、旅館も娯楽施設も存在していた。権力はそれら全体を統治するために「市」を開設し、「代官所・裁判所」などによって統制し紛争を解決してきたのである。そしてこのような集合の形態と機能こそまさしく都市そのものなのである。

7　文化的景観論

このようにして私は鎌倉について「都市論」の視点から構成資産の全体について新たな文脈を形作りたいと思ったのであるが、最後に都市論と関係するものとして宿題となっていた「文化的景観」論について触れておきたい。平泉や鎌倉を考える場合、この「文化的景観」は絶えず蒸し返して論じられてきている。まず平泉での経過をみると、第一章の追記でもみたように

1　二〇〇六年の第一回推薦書では名称が「平泉―浄土思想を基調とする文化的景観」とされ、平泉は宗教だけでなく「政治・行政上の拠点」でもあり、資産全体が「文化的景観」（骨寺村荘園遺

跡などはそのシンボル）とされていた。しかし二〇〇八年、イコモス・ユネスコ世界遺産委員会で「文化的景観として推薦されているが、構成資産は全体の景観というよりもここの資産に限定されていて、文化的景観とはみなせない。浄土思想の観点からの推薦資産の範囲について、再検討が必要」として記載延期された。

2　そこで二〇一〇年の第二回推薦書では「文化的景観」という考え方を採用せず、統一的概念を「浄土世界」として設定し、「浄土思想の表現」に直接的に関連する六つの資産に絞ることにした。その結果、冒頭に見たように、柳之御所を外して五つの資産が登録されたのである。

3　鎌倉の場合も、第二の玉林報告にあるように、このような平泉の経過、あるいは文化的景観をめぐるユネスコや日本の動き（消極的）などを参照し、最終的に「武家の古都」と規定してこの文化的景観は除外された。

そこで改めて文化的景観について学習しておきたい。文化的景観という概念が世界遺産に持ち込まれたのは、一九九二年の「世界遺産条約履行のための作業指針」及び一九九四年の「世界遺産一覧表における不均衡の是正及び代表性、信頼性の確保のためのグローバル・ストラテジー」である。そこでは従来の石の文化、ヨーロッパ的価値観、古い遺跡中心、あるいは「真正性」や「完全性」の厳格な解釈など、ともすれば極めて狭く解釈されてきた世界遺産について、「産業遺産」や「二〇世紀遺産」と並んで「文化的景観」という概念が加えられ大きく拡大されたのである。ちなみにそこでいう文化的景観とは、「文化的資産であって、世界遺産条約第一条のいう『自然と人間との共同作品』に相当するものである。人間社会または人間の居住地が、自然環境による物理的制約の中で、社会的、経済的、文化的な内外の力に継続的に影響されながら、どのような進化をたどってきたのかを例証するものである」（世界遺産条約履行のための作業指針）というのであった。これに並行して日本でも、文化財保護法が改正され、「地域における人々の生活又は生業及び当該地域の風土により形成された景観地で我が国民の生活又は生業の理解のため欠くことのできないもの」（文化財保護法第二条第一項第五号）が文化的景観とされ、文化的景観の中でも特に重要なものは、都道府県又は市町村の申出に基づき、「重要文化的景観」として文部科学大臣が選定できる（一三四条第一項）とされて保護の対象となったのである。ちなみにこの重要文化的景観選定基準によると、

1　水田・畑地などの農耕に関する景観地
2　茅野・牧野などの採草・放牧に関する景観地
3　用材林・防災林などの森林の利用に関する景観地
4　養殖いかだ・海苔ひびなどの漁労に関する景観地
5　ため池・水路・港などの水の利用に関する景観地

6　鉱山・採石場・工場群などの採掘・製造に関する景観地
7　道・広場などの流通・往来に関する景観地
8　垣根・屋敷林などの居住に関する景観地
が対象となっている。

もう一つこの概念を明確にするために、過去この文化的景観として世界遺産に登録された例をみておきたい。日本では二〇〇四年の「紀伊山地の霊場と参詣道」と二〇〇七年の「石見銀山遺跡とその文化的景観」の二つであり、世界的にみると「フィリピン・コルディリエラの棚田群」（フィリピン・一九九五年）、「バーミヤン渓谷の文化的景観と古代遺産群」（アフガニスタン・二〇〇三年）、「トンガリロ国立公園」（ニュージーランド・一九九〇年、一九九三年）など多数ある。

これらを踏まえていえば、端的には文化的景観とは文化と自然が融合したものであり、シンボリックに言えば、棚田や農園など何らかの意味で自然の影響が強い遺産をさしていることが明らかである。この観点から言えば、平泉の骨寺村荘園遺跡を除き、その他の平泉と鎌倉の構成資産はおおよそ人工的な部分が優り、その意味で自然ではなく、まさしく「都市」的要素が圧倒的に多いということを見なければならない。言い換えれば鎌倉はこのような文化的景観という回路とは全く違った「都市鎌倉」としてその価値が追求されなければならないのである。

おわりに

二〇一二年、世界遺産条約四〇周年を記念する大きな大会が日本で開催される。鎌倉と富士山は、そのような流れの中でその価値が検証されて行くのであるが、その際、最も留意されなければならないのは発足後四〇年という長い歴史を経て、またその後多くの、ほとんど世界中の国々が参加するようになって、発足当初のキリスト教的文化を背景とするヨーロッパ的価値観に由来する現在の六つの文化的基準と四つの自然的基準にも揺らぎが見え始めたということである。世界には、アメリカ、アジア、アフリカ、その他さまざまな国々の価値観が、ヨーロッパのそれと同じような重みを持って存在している事実を承認しなければならない。これを踏まえて文化の多様性・持続性をどう確保するのか、ということが今後の大きな課題となると思われるのである。そしてこと日本から発信するとすればそれはまさしく「自然と人間の共生」であり、それは世界でも尊重されるべき日本が世界に誇る価値観であるということである。それはこれまでの基準を文化と自然に二分するという方法ではなく、文化の部分には自然が、自然の中に文化が共存しているというように読みかえる、という問題提起となるのである。
なお、この私の世界遺産の政治的・文化的考察は、構成資産（今後新たに追加されたり削除されたりするかもしれない）について世界遺産の基準に基づく文脈の妥当性や他の可能性を検討するための素材的な視点は提示しえたのではないかと思っているが、このほかにも歴史学、考古学、宗教学の業績、あるいは文献や遺跡のそれぞれの専門分野から様々な素材の発掘や評価の提示がありうるのは勿論である。私の誤解や見落としを含めて反論や異論、疑念は大歓迎であり、それらの応酬やアンサンブルの中からより豊饒な平泉や鎌倉論が現れてくることを期待したいのである。そしてそれらのプロセスや成果を市民と共に共有し、世界に誇る私たちの遺産を未来永劫維持し、ひいてはそれらの活動や運動の集積を平和の構築に繋げることが、私達の期待と決意であることをここに記しておきたい。

（五十嵐敬喜）

追記　「武家の古都・鎌倉」はこの論稿の後イコモスによって「不記載」とされた。その理由と今後について、【資料2】を参照されたい。

注

（注1）忍性（一二一七～一三〇一年）は大和の生まれで、西大寺で戒律を学び、関東に入る前は大和一帯の貧民救済活動をしていた。やがて師である叡尊《えいそん》の導きによって鎌倉に入る。鎌倉では北条氏の手厚い庇護のもと、極楽寺の開山に招かれ、ここを拠点として福祉や貧困者の救済などを行っていた。それだけではなく、それと同時に注目すべきことは、鎌倉海岸の和賀江島一体の維持管理、入港した船舶からの関銭・津料を徴収する権利や荘園を幕府から与えられていたという点である。

つまり禅宗の僧がいわば政治的ブレーンとして幕府に結び付いていたのに対し、忍性は幕府の内部行政の一端を担ったということに注目すべきであろう。当時武家政権と宗教権力は、現在のように政と宗という形で分離されていず、いわば一体となって武士から非人までを管理したのである。忍性は五六歳の時に一〇種の誓願を立て衆生救済を誓っている。

一　力の堪ゆるところにしたがって三宝を紹隆すること。
二　三時の勤行、二時の談義ならびに二時等の出資などをおこたらないこと。
三　三衣一鉢は遊行の時も必ずみずからこれを持つこと。
四　病気でない限り輿や馬に乗らないこと。
五　特定の檀那の別請を受けないこと。

六　孤独、貧窮、乞食人、いざりや牛馬の路頭に捨てられたものにも、憐れみをかけること。
七　険難には道を造り、水路には橋を渡し、水無きところに井を掘り、山野には薬草、樹木などを植えること。
八　われに怨害をなし、毀謗を致す人にも、善友の思いをなし、済度の方便とすること。
九　点心を用いることは永くこれを禁じ、とくに調理に手間をかけた食事を断つこと。
十　以上修するところの願行功徳に、もし勝利あらば、一分も我が身にとどめることなく、ことごとく十方界の衆生に施与すること。

なお忍性が生涯で「草創した伽藍八三ヶ所（三村寺・多宝寺・極楽寺・称名寺など）、供養した堂一五四ヶ所、結界した寺院七九ヶ所、建立した塔婆二〇基、供養した塔婆二五基、書写させた一切経一四蔵、図絵した地蔵菩薩一三五五図、中国から取り寄せた律三大部一八六組、僧尼に与えた戒本三三六〇巻、非人（ハンセン氏病患者など）に与えた衣服三三〇〇〇領、架橋した橋一八九所、修築した道七一所、掘った井戸三三所、築造した浴室・病屋・非人所五所にのぼる」とされている（松尾剛次『忍性　慈悲ニ過ギタ』（ミネルヴァ書房二〇〇四年）。

忍性について哲学者である梅原猛は、

「叡尊と忍性は、日本仏教の流れに抗して、敢然として、戒こそ仏教の魂であり、戒が失われて仏教はあり得ないと叫んで戒の復興を志した傑僧といえよう。

真言密教の僧であった叡尊は、空海の「仏道は戒なくしてなんぞ到らんや。もしことさらに犯すものは仏弟子にあらず。……わが弟子にあらず」という言葉を読んで、戒の思想が衰え、僧侶たちが名利に奔っている現状を嘆き、空海の真の思想を継ごうとしたのである。南都の僧である叡尊には、戒律の思想を中国からもたらした鑑真の影響があったのはもちろんであろう。

僧侶が戒の厳しさを失い、貧窮、孤独、苦難の民を救済することにあまり熱心ではない今日、戒律復興を叫ぶ彼らの仏教は再考されるべきであると思う」(梅原猛『日本仏教をゆく』朝日文庫二〇〇九年)と絶賛(ほかに渡辺照宏『日本の仏教』(岩波新書一九五八年)も同旨)している。

この「律」はある意味で武家の精神とも、また禅とも共通する部分があり、これらが相まって鎌倉の全体としての武家文化を創造したのである。

(注2)大矢邦宣「黄金の都、平泉　栄枯盛衰ものがたり」(芸術新潮二〇一一年一〇月号)など参照。

(注3)都出比呂志『古代国家はいつ成立したか』(岩波新書二〇一一年)。ついでに同書から、古代国家から見て先ほどの「律令制」とはどういうものか紹介しておくと、「初めて律令制が敷かれたのは七世紀の飛鳥京と言われています。律令は中国から伝えられた法規で、律令国家制は律令によって運営される国家です。律は社会を維持するための刑法、令は国家体制を規定する法で、行政法と人民を教化する法からなります。律令国家の統治組織の特徴は、中央集権的な官僚機構にあります。中央には、一般政務を統括する太政官と、神々の祭祀をつかさどる神祇官とがあり、太政官には様々な政務を分担する八省をおきました。地方を支配する組織として国と郡と里を設定し、それぞれに国司、郡司、里長をおきました。九州には大宰府をおいて、対外的交渉と地方支配の拠点としています。軍事制度も整備されました。中央には天皇の身辺と宮城の警備にあたる衛府を、

地方の諸国には中央で編成した軍団をおき、九州には防人をおいて外敵に備えました。人民一人一人を掌握するために戸籍をつくり、身分的には良民と賤民とに分け、良民には口分田を与える班田収受制を施行しました。税制として租庸調の制度があり、さらに国司と郡司による年六〇日を限度とする労役の徴発というきびしい雑徭も加わりました。統治した領域を見ると、八世紀初頭では五八国三島におよび、南は薩摩国から北は陸奥国までの広大な範囲でした。陸奥の多賀城には鎮守府をおいて辺境支配の拠点としました。このように、身分制度、官僚制度、国家による土地の占有、軍制から見て、律令国家は古代国家として成熟したものといえます。しかし唐の法を取り入れた日本の律令制は、日本の実情と合わなかったので、飛鳥京から藤原京、ついで奈良の平城京へと都を移す過程で何度も修正され、日本の法として完成されていきます」ということになる。

（注４）中尊寺には寺塔四十余宇、禅坊（僧坊）三百余宇、毛越寺には寺塔四十余宇、禅坊五百余宇があったといわれている。

【資料1】

平泉と鎌倉の政治・文化史（比較表）

		平泉	鎌倉
都市	人口	5万～10万人（?）	8万～12万人（?）
都市	都市範囲	北は中尊寺、東は平泉館と加羅御所、西が毛越寺、南は祇園社（八坂神社）のある太田川の南の祇園目三日町集落に囲まれた内側 宗教的には、北の今熊野・稲荷社、東の日吉・白山両社、西の北野天神・金峰山、南の祇園社・王子諸社、四方をこれら鎮守に囲まれた結界領域	東　六浦 西　片瀬川 南　小坪 北　山内 由比にあった八幡宮を小林郷北山に遷座。八幡宮から南の由比ヶ浜に向かって若宮大路を通し、これに並行して東に小町大路、西に武蔵大路、北に横大路、南に大町大路を交差させた地域が中心
都市	産業	金、馬北方貿易による海獣皮、てんの皮、鷲の羽	漆器、魚介類交易による中国陶磁器、中国銭、瀬戸物
都市	地形的特徴	奥州の中央部。北上川西河畔に拡がる標高23～25ｍの段丘上。北に衣川、西に金鶏山、南は太田川の低地をはさんで標高23～25ｍの台地	北、東、西の三方を山に囲まれ南に相模湾
都市	開創と滅亡（期間）	1087年～1189年 （102年間）	1180年～1333年 （153年間）
開創者		1099 藤原清衡(1056-1128)が平泉に入部	1180 源頼朝（1146-1199）が鎌倉に入部
戦争		780 伊治公呰麻呂の乱起こる。 797 坂上田村麻呂が征夷大将軍となる。 1028 この年以後鎮守府将軍の補任が中絶し在庁筆頭の安倍氏の勢力が増大する。	1028 坂東で平忠常の乱起こる。 1160 平治の乱で敗れた源義朝の子頼朝が伊豆に流される。 1167 平清盛が太政大臣になる。

戦争
1036 安倍忠好が陸奥権守に補任。 1051 安倍頼良が陸奥守の藤原登任を鬼切部の戦いに破る。前九年の役の始まり、源頼義が陸奥守に任命され奥州に赴任する。 1057 安倍頼時が俘囚との戦いで戦死。 1062 安倍貞任の戦死、藤原経清が斬首され前九年の役が終わる。 1070 清原真衡が鎮守府将軍に任命される。 1083 後三年の役始まる。源義家が陸奥守として赴任。 1087 清原武衡、家衡が殺され後三年の役が終わる。
1180 源頼朝挙兵。8月に石橋山の合戦で敗走するも10月の富士川の戦いに勝利。 1181 平清盛没 1185 平家滅亡 1187 源義経が平泉に亡命。 1189 源頼朝が平泉を討伐。 1192 源頼朝が征夷大将軍に。 1199 源頼朝が死去。 1213 和田合戦。和田義盛敗死。 1221.5.15 後鳥羽上皇が京都守護伊賀光季を討ち、北条義時追討の院宣を下す（承久の乱）。6.15 北条泰時らの幕府軍が京都に入り上皇は院宣を撤回。幕府は後鳥羽上皇を隠岐へ流す。

戦争	最盛期
1189 閏.4 閏衣川の合戦で藤原泰衡が源義経を殺す。8 源頼朝の奥州征伐。泰衡は家来に殺され奥州藤原氏は滅びる。	1170 藤原秀衡（第三代）が鎮守府将軍になる。
1274 元軍襲来（文永の役） 1281 元軍が壱岐で鎮西の武士と交戦。元軍の船が大風雨に襲われ、多数沈没（弘安の役）。 1324 後醍醐天皇の討幕計画発覚(正中の変) 1326.3 陸奥鎮圧のため工藤祐貞が出陣。 1331.9 楠正成が河内・赤坂城で挙兵。幕府軍が笠置山で後醍醐天皇を捕らえる（元弘の乱）。 1333 足利高氏が幕府方から離反。新田義貞が鎌倉に進軍。北条高時が自刃、将軍守邦親王は出家して鎌倉幕府滅亡。	1268 北条時宗が第8代執権に就任

【資料1】平泉と鎌倉の政治・文化史（比較表）

朝廷との関係	清衡＝陸奥押領使 基衡＝六郡押領使・出羽押領使秀衡＝鎮守府将軍	鎌倉幕府創設 源頼朝＝征夷大将軍 武士の長 御家人
権力機構	蝦夷の長 平泉武士団（奥州藤原氏一族、信夫佐藤氏など）、京からの貴族・官僚	1180 源頼朝が侍所の別当に和田義盛を任じる。 1184 源頼朝が公文所・問注所をおく。 1185 源頼朝が義経追捕と治安維持を名目に惣追捕使と地頭の設置を要求し許される。 1192 将軍家政所を開設
宗教	平安仏教 天台・法華　密教 神社　地元信仰 850 円仁が弘台寿院（中尊寺）を開創 1105 清衡が最初院（中尊寺）を建立 1107 清衡が中尊寺二階大堂大長寿院を建立 1124 中尊寺金色堂竣工 1126 中尊寺落慶法要	鎌倉新仏教 1185 東大寺大仏開眼供養 1191 栄西が宋から帰国して禅宗（臨済宗）を伝える。 1195 東大寺再建供養。 1198 法然が『選択本願念仏集』を著す。 1207 専修念仏が禁止され、法然は土佐に、親鸞は越後に流される。 1212 鴨長明が『方丈記』を著す。法然没 1224 親鸞が『教行信証』を著す。 1227 道元が南宋から帰国し、曹洞宗を伝える。 1260 日蓮が『立正安国論』を北条時頼に献上する。 1261 北条長時が極楽寺を修理して忍性を招く。 1262 叡尊（真言律宗）が鎌倉に入る。親鸞没。 1263 親鸞の言行を記した『歎異抄』ができる。

代表的寺社	1105 中尊寺建立 1117ころ　毛越寺（850円仁の開基・天台宗）浄土庭園が完成	1063 源頼義が八幡宮を建立する（鶴岡八幡宮の起源）。 1185 源頼朝が勝長寿寺を創建する。 1189 鶴岡八幡宮五重塔を落慶供養する。 1192 源頼朝が永福寺を創建する。 1202 栄西が臨済宗総本山建仁寺を創建する。 1252 鎌倉大仏の鋳造始まる。 1253 北条時頼が建長寺の落慶供養を行う。開山は蘭渓道隆。 1282 円覚寺建立。開基は北条時宗、開山は無学祖元。
政権施設	柳之御所（平泉館）	大倉幕府
国内法	律令制に従う	御成敗式目（貞永式目）など
貿易	北海道・樺太、黒竜江領域諸国、宋	宋

災害		1201.08.11 東国諸国を大風雨が襲い、鎌倉でも諸寺の堂塔が倒壊する。 1215.08.18 大風で鶴岡八幡宮大鳥居が転倒、堂塔も多数破損。 1230.06.16 武蔵、美濃に降雪。北条泰時が徳政を行う。この年諸国で大凶作。 1231.07 諸国に大飢饉が続き、餓死者はさらに増える（寛喜の大飢饉）。 1241.04.03 大地震で津波が発生し、由比ヶ浜の鶴岡拝殿などが破壊される。 1256.08.06 大風・洪水などのため山崩れがあり死者が多数出る。 1257.08.23 大地震が発生、社寺、民家が多数倒壊する。

災害		1258.10.16 大雨で河川が氾濫、民家が流失し、溺死者も多数にのぼる。 1263.08.25 諸国の大風雨のため、幕府は将軍の上京を中止し、課銭を返却する。 1263.08.27 大風雨で鎮西（九州）の貢船61隻が伊豆沖で遭難する。 1271.07.22 大干ばつのため、幕府は極楽寺の僧忍性に降雨を祈らせる。 1293.04.13 大地震が発生、建長寺などが焼失し、死者が２万３０００人に及ぶ。 1307.03.02 関東に大地震。 1315.03.08 大火が発生し、将軍邸、幕府の政所と問注所などが焼ける。

災害		1325.01.03 執権北条高時の邸より出火し、幕府政所などを類焼する。

五十嵐敬喜・佐藤弘弥『〔別冊〕私たちの世界遺産　ユネスコ憲章と平泉・中尊寺供養願文』（公人の友社２００９年）、斉藤利男『奥州　藤原三代』（山川出版社２０１１年）、山本幸司『日本の歴史０９　頼朝の天下草創』（講談社　２００１年）、宇野俊一ほか編『日本全史』（講談社１９９１年）などをもとに作成。なお、暦は旧暦である。

【資料2】

「武家の古都・鎌倉」に対するイコモス勧告の検証の結果概要

1　イコモス勧告後の対応

神奈川県、横浜市、鎌倉市及び逗子市の四県市では、「武家の古都・鎌倉」の世界遺産登録を目指し、推薦書案の作成などの取り組みを進め、平成二四年一月に政府からユネスコに推薦書正式版が提出された。ユネスコ世界遺産委員会の諮問機関であるイコモス（国際記念物遺跡会議）による審査が行われ、その結果は平成二五年四月三〇日にイコモス勧告として公表されたが、「不記載」という非常に厳しいものであった。

この厳しい勧告を受け、四県市は、五月二七日に「鎌倉」の世界遺産登録を実現する最善の道として、今回は、世界遺産委員会への推薦を取り下げるという方針を決定し、文化庁及び国土交通省にその旨を伝達するとともに、再推薦に向けての取組への協力を要請した。

再推薦・登録に向けてコンセプトや構成資産を検討するため、まずはイコモス勧告の詳細に分析を行うとともに、関連情報の整理、検討を行ってきた。

2　イコモス勧告の分析

(1)　内容分析

イコモス勧告の分析として、記載内容の詳細な分析、有識者からの意見聴取、他国の不記載勧告資産の分析が必要であるとの考えから、次の三点の分析を行った。

ア　イコモス勧告の記述から、構成資産について、評価された点、評価されなかった点に分類し分析

イ　四県市の分析に対して有識者から意見聴取

ウ　二〇一三年イコモス勧告で不記載とされた他国の文化遺産の不記載要員の分析

(2)　不記載要員

分析内容の結果等をふまえると、「武家の古都・鎌倉」が不記載とされた要員は、主に次の3点と考えられる。

ア　イコモスから都市全体を構成資産として評価された結果、武家政権などを示す物的証拠が不足
イ　個々の資産構成と国内外文化財との比較研究に基づく、価値の説明が不足
ウ　国内的価値に留まらない世界的普遍性を訴える説明が不足

3 「平泉」の再推薦の取組みから見た留意点

今後の方向性を検討する上で、実際に再推薦・登録を行った自治体の取り組みを参考にするのは有効であると考え、平成二〇年に一度「記載延期」決議を受け、再推薦・登録を行った「平泉」について聞き取りを行い、構成資産の比較研究の重要性等を確認した。

4 今後の方向性

今後は、再推薦に、向けて、コンセプトをどのように練り上げていくのか、資産をどのように構成していくのか、特に、顕著な普遍的価値を証明するためにどのような比較研究を行っていくのかなど、具体的な検討や作業の段階に入っていくことになる。

そのためには、適宜、有識者の意見等を踏まえ、検討や作業を進めていくことも大切であるが、構成資産となる可能性を有する社寺等の所有者はもとより、県民、市民、関係団体などのご理解、ご支援をいただきながら、一体となって進めていくことが必要と考えている。

第三章

四国遍路と「歩く」

第一　四国遍路の世界的価値とは何か

1　お遍路さん

二〇一六年、熊野古道の世界遺産登録に引き続き、四国遍路が同じく世界遺産に立候補しようとしている。

では、四国遍路の「普遍的価値」とは何か。世界遺産は「無形遺産」とは異なってその対象は「不動産」である。四国遍路の場合それは八八ヶ寺の寺院と遍路道である。しかしどう見ても八十八ヶ寺の寺院は、奈良の法隆寺、京都の金閣寺や銀閣寺、あるいは平泉の金色堂などと比べるとやや見劣りする。また遍路道もほとんどがコンクリートの舗装された道と、鬱蒼とした杉木立に囲まれた石畳の熊野古道を比べると明らかに道の質が異なっていることがわかる。それにもかかわらず、多くの人が、四国遍路は、世界遺産に登録されるのにふさわしいと考えるのは、「お遍路さん」の存在であって、このお遍路さんの存在は、まさにここにしか見られない独特な存在であり、八十八カ寺や遍路道は、このお遍路さんを支え、一体となって燦然と輝くのである。

ではそもそもお遍路さんとは何か。

ありきたりに言えば、お大師さんとともに、各寺院を巡る人々のことであるが、多くの人が指摘するように、お遍路さんには他には見られない「特色」があった。そしてこの「特色」が四国遍路の普遍的価値とかかわっている。そこでこの特色をわかりやすくするために熊野古道を含む「紀伊山地の霊場と参詣道」と比較しながら見ていくことにしよう。

1　お遍路さんにはまず独特な参詣のスタイルがあることに注目しよう。菅笠、白装束、金剛杖などがそれであるが、このような装束は他の参詣では見られないし、またお大師さんと同行二人というスタイルも全く見られない。

2　日本だけでなく、世界中のほとんどの参詣、キリスト教、イスラム教そしてユダヤ教が同居するエルサレム、あるいはフランスからスペインまでサンティアゴ・デ・コンポステーラ「聖地」を巡る旅であり、聖地にたどり着くことによって満願（結願）となる。しかし、四国遍路の場合、このような「聖地への到達と成就」というような観念はなく、いつどこから参入（逆回りも可）してもよく、何十回、何百回回ってもよい、とされている。つまり、完成・完結という観念は存在しないのである。

もっとも、最近は交通などの発達により、高野山への参詣も昔から比べれば、はるかに容易になったというようなことがあって、空海の修行道場であった高野山、とりわけその中でも奥の院の、弘法大師空海が入定している「御廟」に参拝することによって満願とする人も多いようである。

3　参詣・巡礼は、通常それを信じる一般庶民が主役である。しかし、時には高野山、伊勢神宮、熊野ように、時の権力者である天皇・貴族・大名などな参詣することによって、

おばあちゃんお遍路さん

第七十五番 善通寺 2017

聖地としての「格」が上がり、また権力者からの寄進や、巡礼のための宿泊、道路など安全・安心の確保、さらには地域との交流などによって、当該「聖地」そのものだけでなく、地域経済が全体として豊かになる。またそれらの行事が和歌や文学など様々な媒体によって発信されることによってなど、経済だけでなく、文化的にもより効果的になる。

しかし、この四国遍路にはそのような権力者による参詣はほとんど見られない。四国巡礼は平安時代の熊野聖や僧などから始まって、江戸時代には一般庶民が主役となって現在に至る。しかし時の権力者による巡礼はほとんどなく、むしろハンセン病者などの巡礼が見られた。

4

巡礼は実は四国だけにあるのではない。四国巡礼に触発されたかどうかは別にして西国観音巡礼など巡礼は日本の各地でみられる（注1）しかし、四国遍路だけにあって他の巡礼には見られない独特なものがある。それがお接待という慣習である。なぜ四国だけにこのような慣習・習俗が発生し、しかもこれが現在まで続いているのか？これには、四国人気質、四国の豊かさ、古くからの風習あるいは四国こそ弘法大師の出生地であり、修行の地であることなどなどが関係していると思われるが、このお接待が四国遍路に、世界でも類例のない「文化」を生み出したといってよいだろう。

この独特な文化をもっと深めて言えば、四国遍路は、お遍路さん、寺院、道といったバラバラなものではなく、これにお接待を加えて一体となった「四国共同体」というようなものを構築してきた。

この共同体は、お大師さんを頂点に、お遍路さんとそれを支える寺院・大師堂および遍路道があり、さらにそれを囲むお接待つまり地域文化があるといういわば「タテの社会」と、もう一つ、同行二人といわれるように、お遍路さんイコールまさしくお大師さんが地域住民とかかわり、これを寺院と道が支える「ヨコの社会」、つまりタテとヨコが一体となったある種の「共同体」(曼陀羅)が成立している。そこには信仰と人々の一体感、さらにこれに加えて人間と自然、生者と死者が混然となった、しかもある秩序を持った空間が構成されているのではないか、とみてよいのではないか(注2)。

四国共同体の構築は、本論文の最後に見るように日本の宗教史上の「ルネッサンス」になるのかもしれない。

このようにして、私はこのお遍路さんの存在こそ、世界に誇る普遍的価値であり、世界遺産の構成資産となる寺院や道路は、これを支える本質的かつ不可避な物的土台、と考えたいのである。

2　お遍路さんの祈り

しかし、この普遍的価値を探求するためには、もう少し論を掘り下げてみる必要がある。お遍路さんは、なぜ歩くのか。実際、全周約一四〇〇キロメートルの八十八ヵ寺全部を歩いて回るのにおおよそ五〇ないし六〇日かかる。高齢者の場合はもっとかかるであろう。又この歩く作業は必ずしも平坦かつ海が見えるなど自然が豊かで風光明媚というようなところばかりではない。「遍路ころがし」といわれるように約四キロメートルにわたって六〇〇メートル上るという急峻な坂もある。一方、長い長いコンクリートの自動車道あるいは歩車道がきちんと区分されていないトンネルなど危険なところもある。また二日ないし三日も歩かないと次の寺院のたどり着かないという長い長い道中になるところもある。お遍路さんの歩くは、日常的なお散歩とは全く異なる。歩くには体力的な消耗、足のマメやひざの故障など激甚な苦痛が伴う。もっと身近なことについて言えば、必ずしも要所要所にトイレが整えられているというわけでもない。宿屋も、一部「善根宿」など無料で寝泊まりできるところもないではないが、ほとんどが自力で有料の宿泊所を探さなければならない。もちろん、最近は強盗、追剥などの犯罪はほとんどなくなっているが、怪我や突然の病気に対しては自分自身で対処しなければならない。都会のように救急車を呼べばすぐ駆けつけてくれるというわけではない。また歩きお遍路の場合多くは「一人」であり、自分自身の体力だけでなく精神的なコンデションを保ちつつ、遍路道（必ずしも一目瞭然というわけではない）を探しつつ、それこそ、「一歩一歩」歩んでいかなければならないのである。

勿論、東京など遠くからお遍路を決行するとなると、交通費、食事、宿泊費など相当な出費も必然である。

実際のところこれら苦難については、「同行二人」、お大師さんが守ってくれると信じて人は遍路に出るのであるが、八十八ヵ寺をすべて回りきるというのは、それぞれの人にとって大事業なのであり、満願成就というのは満身創痍のことで

お遍路さんの祈り

第三十七番 岩本寺 2017

もあるのである。もちろん、だからこそその達成感は大きく・深く、感動的である、だから歩くというのも真実である。

このような金銭的、肉体的、精神的苦痛をいとわず人が歩くのは、やはり、そこには、苦痛を超える「何か」を求めてのことなのである。お遍路さんの動機については、様々な調査やたくさんの体験談があり、それは人によって様々である。

自分探しからはじまって、観光、自然とのふれあい、日本文化の体験、ストレス解消、厄払い、祖先崇拝、健康、自己鍛錬、修行など、それは人により、季節により、年齢や性別によって多種多様である。しかし、これら全体をまとめとして言えば、それは「祈り」であろう。

試みに観光バス、自動車などの交通手段で回る人たちに、このような「祈り」がないかといえば、実はそうではなく、「観光」の要素ももちろん否定できないが、それでもこの観光と祈りは不可分なものとしてあるのも疑いのないところであろう。四国遍路をする人は、その動機がどのようなものであれ、またその移動方法がバスや自動車であっても、必ず寺院に行き、お参りする。

では、人は何を祈っているのであろうか。

先にみたように、お遍路さんは編み笠、白衣、金剛杖など独特なスタイルをして、寺院では蝋燭に火をともし、線香をあげ、かつ般若心経や真言を唱え、御詠歌を歌う。そしてこれは全て「南無大師遍照金剛」（弘法大師空海に帰依する。遍照金剛は唐時代の灌頂名。弘法大師は九二一年醍醐天皇から与えられた諡号、お遍路さんの着る白衣の背中にこの文字が刻まれる）に収斂される。

すなわち、人々は「空海に帰依することを誓い、かつ、救済や御利益を祈願する」。祈りとは、このことをいうのである。

しかし、四国遍路はこの一点に集約されるとしても、もう一つ注意しなければならないことがある。それは「南無大師遍照金剛」には、実は三人の人物が登場するということである。空海、弘法大師そしてお大師さんである。この三人は、もちろん同一人物であるが、場面場面によって、かなりそのイメージを異にして登場してくる、というのが興味深く、さらに四国遍路は実はこのイメージの異なる三人によって支えられているということが重要で、ある意味で本質的なのである。

第一は勿論真言密教の始祖としての「空海」であり、空海は十住心論などの様々な著作物、東寺・高野山の宗教的実践、そして御請来目録で知られるように、空海が勉学に励んだ「唐」から持参した経典、曼荼羅、仏具などの名品などで知られている。お遍路さんにはこのような空海そのものを信心し親近性を持ち、学習理解したいという人ももちろんたくさんいる。こういう人たちの中には実際、空海の修行の場でもあり終焉（入定。実際今でも生きてる）の地である高野山に参拝する、という人も多いであろう。

第二は空海の諡号である「弘法」の名を付した弘法大師ないし弘法さんである。空海と弘法大師の間にどのような差異があるのか、学問的にはいろいろな見解がありうるであろうが、弘法大師はさらに砕けて、庶民的な感覚の「弘法さん」になり、これは空海と異なって、とっつきやすくなる。「弘法さん」は、次にみる「お大師さん」と「空海」の中間位にあって、「人間味」のある空海（空海さん）のイメージが濃くなってくるのではないか。お遍路さん側から言えば弘法大師という呼称は、ぐっと四国の現地で語られる「伝説」と一緒になり、「伝説ゆかりの場所」はそこを訪ねると、いろいろなインスピレーションを受け、自然に自分にも身近なものとなる。

そして最後は、もちろん『お大師さん』であり、ここまでくると、真言密教あるいは他の仏教宗派の教義などともかなり縁遠いものとなる。お大師さんは宗派を超える。これは四国八十八ヵ寺の中には真言宗だけでなく、臨済、曹洞宗などの他宗派の寺院もすべて「大師堂」を持っていることからも明らかであり、さらに言えば宗教人というある意味で人間をも超えた超スーパースターでありそれゆえに逆転してその辺にいる普通の「おじさん」といったものにもなる。日本における様々なスーパースターといわれる人物の中でも、お大師さんは断トツに多くの「伝説」に結びついていて、時に神、人物、化身である。それは全国に広がりまたその内容も救済など宗教的なもの、温泉など御利益と結びつくもの、治山・治水など安全にかかわるもの、怖いものなどなどいわば百花繚乱といった様相を呈していることは周知のとおりである。「同行二人」にいう際の同行者も、これら三種類のイメージが、混然一体となっているのであり、この混然一体となった中でも、最後の「お大師さん」こそ、お遍路さんをひきつけてやまない魅力というか、磁力というようなものかもしれない。そのような空気・環境の中で、とにかく自分で遍路を始めた、あるいは満願したという事実の中に、それぞれに、満足感や達成感あるいは安心感などを得る、というのが四国遍路の「祈り」の正体なのであろう。

3　祈りと平和

今回四国遍路を世界遺産に登録しようという動機は、ここまで見てきたように、このようなお遍路さんの「祈り」を支えるものとしての寺院と遍路道そしてお接待という、いわば他のどこにもみられない独特の文化を指してのことである。しかしここでの「祈り」には、実はさらにもっと深い意味があり、それが「普遍的価値」に言う「普遍」の部分をさらに拡大し強化する。先ほど見た「お大師さん」は取りあえずお遍路さん側からみた「お大師さん」であった。お遍路さんはスーパースターに対して、取り合えず、「自己」の救済、開放などなどを祈る。しかしそれとともに、自己の延長上に家族の安寧、あるいは祖先の供養といったように、祈りの対象を徐々に広げていく。それは自分自身の現存在そのものが、過去の祖先とつながり、また、自分は家族を中心とした社会とのつながりの中にあり、それらの援助などによって今の自分があることを知り、そしてそれらの人々への感謝などが祈願されるのである。

さらに言えばお遍路さんが菅笠をかぶり、白衣を着、金剛杖を持って歩く姿を見ると、実はそのような「他」を含んだ祈りから、それを各人が自覚するか否かにかかわらず、それにとどまらずもっと大きなものと連続しているのではないか、と感じることも確実である。

これもルーティンのほうからみていくと、まず、このお遍路さんの大きな特徴であるお接待は、地元の接待する側がお遍路さんに「お大師さんを見る」ということがよくあげられるが、同時にそれはお遍路さん側からみても接待はお大師さんの「心」とうつるのである。つまりお遍路さんと接待側はそれまで全く赤の他人であったにもかかわらず、「お大師さん」という一点の媒介によって、硬い言葉で言え

石手寺の反戦タテカン前で筆者

第五十一番石手寺 2017

ば「ともに信者」、普通の言葉で言えば仲間あるいは家族のような関係として結ばれるのである。こうなると、救済や功徳あるいは御利益といったようなものが、自己及び自己の関係する人を超えて、本当の他と一体になっていくと、見てよいだろう。

もっと言えば、このような広がりは、自分と自然あるいは死者との間にも、見られるようになり、場所や時間を超えて無限に広がっていく。この世は空海の言う「密願浄土」であり、私たちは「宇宙」と一体となるのである。

お接待は寺院のある地域の小さなコミュニティが中心となる。しかしそれはお遍路さんを通してコミュニティを超えて、四国全体の文化（世界遺産の登録申請は、徳島、高知、愛媛、香川の四県で合同して行われる）となり、各地の幼稚園や小・中学校で様々な形で教育や、大学での遍路研究や講義などによって世代を超えて継続され、外国人の参拝などによって世界に広がる。

この広がりの事実は、ある確実な二つのことを教える。

一つは言うまでもなく当たり前のことであるが、宗教・信仰は、人を超え、地域を超え、時間を超えて地球全体に及ぶということ。キリスト教やイスラム教と違ってもっと仏教的（東洋的）な言い方をすると、それは人と自然、生者と死者を含む「宇宙」とつながっているということである。

もう一つは宗教・信仰あるいは文化はそれぞれ宗派や信条あるいはそのスタイルなどを異にするが、一人一人の救済を通じて、最終的には「世界全体の救済」を願うものである、願わなければならないということである。

世界全体の救済として考えるということは、宗教も宗教だけにとどまることなく、社会とかかわらなければならない、ということであり、このことは後に見るように、「生・老・病・死」の最大の障害物は例えば「戦争」であり「貧困」であり、「差別」などと関係していることを見れば明らかであろう。宗教とは言い換えれば、これら戦争、貧困、差別などから生じる苦難からの解放を願うものであるところを再度確認しておきたいのである。

勿論、厳粛な事実としてみれば、本来ならこれら苦難に真正面から立ち向かわなければならない宗教が、宗派と宗派の間でのっぴきならない亀裂、それが講じて自派の正当性の主張、そしてそれに関連しての信者の安寧や経済的利害を含みながら、「戦争」といった事態を自ら引き起こしてきたことは否定できない。しかし、どの宗派であれ、世界全体の救済すなわち最も大きな意味で「平和」を希求するということを否定するのであれば、それはこの世の中から消滅してしかるべきであろう。

4　四国遍路の持続可能性

平和とは何か。もっともストレートにはそれは戦争の反対概念であるが、世界遺産の視点から言うと、それは世界遺産が様々な理由で失われるということである。前にもみたように

1　自然の劣化
2　自然災害
3　戦争や内戦による破壊
4　人為的な破壊
5　経済開発優先による脅威
6　都市開発

などがそれであるが、中でも、戦争や内戦による危機が最も深刻であることは第一章でも指摘した。ユネスコが専門家と世界各国の同意を得て「世界遺産」に登録するということは、これも第一章の平泉で

みたように、最終的に国連軍による制圧を目指す国連と違って、有名な「戦争は人の心の中から生じる」というテーゼの下、教育やコミュニケーションにより、人々の心の情操や、互いの交流によって偏見や独善を廃止しようというものであり、世界遺産はユネスコ全体の目玉商品として不動産＝文化を具体的に指定することによってその破壊を防ぐという間接的な方法で戦争を抑止するというものであった。したがって、世界遺産に登録するということもさりながら、それを維持するということが、平和を守るという観点からも登録と並ぶ極めて重要な課題とされているのである。

世界第二次大戦の際、日本は最終的に広島と長崎に原爆を落とされて敗戦したが、その際、アメリカは京都と奈良については、寺院などの文化的価値を破壊することは避けたというエピソードを想起しよう（なお広島原爆ドームは負の遺産として世界遺産に登録されたが、それは二度と戦争を起こしてはならないという将来についてのメッセージでもある）。本稿ではこの世界遺産の危機を、大きく構えて「持続可能性」の問題としてとらえ、その全体的な点検を行っていきたい。

四国遍路は江戸時代から庶民的なものになったというのが通説であるが、それ以降日本でもいくつか「平和」が問われる事変が起きている。明治維新、日清・日露戦争、そして第一次大戦と第二次大戦である。この間、四国からも様々なヒーローが生まれた。明治維新と坂本龍馬・中岡慎太郎、日清戦争と日露戦争と乃木将軍あるいは秋山好古と真之兄弟などなど小説や映画などでも有名である。彼らは戦争に関係したグループであるが、これとは別に社会主義者の幸徳秋水あるいはクリスチャンの香川豊彦など有名人も多くいる。しかし、このような四国のヒーローの輩出の背景を、四国遍路の土壌と関係させて論じたものはほとんどないといってよいのではないか。反対に、特に私たちにとって最も身近な戦争である第二次大戦との関係を見ると戦争にどっぷりと巻き込まれてしまった庶民が、戦争必勝祈願や夫や子供の武運あるいは菩提を弔うために遍路を行ったというような事実のほうが印象的である。

なおこのような持続可能性の問題を、戦争というものに限定しないで、「消滅」の問題を、広く「権力」との関係という視点でとらえると、四国遍路を支える遍路道と寺院のうち、寺院の存続にもかかわる、大きな出来事が存在していたことを見逃してはならない。まずそれは言うまでもなく「神仏分離」である。これは時の明治政府が、江戸封建体制を打破して「近代国家」を構築するにあたって、王政復古・祭政一致の方針を取り、天皇の神権的権威のもとに神道を保護し、仏教については「廃寺」をせまり迫害を加える、という政策であった。この廃仏毀釈政策は勿論、四国遍路を構成する寺院にも圧倒的な影響を与える。

よく言われているように八十八の各寺院は、大方はもちろん空海を始祖とする真言宗であるが、先に見たように、中には臨済宗、曹洞宗、天台宗のように宗派を異にする寺院もある。しかし、そこにはすべての寺院が「大師堂」を持つということと、宗派は異なるが「仏教寺院」である、ということの一致性は揺るぎないものとして存在いているように見える。そしてお遍路さんはもとより、多くの観光案内なども、大方、仏教寺院群というようなイメージで作成されているようである。しかし実はことの本質はこれとは異なっている。四国遍路はよく言われるように江戸時代になって庶民に流布した。そのころ、あるいはもっと歴史をさかのぼって平安時代以前からかも知れないが、そこはまさしく「神仏混合」の地であったのである。

四国遍路について最初に体系的に説明したといわれる寂本「四国偏礼霊場記」（元禄二年・一六八九年）、には、「札所、仁井田五社、石清水八幡宮、琴弾八幡宮などの神社名」が書き記されていて、いくつかの札所は極めて神仏習合的な色彩が濃厚だった。もちろんこの神仏習合はここだけでなく、その元祖である「高野山」でも当然であった。むしろ空海は高野山に仏教寺院を建立するにあたって、それを積極的に受け入れたことは、現在の高野山壇上伽藍に、山王院や明神社が存在していることからも明らかであろう。言い換えれば先にみたように数々の「伝説」に彩られている「お大師さん」は真言密教という純粋な仏教（密教）だけでなく、古来から日本に存在してきた神道（記紀神話にみられるようにそれは必ずしも論理的なものではない）をも包摂したものであって、お遍路さんもそれを丸ごと前提にして「祈る」のである。真正性の問題を、やや観念的ではあるが「意味論」的に解析して言うと、この神仏習合こそ、四国遍路は本来のものといわなければならないのである。

明治維新による「廃仏毀釈」の実行は、このような四国遍路の本質を直撃した。つまり従来一体であった神社と別当寺がそれぞれ独立した存在として分離寺院である別当寺が正式な札所とされた（たとえば仁井田五社についてはその別当時である岩本寺が三十七番札所となり、石清水八幡宮は別当の寺が栄福寺として五七番、琴弾八幡宮も、別当寺の神恵院が六十八番になった）のである。

その後「廃寺」になったものも多く、土佐では一六寺のうち七寺が廃寺届を出した、とされているのである。

なお、このような迫害は明治一〇年代以降修正され、四国遍路の寺院も次第に復活していくのであるが、現在我々が見ている寺院の姿は、本来のものではなくこの明治以来のものであるということと、時の政府の政策がその存続に大きな影響を与える、ということに留意しておきたい。

もう一つ、このような資産の保全に係るものとして「遍路道」の保存がある。これはユネスコの危機分類の中での「開発」による危機であり、四国遍路では道の「近代化＝自動車交通促進」によってほとんどコンクリート化された。道とは本来「人が歩く」ものであり、それはいわば土や石畳のものであった。コンクリート化は自動車交通を主眼としたものであり、それは世界遺産の登録基準である「真正性」（作られた当時のままであること）の要件から外れる。現に「熊野古道」の世界遺産登録にあたっても、コンクリートの道路はすべて除外されたことを見ておこう。

さて、この「真正性の回復」についてそれぞれの県などの担当者および市民が強く意識し、熊野古道の「道普請」などに倣って古来からの四国遍路道の復元に努力するようになったが、この点に関してもう一つコメントしておかなければならないことがある。それはいわば先の危機分類にどう位置づけられるか必ずしも明瞭ではないが、いわば日本社会における「少子・高齢化社会の到来」というものに関係する。

増田寛也を座長とする日本創生会議・人口減少問題検討分科会の推計によれば、四国では、徳島県では小松島市、吉野川市など一七自治体、香川県ではまさしく空海生誕の地といわれる善通寺市ほか九自治体、愛媛県では今治市、宇和島市など一三自治体、高知県では空海修業の地といわれる室戸市など二三自治体が、二〇四〇年までに「消滅」すると予測されとされていて、これは地元の「接待」を含めて四国遍路にも大きな影響を与えることは不可避といえよう。特に「道普請」など、労力や費用のかかる分野では、自治体と住民の存在が決定的であり、消滅問題はこの「持続可能性」の問題に大きな「負」の課題となることは確実なのである。

最後に、直接権力の作用というわけではないが、最近なされた裁判所の判決について触れておかなければならない。舞台は四国八十八ヵ寺を束ねる「霊場会」（注3）である。

二〇一七年三月二二日高松地方裁判所丸亀支部は八十八カ寺を構成する某寺院に対して「脱会の自

由」を認める判決(確定)をおこない、現時点ではその後この脱会の自由を行使した他の一寺院を入れて、霊場会は八十六カ寺になっているということである。

事件はこの某寺院が「参詣者に対し、暴言を吐いたり、脅迫、恫喝したり、暴行を加えたりして巡礼の妨害をしている」ので、霊場会（八十八カ寺で構成される）が「霊場会の定める納経所運営要綱の定めを遵守せよ」と申立てたところ、この某寺院は、霊場会から脱退し、この要綱とは別に自分独自で運営する（例えば納経料三〇〇円と定めているのを五〇〇円に値上げする等）と反撃したことから始まった。この自由の根拠について某寺院はこう主張している。

1　霊場会は各寺院を拘束する権限を持たず、納経所をどのように運営するかはそれぞれ個別　寺院の判断である。

2　四国霊場が円滑に運営されるメリットは、お遍路さんが増え、札所寺院の収益が上がるという経済的なものである。

3　四国霊場の巡礼のために、各寺院がどのように協力するかは、信仰の自由にかかわり、これを強制するのは信教の自由を侵害する

としたのである。問題は裁判所がこの某寺院の主張に対して「信仰の自由の容認」を前面に掲げ「霊場会は強制力を持っていない」「納経所の運営は各寺院が自由に行える」としたことであった。

この判決の論理によれば、各寺院は信仰の自由を持っているので、すべての寺院は極端に言えば仏教ではなく、キリスト教やイスラム教でも構わない、ということになろう。これでは霊場会はもとより四国遍路も成り立たない。つまり先の戦争や国家政策そして社会変動などとは異なって、四国遍路全体が内部に抱える危機であり、今後の霊場会の対応が注目されるのである。

これらが、当面の問題から少し遠い時期まで四国遍路が抱えている危機の問題であり、世界遺産への登録に当たっては、この持続可能性についても準備しておく必要があろう。

5　日本宗教史とお遍路さん

四国遍路は普遍的な価値を持ち、それは宗教を超えて「文化」の域に達している。本章第三の佐藤弘弥論文によれば、それはさらに「文化」を超えて「習俗」になった。様々な危機現象もないではないが、四国を遍路する人々は、外国人を含めてますます増加しつつあり、今後も世界的に普及していくであろう。そこで本稿では、最後に、この四国遍路が日本の宗教史の中でどういう意味を持っているのか少し確認しておきたい。

それは世界遺産に何故宗教関係の遺産が多いのかという問いと関係している。

日本の世界遺産は二〇一七年現在二一である。そのうち文化遺産は一七、自然遺産は四であり、文化遺産のうち「産業遺産」、すなわち石見銀山（これは文化的景観でもあるが、基本は銀山）、富岡製紙工場、明治日本の産業革命遺産を除くと

平泉　仏国土を表す建築・庭園および考古学的遺産群

日光の社寺

富士山　信仰の対象と芸術の源泉

古都京都の文化財

古都奈良の文化財

法隆寺地域の仏教建築物さまざまな伝説収集

紀伊山地の霊場と参詣道

厳島神社

宗像・沖ノ島と関連遺産群

琉球王国のグスク及び関連遺産群

が宗教関係であり
　それ以外は
　国立西洋美術館、姫路城、白川郷そして原爆ドームの四件に過ぎない。
　勿論宗教関係といっても、古代沖ノ島から江戸時代の日光や広い意味での富士山（富士講）まで時代の差があり、宗教も純粋な法隆寺などの仏教（神道を含む）から琉球王国の御嶽のような地元信仰まである。またその遺産もいわば平泉金色堂、日光東照宮など絢爛豪華な寺院群から沖縄の御嶽のように、まさしく「何もない」というようなものまで多様である。これを一括して宗教関係といってよいかどうか、大いに疑問もある。しかし、これを大まかにくくって言えば、これら宗教的な資産は、御嶽や沖ノ島の古代祭祀などを除きほとんどが、当時の膨大な権力や資力を持つ「権力者」（国王、宗教者、日本で言えば天皇や幕府あるいは宗教権力など）が、それぞれの強烈で個性的な意志に基づき、当該時代の風潮や技術を最大に発揮させて実現させようとしたものである。ではなぜ「権力者」は、その時点で最大の権力を発揮しようと思ったのか。これらの遺産を見ていると、その質や濃淡に差はあるが何らかの危機に見舞われ、それに対するリカバリーとしてそれは発動された。逆から言えば当該時代に「世の中が平和で安定」していればそのような動機（衝動）は生まれない。宗教もいわばある種の危機対応であり、平和で安定した社会ではその力は相対的に弱まり、危機が深ければ深いほどその力を発揮した。そしてそのリカバリーの営為と復興の中でおのずと（それが激甚であればあるほど）、優れた「芸術」（建築、庭園、仏像、参詣道など）が生まれ、それが後代の人々にさまざまな意味を込めて圧倒的な感動を与えてきた、ということなのである。そしてこれらが世界遺産に登録されたということは、世界中の人々が、この営為と結果に感動を覚え、これを「普遍的価値」として認め、これを永久に維持保存するということに同意したということであろう。

そしてユネスコの精神から言えば、この宗教的遺産に対する感動は、積極的に「平和」を構築したということだけでなく、危機の頂点である「戦争」への鎮魂、平和への希求、自らのあるいは国家や人民の安全や安心の確保という平和回復全体への祈願が込められていて、そこに人々は「感動」と「同意」を生み出しているのである。

四国遍路は勿論その基底に空海・真言密教という「宗教」を持つが、これまでの宗教遺産のような桁外れの圧倒的な遺産を持つものではない。ここに見たような文脈から言えば、ほとんど「戦争」のような危機や、地震や津波といった災害からのリカバリーの過程で生まれたものではなく、実は反対に「四国」という日本でももっとも気候温暖で、海や山の幸に恵まれ、豊かで穏やかな人々の内から生まれたという点において、日本だけでなく世界遺産全体からみても極めて「特異」な現象というべきであろう。

そしてこの論点は、世界遺産登録申請のためという便宜のためだけでなく、大きく日本の宗教や文化論の中で検討されなければならない。私たちにそれに対する回答が準備されているというわけではないが、そのための検討素材というようなものを挙げて、回答は次の宿題にしておきたい。

第一は「空海」そのものについてである。四国遍路の中で、空海は弘法大師に、弘法大師はお大師さんに変身していく。お遍路さんのほとんどはこの「お大師さん」と「同行二人」していることは前に見た。日本の宗教史の中でこのような宗教家は存在しない。これが「危機なし宗教」とごく当たり前の「寺院と道」を世界遺産に押し上げている秘密ではないか。そこで私たちは今後以下のような事実をもう一度深く確かめ検討しなければならないであろう。

一　仏教は日本の飛鳥時代に始まる。当時「仏教」は「宗教」だけでなく、経典、建築、土木、薬学、鉱山、医学、書、絵画など、学問そのものであった。平安時代、空海はその学問の全てについて、「顕教と密教」という対比にみられるような「革命的なレベルアップ」を実現した。高野山は真言密教の修行場であったが、それだけでなく「大学」であったのである。

二　日本の宗教は記紀神話と天皇を中心とする神道と仏教が、合体している。明治維新時、政府はこれを分断しようとしたが失敗し、神仏習合の風習は、高度に近代化された現代日本でも、息づいていて（ほとんど儀式化しているが）、日本文化の古層を形成している、といってもよいだろう。空海はこの神仏習合の積極容認派であり、これが『お大師さん』につながっている。日本の宗教家は押しなべて、自己の宗教的信念の「純化」を図ってきていて、このような広がりを持っていない。

三　問題は「宗教と政治権力」の関係である。

日本の宗教史を見ると、これが最も鋭く対立したのは、鎌倉時代の法然・親鸞、日蓮などであり、民衆を巻き込んで決定的に対立したのは「一向一揆」と「島原の乱」である。宗教には、このように権力と対峙するという一面があり、それが数々の芸術を生み出してきたことは前に見た。しかし空海は周知のように、嵯峨天皇との間で極めて良好な関係にあり、しかも、満濃池にみられるように、積極的に民衆の救済にあたった。

これは先ほどの文脈で言えばどうなるのか。

もっとも大きく言えば空海は「権力や危機」を「超越」しているということになるのであろうか。

このような日本宗教史の文脈のなかから四国遍路を総括してみよう。

一　四国遍路は、寺院もお遍路さんも、まったく宗派というものにとらわれていない、自由であるということに着目したい。お遍路に仏教とだけでなくキリスト教でもイスラム教徒でも参加できる。これは信仰の自由が保障された現代ではいかにも当たり前のようであるが、お遍路が庶民の間に広がった「江戸時代」を想起してみよう。江戸時代は、宗教史の中でも、極めて特異な時代でありその典型が「檀家制度」である。檀家制度は、生まれながらにして自分の信仰が決定されるというものであり、寺に「戸籍」を掌握された。いわば生まれてから死ぬまでその寺に上即されるのである。しかし、そのような江戸時代にあってもお遍路だけは自由であった。人々は「お大師さん」と一緒にいたのである。

二　巡礼には、四国遍路だけでなく熊野、高野、吉野を巡る参拝や、最も有名なものとしてお伊勢参り（江戸時代、文政三年（一八三〇年）には五〇〇万人の人が参拝したともいわれる）や、富士講など各地での「講」による巡礼があったが、これらは「聖地」があり、ここに参詣すると一応、行は終えるという完成系の巡礼であるが、四国遍路にはこのような聖地と完結という概念は存在しない。言い換えれば、「危機とその克服」という観念は存在しないのである。

三　幕末から明治にかけて周知のように、日本では既存の仏教に抗して、天理、黒住、金光、大本といった様々な新宗教が生まれた。しかし、これらが四国遍路に互いにどのような影響を与えたのか，全く無関係なのか？　現在では例の「オウム教」をはじめとして、奇怪な宗教やヒーリングなど軟らかい宗教も多くある。既存仏教界は、これと反発し一部融合したりしているが、これらと四国遍路はどう関係するのか。無縁といえば無縁だが、ヒーリングなどは近似値の関係にある。

四　第二次世界大戦後、周知のように仏教にせよキリスト教にせよ、法事、クリスマスあるいはお祭りなどに儀式化され、本来の意味での「救済」という使命は著しく減退している。又日本社会の人口減に伴い、多くの寺院が廃寺に追い込まれている。今後、そのような意味での宗教の危機はさらに拡大していくであろう。しかし、これに対して四国遍路は逆に大型バスによるやや観光的な「遍路」をこえて、本来の意味で「歩く遍路」がますます隆盛となっている。この意味でも、四国遍路はリアルに既存宗教を超えているのである。

宗教でない宗教。歩くという普通の行為。そして万人に共通する「祈り」。これを世界遺産に登録するということは、「平和」のもっとも根源的で広範囲な「再構築」につながっていくのではないか。

（五十嵐敬喜）

〔インタビュー〕

第二　寺と四国遍路（霊場寺院と四国遍路）

四国第三十八番札所金剛福寺
長崎勝教住職・長崎美香夫人に聴く

聞き手　五十嵐敬喜
佐藤　弘弥

四国金剛福寺にて

1　歩く（遍路）とは何か

佐藤　今日は貴重な時間をありがとうございます。

本日は、毎朝お勤めをする荘厳の前で心改まる気がしております。今日は、四国遍路とはどういうものなのか、住職のお立場から、率直に伺ってみたいと思います。

五十嵐　私は五〇代で法政大学に奉職して、六〇代で高野山大学で一年間学ぶ機会を得ました。一九六八年、弁護士になってから都市とはどのようなものか、長い間考えてきたのですが、最終的に私たちは「美しい都市」に住まなければならないと考えるに至りました。この美しい都市について、一九九〇年代初期に神奈川県真鶴町というところで「美の条例」というものを制定し、その骨格を作ったのですが、本当のところその「美しい」というものがよくわからない。この間、建築に携わったり、たくさんの本を読んだのですが、それは極めて難しい。簡単に言うとそれは個人的主観的なもので客観的に定義できないのではないか、というものでした。しかし、ようやく、世界遺産というものを介してそれは客観的なものであることが確認でき、さらに美しいものと「宗教」というものが深い関係にあるということがわかってきました。そこでさらにこれを深めてみようと思い、世界遺産にも登録された高野山で、高野山大学に入学させてもらったのです。そこで高野山で仏教や密教というものを学んだわけです。そしてそのうち高野山でも「少子・高齢化」という問題を抱え、このままでは霊場や参詣道ひいてはそれらを支える宗教行事あるいは観光なども、どんどん大変になっていく。そこで世界遺産を文化庁などの国や自治体あるいは観光事業者などだけに任せるのではなく、市民自らも参加しなければならないと痛感し、東大教授でイコモスの会長をしている西村幸夫先生などと協力して、世界遺産に広く取り組むようになったのです。今回も「熊野古道の追加登録」に協力・応援をしてきました。そして今回同じ「道」にかかわる四国遍路も世界遺産に名乗りを上げた、ということで現場も歩きながら勉強させていただいているわけ

金剛福寺住職と五十嵐

です。そして今日は、いわば「お遍路さん」を迎える立場にある、霊場の住職さんから、この四国遍路《へんろ》というものがどう見えるか、お話を伺おうということにした、ということです。そこで早速ですが、四国遍路は何といっても「巡礼する」というか、肉体的な苦労を伴いながら「歩く」ということがありますが、それをどう捉えたらよいか。まず住職さんにお伺いしたいと思います。

長崎住職　そうですね。元々日本人の精神性の中に霊魂の集まる特別な場所を異界との接点聖地として大切にされていたと思います。ここ金剛福寺のご本山は奈良大和の長谷寺ですが、寺院成立以前は万葉集にも表れるとおり聖地として原初の形は「葬送儀礼」の場あるいは「祭祀儀礼」の場でありました。どうして長谷寺の「初瀬」の地が聖地かというと、その地が飛鳥の時代、霊魂が籠もる場所（こもりく）とされていたからです。霊魂はこもりくを通って異界へ旅立っていったのです。柿本人麻呂は万葉集でこもりくの初瀬を枕詞にした歌を数首残しています。初瀬巡礼の原初の形は祭祀葬送遺跡（異界への接点）への参拝儀礼が始まりとし、やがて聖地が仏教化されて長谷寺となりました。巡礼の始まりに、異界との接点、高い山や人里離れた岬などをめぐる行為とともに、霊魂の集まる特別な場所への参詣があったのです。巡礼という行為は非日常な世界、宇宙を感じられる場所や霊魂がたくさん集まる特別な場所を巡る旅です。この行為は世界中に共通する人類普遍的なものと思われます。元々四国巡礼は四国の辺路《へじ》を丸く回る巡礼ではなかったかもしれません。修行者などは、弘法大師の事蹟のある太龍寺（第二十一番札所）や室戸岬、それから土佐湾を南に足摺岬といった霊地で修業し、九州に渡って地獄の阿蘇、霧島の霊地をめぐり、中国地方の大山や安芸の宮島で修業し畿内に帰るという長大な聖地巡礼をした者もいたようです。

2　熊野巡礼と四国巡礼の違い

五十嵐　長谷が聖地であるということが、記録にあったのはいつ頃ですか。

長崎住職　万葉集（七五九年頃成立か）の頃か。少し早くて七世紀。それ位の時期の話ではないかと思います。聖地の根源はこもりく霊魂が集まる場です。第七十一番札所の弥谷寺《いやだにじ》(香川県三豊市三野町）は、古代より死者を葬る場所として聖地化していきました。その独特な習俗は弥谷寺ご住職に聞けば教えてくれます。弥谷寺のいやと初瀬のこもりくは同じ場所の意味です。生きる人間の住む俗界と死者の異界を隔てる接点の地が聖地ということだと思います。

五十嵐　別の場所ですが、「いや」でも日本文化研究家のアレックス・カーがかかわった祖谷（徳島県三好市東祖谷地区）があります。その祖谷と同じなのか、色々な所に「いや」という音で示される葬礼所のような聖地があったのか、興味がわきます。

長崎住職　「イヤ」という音は、四国人が異界を表す言葉かも知れません。だから、あちこちにあったものかも知れません。吉田兼好の徒然草の第七段にも、「あだし野の露消えることなく鳥辺山の烟り立ちさらで」との描写があります。あだし野は嵯峨野の奥の小倉山で、古来京の人々の風葬の墓所でした。そういう場所は、生きている者が死者に向かい合うとか、報いる場所ということで、聖地化されたものだったと思います。

五十嵐　高野山に行って、お大師様が設計した伽藍は、神仏混淆《こんこう》の場として、最高のものだと思いました。仏教は勿論インド・中国そして朝鮮から入ってきたのですが、それらがそのまま日本に入り広く知られるようになったわけではない。仏教は日本古来の宗教観（神道）とまじりあって日本独特なものとなった。古来からの日本の伝統的な祖先崇拝などを一番よく受け継いだのは、実は中国で密教を収めた弘法大師であると言っていいのではないでしょうか。四国遍路ももちろんお大師さんですが、その底には日本古来の宗教観が横たわっている。

長崎住職　行基さんなどもそうでないでしょうか。聖武天皇は大仏を発願した時、山林修行者であり、大自然の霊力を操る能力を持つ行基のカリスマ的な力を借りようとし、行基は民衆を動かすカリスマ的な力を持っており、山岳修行によって大自然の霊力を授かる修行は、行基も空海も大変重要視していた。そういう修行形態が日本の宗教には連綿と流れていると思います。

五十嵐　特に行基さんは、単なる仏教の教えを説いて回るのではなく、病気を治したり、橋や堤などの土木工事をする、宗教本来の面目である「衆生救済」を、現場で実現してくれたお坊さんとして、非常に人気がありますね。

長崎住職　私たちの周辺でも、小さな橋を架けるとか、そんな工事は、かつては自分たちでやっていました。江戸時代頃でも、自分たちでできることは、村々で山から木を切り出したりして、「道普請」、「橋普請」でやっていたようです。その時、人々を指揮し事業を完遂するカリスマ的指導者が必要です。空海も満濃池造営では特別な働きをしました。行基も同じです。空海は行基の活動の最大の理解者であり後に続く実践者ではないでしょうか。

五十嵐　現在の日本の仏教界と比べてみると、その差は極めて大きく、四国遍路は最も広い意味で、葬儀仏教をはるかに超えて、宗教本来の姿を求め且つ自分もその一員となる、という旅かもしれませんね。

長崎住職　行基は、仏教の本質を理解した上で、社会行動を「行」として実践すると決意しています。空海も同じような行動をとった僧侶です。民衆の利益になることはなんでも全力を尽くしました。行基や空海の生きる姿はその時代の人々や後世の人々によって伝説化され、彼らの生きる姿に我々は励まされ続けました。

3　四国遍路の大師信仰について

佐藤　現代のお遍路の生成についてお伺いします。遍路道の最初の形は、行基さんが、道を造ったり、橋を架けたり、堤を造成するために歩いた道があり、さらに若いお大師さんが山岳修行で歩き、満濃池の修復のような大土木工事を成し遂げるために歩いた道の延長上にある、と考えてよいのでしょうか。

長崎住職　四国遍路は弘法大師によって聖地化された霊地を巡る修行道と言っていいかもしれません。四国霊場寺院にはその成立時、国分寺、一宮、観音霊場など個々の寺院にはそれぞれの成立由来がありますが、これら寺院を束ねる最大の持続要素は弘法大師に対する信仰である。結局、四国遍路は四国全体が弘法大師化されることにより聖地霊場化されたと言えるのです。

五十嵐　全体として、四国遍路の基点となる八十八カ寺は真言宗が圧倒的に多いのですが、他の宗派もあります。それでも弘法大師を信仰しているのはどういうことでしょうか。普通の感覚で言うとちょっと理解しにくい現象ですが？

長崎住職　七十六番札所の金倉寺《こんそうじ》は、智証大師（弘法大師の甥）円珍さんが開いた寺です。彼は、天台宗寺門派の開祖だった人です。長い歳月を掛けて四国遍路の八十八カ所が成立していく中で、真言宗から他の宗派に変わった寺もありますが、いつしか宗派の違いを越えて、すべての寺に大師堂が建立されお大師様をお祀りする形になったのは四国の人々の弘法大師に対する深い敬愛の現れです。

五十嵐　この弘法大師の懐の広さとでもいうべき「包容力」ということに関してですが、私も高野山の奥の院にいって実感させられました。ご承知の通り、奥の院には日蓮さんや法然さんといったそれぞれの宗派の開祖や偉いお坊さんたちがたくさんいる。もちろん宗教関係者だけでなく、武士階級の徳川家康から豊臣秀吉から織田信長まで敵味方関係なく祀られている。名もなき衆生の墓も、それこそ無数にあります。弘法さんという人は、宗派は勿論、性別、国籍あるいは現世での敵対関係などすべてを超えて、まとめる力を持っている。宗教史などを読むと、互いを「邪教」として敵対する関係があり、現在でもこの宗教戦争は、絶え間なく繰り広げられています。しかし、高野山ではもちろんですが、この四国でも、それらの関係は一切捨象（止揚）されてすべて平等に取り扱われる、というのがとても魅力的で、これは世界遺産の中核である「平和の思想」を考えるうえでも、最も根本的なことかもしれません。

長崎住職　宗教的には、各宗派が融和的だった時もあるし、対立した時代もあります。だが、確かにお大師さんには、対立を中和させるというか、そんな力があるかもしれません。善通寺にも、親鸞さんを祀っているところがあり、法然の逆修塔もあります。興教大師覚鑁《かくばん》（注４）という僧が、お大師様の潜在的な力を掘り起こそうとし、当時多くの民衆が支持していた浄土系の信仰の力を真言宗の側から認めて、その力を活かし「南無大師遍照金剛」と唱えると救われるということを言い始めました。「同行二人」でお大師様と歩くことで救ってもらうという覚鑁さんの発想。弘法大師信仰の妙というか大師信仰の柔軟性を感じます

五十嵐　私も高野山大学に入って、四国遍路に関する文献を読む中で、高野山の奥の院で維那《ゆいな》を務められた宗教民俗学者でもあった故日野西真定《ひのにししんじょう》先生に大門に連れて行かれて、その時に「覚鑁さんから同行二人が始まった」との説を伺いました。覚鑁さんと四国遍路との結びつきについては、他の宗教に詳しい方からはあまり聞かない気がします。ところで覚鑁さんは、高野山から追われ根来寺に移ったのですが、覚鑁さんの事蹟に対してタブーのようなことはないのでしょうか。

長崎住職　覚鑁さんも自分の宗教観を打ち出す時に、真言宗の教えに浄土宗のやり方を取り入れ改革しようとしたのだと思います。そして高野山古義系統からの反感を買い根来にのがれますが、それでも覚鑁の真摯な弘法大師教学の解釈と実践なのです。

五十嵐　弘法大師はカリスマ的な宗教者ですね。奥の院の墓を見ると、法然さんや一遍さんや日蓮さんもありますが、中でも覚鑁さんのお墓は非常に立派な物で、特に目立ちます。だけど、四国遍路の中で、覚鑁さんと同行二人を結びつけて言っている専門家は少ないですね。

長崎住職　同行二人の言葉の実践に最高の場所は四国巡拝です。自分とお大師様と一緒に四国を巡る。そして「南無大師遍照金剛」の御宝号唱える。お大師様は自分で「南無大師遍照金剛」と唱えてはいません。しかし、民衆の想いに寄り添う信仰形態や言葉は洗練されて現代によみがえります。真言宗の「阿字観《あじかん》」の修行も現代では瞑想法は違いますが禅に通じるものがあると思うのは私一人でしょうか。欧米では非宗教的な瞑想が集中力を高め教育力を高めると注目されています。

五十嵐　阿字観は私も授業でやりましたが、禅との違いは勿論ですが、「悟」というようなこともほとんどわからないまま、授業が終わってしまいました。自分の至らなさは充分に認めたうえでですが、阿字観とはそもそもどのようなもの、と見たらよいのでしょうか。

長崎住職　専門的に修行したのではないので阿字観手法でどんな心理状態になり、心の高みに到達できるかはわかりません。専門の先生に聞いてください。しかし、万物の根源である阿字を観想することにより多種多様な万物の多様性を知ることができるとか、究極の無に近い事象を知ることができるのではないでしょうか。多様な瞑想法の一つとして現代に伝えられた貴重な体験遺産だと思います。

4　現代の四国遍路の特徴

佐藤　少し話題を変えましょう。お寺さんから見た現代のお遍路さんの姿について率直に語って下さい。

四国遍路の歴史

長崎住職　遍路はどういう風にできたかですが、平安鎌倉期の頃から、修行者の道がありまして、後白河法皇が撰した梁塵秘抄《りょうじんひしょう》という本の中に、「我等が修行せしやうは忍辱袈裟《にんにくけさ》をば肩に掛け又笈を負ひ、衣はいつとなくしほたれて四国の辺地をぞ常に踏む」と表現されました。その頃は、四国の道は辺地《へじ》と呼ばれていて修行者の歩く道ですね。遍路の形ができたのが、たぶん江戸初期か中期との間でしょうか。八十八ヶ寺がそろってですね。そして宥弁真念さんが「四国偏礼道指南《しこくへんろみちしるべ》」（一六八七）というガイドブックを大阪で出版しました。それから、高野山の学僧の寂本《じゃくほん》さんに頼んで各札所の寺院の絵を書いてもらって「四国偏礼霊場記」（一六八八）出版され、それを持って四国に来るようになった。さらに、そこから遍路絵図とされる細田周英敬豊《ほそだしゅうえいたかとよ》の「四国偏礼絵図」（一七六三）が出て、さらに「四国偏礼名所図絵」（一八〇一）というものが出版されました。これは九皐主人《きゅうこうしゅじん》の遍路記に、四国八十八ヶ寺の景観が墨絵できっちり書かれたもので、これを手本にお寺を保存修復して、四国辺路をユネスコ世界遺産に登録しようというのが四国全体の考え方だと思います。

私は、昭和五九年にこのお寺に帰って来ました。その当時遍路は高齢のご婦人が多いと感じておりました。自分が二十代半ばでしたので余計そう感じたのかもしれません。昭和二〇年代戦時下の統制が解除され戦没者を弔う家族や復員軍人の遍路も多く鎮魂の道となりました。四国の人々も遍路を祈り相互礼拝し、お接待でむかえました。昭和三〇年までは歩いて遍路をする時代なので、高齢の方は少ない時代でした。三〇年代になって路線バスや沿岸船など使い、乗り物を使えるようになってきましたがお年寄りが巡拝することは大変でした。戦前瀬戸内の島々の中では若者が四国巡拝をして帰ってくると一人前だという成人式儀礼の意識がありました。四国はなかなか自分たちが行けない場所であったので、代わりに若者に巡拝してもらう代参の習俗もあります。交通網の発展で昭和四〇年代以降、巡拝バスに乗って直接高齢者も四国巡拝ができるようになり、現代では完全徒歩巡礼、一部路線バスやタクシーを使う人、自転車、自家用車、遍路タクシー、巡拝バスなど様々な方法を使い四国を巡ります。

二、三〇年前の巡拝者は亡き人の供養、先祖供養を目的として四国を巡る人々が多かったように思いますが、最近は自分自身の健康や生きがいとして巡拝する人が多く、歩き遍路も最近増えてきて目標達成や健康志向で巡拝する人が多いのです。それとともに亡き妻や友のために巡拝する人々も多くいます。近年若い方や外国人で巡拝する人が増えており、四国巡拝をすると心が落ち着くといいます。ストレス社会から逃れたいのか、フェイスブックやブログなど電子媒体を通じて遍路体験を共有している人達も多いです。

金剛福寺、祈る夫婦お遍路さん

大師堂前 2017

五十嵐　ただ健康のためだけなら、スポーツ施設など色々な方法があると思うが、遍路はもう少し信仰心などと結びつけなければ、乗り越えられない苦行だと思いますが、その点いかがでしょう。

長崎住職　生と死のあるべき姿を、日本人は神代の時代から模索していたと思います。生きる意味を見失しなったり死を意識するとき、弘法大師の道、四国路を巡れば何かが得られると四国にやって来て巡拝の終わり結願の頃には何か答えが得られるのです。

五十嵐　遍路専用の白装束を着るという行為を含めて、死を意識せずに暮らしている日常を越えて、死者に近づき、死者と対話する舞台が醸成される。つまり四国遍路は単なる「健康志向」や「自己救済」だけではなく、死というものに触れる機会ということになりますか。そういった背景が、現代の四国遍路気質を形成しているのでしょうか。

長崎住職　人間にとって、死をただ恐れるのではなく、死とともにあることが、生の輝きがまた増してくることだと思います。スポーツ施設というのは、「生」一点張りです。しかし、四国遍路に来てお大師さんと「同行二人」で歩くという行為は、「死」と隣り合わせになることです。誰にも死というものは必ずやって来る。死があるから生がある、死を意識することで生きるということを、四国遍路を通して学ぶことができる。聖地を巡るとは死者との対話です。死を日常から極端に遠ざけてしまった現代社会は、本当に幸せでしょうか？四国遍路に現代人が引き寄せられるのは霊場を通じて意識無意識に生と死を交錯させる場への憧れからくるのではないかという気がします。

五十嵐　住職の話を聞きながら、お年寄りだけでなく、若い人たちも、外国人も、四国巡礼に引き寄せられるようにやって来るのは、無意識かもしれませんが住職の言う「死者との対話」が根本にある気がします。ただの健康志向やストレス解放だけではない気がする。死というのは、良い意味で、その必然性を「意識化させる」というのか「自立させるべきもの」で、それがものを考える人間というものの、レゾン・デートルでもあるわけです。ここが四国遍路の一番重要なことでしょう。そこで質問を続けます。このお遍路さんはいつから始まったかというのは先ほどお聞きしましたが、その実態はどんなものであったのでしょうか。

長崎住職　伊予に西条藩という一万か二万の小さな藩があって、だいたい二〇キロぐらいの海岸線しかないのですが、藩の役人は四〇〇年間位の記録全部残しています。実に膨大な量です。そこには、何月何日に遍路に出たとか、村人がいつ帰ってきたとか、細かいんですよ。人口一万人ぐらい、武士が五〇〇人とかそんな世界ですが、その記録を見ると、遍路はやはり深刻な動機で出国したということがわかります。江戸時代には四国遍路だけでなく、巡礼は全国にみられるようになりますが、富士講でも伊勢講でも半分は娯楽でした。行くときには頻繁に水垢離《みずごり》して、六根清浄《ろっこんしょうじょう》唱えながら、富士山登る。それで浅間神社《せんげんじんじゃ》にお参りするのですが、それが終わったとたんに「遊郭」ですからね。それが江戸期の神社参拝の流れです。しかし四国遍路にはそれがない。

五十嵐　不思議ですね。そういえば高野詣にも、やはりそんな場所があったようです。

長崎住職　そうですね。高野山の結界の内部はそんなことはないけど、結界から出ると極端に遊興の世界に入っていくんですよ。橋本もあるしね。

佐藤　平泉でも、祇園と呼ばれる場所がありました。

長崎住職　そこらでは、食べ切れないぐらいの料理を出して、旅人もそれをすごく喜んで土産話にして帰っていく。巡礼にはそういう商売が付随していました。四国はそういうことがないですよ。

五十嵐　ほんとですか。

長崎住職　四国の中には金比羅さんは、すごい人気で、かつ遊興の地です。四国遍路は、じゃあ、どうしてそういう行動をやらないかというと、お遍路さんにとって、四国全体が結界だからなんですよ。霊場や参詣道だけでなく、四国全域が聖域、すなわち結界になっている。これはあまり世の中にない珍しい習俗だと思います。

佐藤　これは誰がやったんですか。

長崎住職　なんとなくじゃないですか、鎌倉時代あたりに。

佐藤　空海さんなら結界の儀式をやりそうですが。

長崎住職　平安時代くらいからあったんだけと思います。辺地《へじ》修行ですね。巡礼ってはっきりするのは鎌倉期からですから、その基は弘法大師です。それで畿内の人が高野山とか、那智とかで修行するでしょう。そのときに遠出すると、生駒の山中とか吉野とか、四国だと石鎚山とか、室戸岬とかを分け入る人もいるでしょう。そうすると、どんどん、どんどん霊地とかに分け入って四国から九州へ渡る人も多かったと思います。数少ない何人かの世界だけど。九州のどこへ行くと言ったら、阿蘇へ行ったり霧島へ行ったり。それからまた北九州から大山とかね。それから白山とかを廻って千ヶ寺参りとか、そういうのをやる人いるんですよ。千の霊験所をお詣りするというものです。木喰行者とか、そんな名前付いた人がいるでしょ。そういう人が四国は入ってきていて、四国は海に囲まれて丸いから、丸くフタしちゃって、四国だけの世界を作っちゃったってことだと思うのです。要するに結界なんです。それを昔の四国の案内図なんか観ると、四国は清浄になる土地で、ハスの蓮台に寺が乗っているようなイメージで、その中心はもう悟りの世界に通じるわけでしょう。そこに上手に発心、修行、菩提、涅槃の四つに分けて密教世界を形成して回れば御利益があるということで、上手に作っているんです。それで遊びの要素がどこかに排除されている。

五十嵐　密教的な解釈ですね。

長崎住職　もう一つ、結界について言うと、四国独特の地形と豊かさが関係しているように思う。まず、四国は、海によって結界あるいは隔離されているということが重要だと思います。四国は本州に比べたら人も少ないし、自然が豊で山も河も海もある。足摺岬に来ていただいて、どうですか大いなる海と山大自然が、まだまだ残っています。これは、大師信仰によって聖域化した一種の「結界」ではないかと思います。四国最南端の地に金剛福寺が一二〇〇年あるのは弘法大師が起こした奇跡的なことです。

五十嵐先生　同感です。「総理とお遍路」（角川新書 二〇一五）を上梓した菅直人さんに聞いたところだと、「四国は非常に良いところだ。四国遍路は三日で終わるなら多分来ないだろう。一〇〇日かかると言われても来ない。ただ、頑張れば五〇日から六〇日くらいで終わるというのは体と心のリズム感が絶妙なところだ」と言っていました。つまり全体四国遍路のスケールが人間の営みに通じる絶妙なスケールで出来上がっているということでしょう。四国はひとつの小宇宙（ミクロコスモス）を形成しているのですね。

長崎住職　現代社会は時間に追われる日々です。自分のことを内省するゆとりや時間がありません。しかし四国に来て歩けば、三十七番の岩本寺から三十八番の私どものお寺（金剛福寺）に来るまでに三日かかります。歩き遍路は自己の内省と発見の連続です。また四国遍路は宗教も問わず国籍も問いません。皆に強制する教義もありません。自分の信仰を持ったまま四国に来ます。よく来る方ですが家は浄土真宗だけれど、個人で拝んでいるのはお大師様だという人もいます。お大師さんの持っている度量の大きさでしょうか。弘法大師が唐に渡られ、恵果に戒を受けられたことは、最近、中華圏の人々の共感も呼んでいます。中国では真言系統は残らなかったが台湾や香港、広東州などで真言宗の寺院が増えてきています。

中国のお坊さんが京都や高野山で勉学修行しにやってきています。

密教は西からインド、中国、日本と流れて来ましたが、それがまた西中国に戻っている様相です。弘法大師は特別な弟子として、恵果から教えを受けたということが、中国人の人たちには共感を呼ぶらしい。仏教による心の解放を求める民衆の気持を理解し、中国では、国家自体が、最近仏教を推奨しているようです。

佐藤　それは、中国の一九六〇年後半から七〇年代にかけての文化大革命の頃、中国各地で古い歴史ある仏教寺院が弾圧の挙げ句に破壊されるという歴史を知る者にとって、隔世の感がある話です。

5　歩き遍路の達人たち

五十嵐　お遍路には、歩きの達人という方がおられます。この達人について話を広げてみましょう。ここで高野山大学大学院で『お遍路』研究で学位を取り、寺族の仕事だけでなく、遍路宿坊を運営し、お遍路さんのお世話をする傍ら、自らもお遍路する、さらに地域の子供たちに遍路教育も行っている住職夫人の美香さんに加わっていただきます。最初にこの歩きの達人として出てくるのは、もちろん皆さんご承知のように、中務茂兵衛《なかつかさもへい》さんですが、この人は幕末のころの歩きの達人で伝説を含めてだいぶ紹介されていますので、今日は極めて身近な宮崎建樹さんから、お話していただけますでしょうか。

美香夫人　宮崎さんは、自分で四国を歩いて、あまりにも整備されてない現状に一念発起されたんだと思います。

長崎住職　四十二歳の時に病で入院して鍛錬歩行しようと昭和五四年（一九七九）に遍路をはじめた。当時は遍路道も荒れていてこれではいけないと、ガイドブックの「四国遍路ひとり歩き同行二人」を書いたといいます。それで道しるべを設置して、平成元年（一九八九）には二千を越えるまでになったといいます。

美香夫人　この本は、遍路さんのバイブルなんですよ。すごく歩きやすくなったのです。それまで歩き遍路の道というのは

ひとり歩き同行二人

修行僧の道という側面があったので、一般の人は歩いてもアスファルトの道、そういう道しか歩けなかったのですが、宮崎さんが、江戸時代の古道を整備し始め、それに共感を得たお遍路の先達《せんたち》さんたちが「歩き遍路の会」というのを作って、みんなが一緒に整備しだしたのです。

長崎住職　最後は遍路道で亡くなられたのです。

美香夫人　そう、しばらく行方不明になって、発見されました。痴呆症になっても、遍路道が気になっていたんでしょう。最後まで歩いてもっと良くしたいと思っていたんでしょうね。

長崎住職　今日の四国歩き遍路を隆盛にした立役者です。

美香夫人　本当に残念です。その時は、各札所に宮崎さんが行方不明というファクスが届きました。「いやいや、足摺にはきてませんよ」と言ったら、何日か経って山の中で乗っていた軽トラが発見されました。

長崎住職　宮崎さんの最後の仕事は、石筍《せきじゅん》という新しい道しるべを四国に建てることでした。五〇センチ四方あるものを三百から四百本建てる計画でした。現在百本位建てられています。それが四国にはあちらこちらにあります。

美香夫人　その道しるべだけでなくやはり最大の貢献は、この本ですよ。「四国遍路ひとり歩き同行二人」！！

長崎住職　山道ではこういうプラスチックの板に自分で絵を描き、こっち何キロとか書いて直接生木に針金でくくり付ける。なくなったらまたくくり直す。そういう活動して、宮崎さんが健在な時は、草刈り奉仕団も各地にありましたが、宮崎さんいないからそれもない。かつては遍路道で山崩れて道がちょっと土砂に埋まったときに自分たちでスコップ持って直したりしていました。現在それができないので、道が寸断されて、お遍路さんが困っています。

美香夫人　金剛福寺では、よく草刈り遍路を定期的に行っていました。うちを起点にして三日間位泊まり込んで、二〇人近く行っていましたね。みんな鎌《かま》とか鍬《くわ》とかいっぱい持ってね。

長崎住職　市町村（自治体）が直すと土地の権利関係が入りくんでいて行政が入れない。昔は勝手に直しても何も言われなかったのですが、今は「赤道」（昔の獣道）など権利関係が複雑なんです。勝手にやったら、権利者に怒られるから役所は協力できない。崩れたら崩れっぱなしになってしまうのです。宮崎さんが亡くなって一〇年ぐらいは活動してたんだけど、それもみんなお年になって自然消滅しています。

うちの近くある御影石の道標《どうひょう》大きいんですよ、一メートル五〇センチぐらいあって。それを開眼する時に二度ほど行きました。

長崎住職　中務茂兵衛さんのも含めて、遍路石って四国で数千体あったんですよ。昭和三〇年位から、国道とか県道が拡張工事でなくなったのです。その時に全部業者さんが土中に埋めてしまったのが多いのです。現代だったら遺すでしょう。

美香夫人　それに歴史的価値があると思わなかったのでしょうね。

長崎住職　今、世界遺産登録の流れで徳島県の太龍寺《たいりゅうじ》（第二十一番）から麓に通じる山道なんかがそのまま残っているので、修復しています。山岳地帯の厳しい遍路道は、かなり残っています。だけど、平地には、ほとんど残っていません。それで宮崎さんが登って比較的残っている山道を歩けるような状態にしたのです。

五十嵐　この間、香川県の会合で伺ったのですが、道が全体一四〇〇キロくらいのうち、今史跡になっている遍路道が五〇～六〇キロだそうです。それで、できれば二〇〇キロぐらいまで拡張したいと言っていました。それから世界遺産登録となると、その保存状態がどうなるかによって評価もだいぶ違ってくるので、文科省の方からは、「道しるべ」なんかも全部徹底的に調査をしていますという報告でした。

長崎住職　石などは、意外と盗難に遭いやすいのです。あれ結構軽いんです。三〇キロ、五〇キロぐらいの石が多いから。持って行かれたら分かんない。それがまた今だと結構な値段で売れるんですよ。

五十嵐　そうなんです。世界遺産登録するためには、住民の意識も変わる必要があるのです。

佐藤　お遍路さんが病や疲労などで歩けなくなったケースで、そのお遍路さんを地域コミュニティの中で、どのように助けたのでしょうか。

長崎住職　遍路全体は、一四〇〇キロあると言われていますが、地域ごとに若干の違いはありますが、この辺ですと、四〜五キロごとに集落があるので、海岸部であれば、入江ごとにあります。集落自体は平安時代の頃からあったと思います。死にゆく遍路に対しても最低限の施しをして、亡くなったものを弔うことが四国ではどこでもあったと思います。四国遍路の道中ではなくなった遍路の墓がたくさん見られます。それよりも何倍の人が石碑もなく四国の地に眠っています。死にゆく遍路に対しては村々で救済することが困難な場合、隣の集落へ運ぶということがあったはずです。そうこうしているうちに亡くなってしまう遍路を供養し葬儀して遍路さんの塚を作り、そこに埋葬するのです。持っていた金剛杖を立てる。金剛杖は、卒塔婆の代わり供養塔です。そのような墓は、百年も経てば分からなくなります。お金を持って死んだ遍路にはお坊さんに供養してもらい、残りの金で小さな墓石を立ててもらった人もいたでしょう。

佐藤　熊野にもそういう話はあります。それは説経節の小栗判官物語《おぐりはんがんものがたり》というものがありますが、これはハンセン病に罹った主人公のおぐりを地車に乗せて、様々な人がその車を慈悲の心で押して熊野に運び、湯に入って再生をするという物語で、この「おぐり」とは、「送り」という言葉から来ていると言われます。不幸な人間を、聖地まで運んで再生させてやるという一種のボランティア精神ですね。四国における「戸板渡し」という習俗が、この熊野にある伝説によく似ていると思ったのです。

長崎住職　私の話は厳密な話ではないですが、郷土史家の方に当たれば、もっと事実は掘り起こせると思います。外から人が入ってこない社会は、村の中で取り決めがあるものです。四国人は、他国から入ってきた遍路の情報を価値として認めているところがあります。例えば、種の植え方、時期だとかについて、遍路さんから聞いて情報として扱うという習慣が根付いていると思います。接待と言う行為は見返りを求めませんが、遍路から有益な情報が聞けるということでいい意味でバランスがとれ、お互いの利益になりました。弘法大師信仰にもとづく理想的な情報伝達の場ができていたのです。

佐藤　民俗学者の折口信夫は客人をマロウド（あるいは稀な人＝まれびと）と言っています。客人は色々な知識も持ってくるのである種幸運を運んでくる神様のようなものだということを言っているのですが、遍路の人に対して四国でもそういう考え方はあるのでしょうか。

長崎住職　おばあちゃんたちは積極的にお接待する。歩けなかったら孫に「お遍路さんにやっておいで」というやり方をしていました。信仰する人は人格者が多い。信仰というのは人格形成に役に立ちます。信仰することで幸せが保たれる、人格形成につながります。四国は実践としてお接待があるのです。禅宗では接心《せっしん》（注5）で歩く時におばあちゃんたちが布施します。そうした行為に接する子供達に良い影響を及ぼす大事なことだと四国も北陸の信仰深い土地の人は思っているはずです。

6　現代日本の個化と四国遍路

五十嵐　二つ問題を提起したいと思います。一つ目ですが、「個化」した社会における四国遍路の価値の問題です。私は最近のストレス社会、高齢化社会などについて、一人ひとりが孤立化してくることについて、「個化」と呼んでいます。最近、最も親密な関係にあるはずの夫婦や親子でも「個化」が進んでいる。親が子を殺すとか、道徳の一番最低限のところにある「母性本能」（自分の身をなくしても子供を支える）すら破壊されていくような事件も毎日のように起きています。これがもっとひどくなれば個々人がバラバラというだけでなく、日本社会全体が「無縁社会」になるでしょう。そうした現象を見て、もう一度「人間関係を新しい絆で結びつけていく」という「現代総有論」というのを提唱しているのですが、この現代総有論という視点からみると、四国遍路には、世界に例を全く見ないような空間で結びついているある種の共同体が輝いているように見えます。つまり四国では「歩く人」、「八十八ヶ寺」、それを「迎える地域の人々」が、ある種の独特の絆をもって共同体（総有空間）をつくっている。

その中心には、もちろんお大師さまがいます。これを明確に理論化すると独特な世界遺産に言う普遍的な価値につながる可能性がある。「道」を見てましょう。ここでは、全体の九〇％以上がコンクリートになってしまっていて、熊野古道と比べれば神秘性は残念ながら感じない。しかし、ある種の「共同空間」、「総有空間」という目で見れば、熊野よりもはるかにリアルに独特な景観を持ってお遍路文化は存続しており、世界の宝だと思います。お遍路さんは増えているが、それだけでは足りない。「四国の遍路道を歩くという意味」をもっと明確にしたいと思うのです。

二つ目は、接待文化についてです。お接待の方で言えば、香川県ではほとんどがホテルになって善根宿などは無くなってしまっている。観光も悪くはありませんが、肝心のお遍路さんはビジネスホテルで泊まるようでは、四国遍路の根底にある四国共同体の絆を感じさせるお接待というものから、かけ離れてしまう危険が強まっている気がします。お寺さんを見ても、商売するという意識が過剰になっていると見えるところもある。世界遺産になると、もっと観光化が進むのでしょうが、そうなると本当のお大師さんの心というものが薄れてしまうというか、亀裂が見えてくるような気もするのです。そのところ、どうお考えですか。

長崎住職　人間の理想は生きる苦しみから逃れる道を見つけることです。寿命が長くなっても老はきます、死もむかえなくてはいけません。日本人の六〇％はそういうことを考えたことがあると聞いています。物質的に豊かになった反面、心が何かに追い詰められている部分もあるのではないでしょうか。昔のように貧困ということよりも、現代は生きている意味を見つけにくい時代に入っています。四国遍路は世俗化、観光地化したといわれます。私も五〇年遍路を見つめてきましたが遍路が変わったというより世の中が変わったのだろうと思います。苦しい時代が来れば真剣に弘法大師にお願いし真剣に祈る人々の数が増えてきます。弘法大師の道は困難な時こそ多くの信仰を集めます。阪神大震災、東日本大震災のおりたくさんの犠牲者の遺族が真剣に祈りをささげていました。その祈りを弘法大師はすべて聞いています

五十嵐　逆に言えば不死の社会が訪れることなく、死の概念が依然として人間の心に存在する限り、宗教も存続し続ける。それはいわば人間というものにかかわる根源的なものであり、四国遍路の過剰なビジネス化にも対応できるということでしょうか。「現代総有」という概念で共同体のあり方を模索した中で、どうしてもわからなかったことの一つに、「人間の不死」（医療技術の発達による人工的な生命の誕生あるいは人間に変わるロボットなどを想起せよ）、というものが全くの絵空事ではなくなった。そうして、人間から死という概念が無くなっても、宗教は果たして生き続けることができるでしょうか。

長崎住職　不死の社会が到来したからといって、生の悩みは解消されるでしょうか。死なくなった人間の心の根底には、死のある人間以上に悩みが沸き起こることだろうと想像します。生命の設計図の

カギを外して、細胞を永遠に分裂させて生かすことを研究している人もいるようです。細胞の不死化の研究は人間の究極的願望の一つですから止められないでしょう。人工知能が我々人類知性を凌駕することが近いと信じる学者も多いです。人類は己の欲望により消滅するとひそかに信じる人も多いと思います。不死を追及すると生きることの意味が希薄になり人間は今よりずっと悩みます。すると死ぬこと以上に、今を生きる力をいただきたいという願望が心の奥から湧いてきます。不死を追及する欲望と生きる意味を大切にしたい心は一人の人間の中に併存し続けます。我々人間はより豊かになるために物欲を満たしてきました。しかし人類共存の幸せを一人一人が真剣に考えてみることが必要です。そんな時、宗教家の生や死の解釈に光明を見る時が来るのでしょうか。

五十嵐　ものすごく示唆に富むお話です。そうですが現象的にみればこれからの日本社会は、人間関係が希薄になって、人と人のつながりなど大事ではないと感じる人間も増えてくる。それが私が考えている「個化」であり「個化した社会」という現象になります。

長崎住職　できない人もいるが、四国ではお遍路さんに食べ物をあげたり、自宅を開放したりして、接待することで楽しんでいる人が結構多い。友達を待っている感覚でしょうか。お土産をもらったり、お手紙頂いたとか、そういう人と人の交流に四国の人間は喜びを感じる方が多いと思います。

五十嵐　東京で学生を見たり、弁護士としていろいろ仕事しながら感じていることと、少し違う感じを受けますね。

長崎住職　四国でもそれは何百軒に一軒の話だが、何百軒に一軒でもあれば、お接待をまかなえる。やっている方は喜びでやっているのですから。

佐藤　もう一つ、現在日本では少子・高齢化の到来ということで、二〇四〇年までには、全国地方自治体のうち実に半数の自治体が消滅するという現実が今ありますね。統計見ると、四国の人口の減り方は全国平均よりもかなり厳しいものがあります。現在、四国全体が四国遍路を世界遺産に登録したいということで頑張ってるわけですが、この人口減社会と四国遍路の関係はどうなるでしょうか。

五十嵐　まず、人口減少を何とかしなければいけない、ということで政府も自治体も、本気で取り組むようになりました。その政策は、例えば都市再生のマスタープランというものでみることができます。たとえばここ金剛福寺のある土佐清水市の「マスタープラン」を見ると、驚くべきことに、お遍路さんの位置づけがほとんど出てこない。役所というのはお遍路さんと関係ないんですかね。

長崎住職　やっぱり宗教だから。

美香夫人　土佐清水市はある意味で観光で成り立っている市ですが、観光客はたぶんお遍路さんが多いと思います。

もしこの三十八番札所である金剛福寺が足摺半島の突端ではなく、四万十市にあったとしたら、どれだけの人が足摺岬にいらっしゃるでしょうか。四国には佐田岬というのがあります。今「伊方原発」で有名になっているところですが、とっても風光明媚な所です。しかし景色がいいからといって伊方原発の関係の人以外はほぼ人が来ない。だから、本当ならば役所も遍路さんを大事にしてほしいと思います。ホテルの統計を取れば、ほとんどがお遍路んさのバスのはずです。

五十嵐　土佐清水市を見ると、かなり急激な人口減が予測されていて、四国でも珍しいぐらい早いスピードですよ。

美香夫人　減ってますね。現在一万四〇〇〇人ぐらいしかいません。

五十嵐　それがもうすぐ五〇〇〇人になりますから。

佐藤　そんな減り方なんですか。

五十嵐　人口減少のなかで世界遺産というのはどういう意味があるのか。少なくとも維持保存については国と自治体が中心となってやることになる。でもどうも、自治体や市民あるいは議会などではほと

荒波打寄せる足摺岬

んど力が入ってないように見えます。

美香夫人　信仰というもの、宗教というものを表に出してはいけないという行政指針があるじゃないですか。

五十嵐　だけど、私が高野山に行ったときに、高野山の小学校と中学校でお大師様ってどういうことを教えているか、ということを教育委員会にレクチャーしてもらったことがありますが、学校では、もちろん通り一遍なんだけど、少しは空海さんのことについて教えてはいます。しかし子どもたちから見ると、もちろん家の中ではいろいろな話は聞いているようでしたが、学校での知識はそう十分なものではないということがわかりました。

美香夫人　教育の中では、信仰、宗教がタブー視されてませんか？

五十嵐　そういう現象は土佐清水だけじゃなくてあちこちです。四国というのはかなり急激に人口減るところなんです。その人口減少と世界遺産の問題を考えている人は少ないのではないでしょうか。

美香夫人　本当は一番の地域の宝でもあるわけです。歴史的文明的局面からも、大きく取り上げてもりたてたらいいわけですが、結局それは最終的には「政治と宗教」の関係になってしまうのでしょうか。もっとも最近は、例えば土佐清水と宿毛市との間に大月町という町があるんですけども、一町一校の小さな町なので、今「遍路を教える」「遍路の心、お接待を教える」「遍路道を教える」というのを子どもの授業として行うようになりました。それでも、校長先生が駄目と言えばそれもできない。やっぱりそういう状態ですよ。

五十嵐　もう一つ「お接待」ですがこれも今後続くのかどうかというのも非常に気になるんです。四国の人口グラフ見るとすぐ分かるのですが、人口減少カーブが、かなりきれいにドーンと下がってくる。これは若者がいないということなんですよ。そのときに「お接待」文化は続くのかどうか。

美香夫人　「お接待」文化は続きますね。子供たちとお接待をしていますが、最高の教育の宝と自負し、思っています。

五十嵐　逆説的ですが、お遍路さんが少なくなりさびれても、そして寂れればさびれるほど相対的にお遍路や接待の文化的価値は高まる。むしろかえって観光などというものよりも、より本質的なものなる、ということでしょうか。このお遍路文化は流行に乗ってできたものではなく、一二〇〇年有の歴史を持ち、何百万人、何千万人という人が形作ってきた。そのような分厚い文化遺産はその程度のことでは滅びはしないということでしょうか。

美香夫人　本当にそう思います。世界中の人が世界遺産になる・ならない関係なく、巡礼の道というものに対してとても強いものを持ち、安寧、世界平和を願って祈っています。だから、四国遍路人はすごく増えています。今すごく増えている。

7　結語　お遍路さんのいる風景

五十嵐　最後に住職に伺いたいことがあります。基本的にお遍路さんは、一人で回るというのが基本形態になっていると思うのですが、最近ではバス遍路という形態も、ある種のブームになっているとも聞いております。このような遍路の形態の変化をどのように考えていますか。

長崎住職　そうですね。来る時は一人の方も数人で来る方もおりますが、歩いている時に他者を意識しない人が多いのではないですかね。もちろん見えてはいますよ。一つの例だが、夫婦で歩いていて、ご主人がどんどん先を歩いて、後で喧嘩するとかあります。これは他者が見えていないといいますか。厳密に言えば見えてはいるが、歩き遍路一人一人が内省しているから起ることです。現代社会は他者との結びつきを強調する。そこに現代人の持っている心の寂しさというのがあるように思う。友達の多さを強調するより内省の時間を多く持つ方が心は安定し迷いが減る。四国は発展が遅れているとよく言われるがわたしは幸せな土地だと思う。四国の人間は弘法大師が作った四国霊場共同体の一員であるという意識を持っている。また四国の人は、お遍路さんを通じて他の地域や人と繋がってきた。外国の方も、最近よく来られるが、お大師さまのことはあまり知らなくても、四国霊場へ憧れやって来る。四国遍路の歩きを体験する巡拝がニューヨークタイムズ紙の旅行ランキングに上位で取り上げられたこともあります。四国は広いこともあって、取り立てていうことはないでしょう。外国の人も、四国遍路に温かさを感じ旅本来の姿を感じているのではないでしょうか。生きた旅の体験、歩く旅、現代では忘れられた空間を弘法大師は残してくれました。このような生きた旅、修行の空間を支えるのは弘法大師の偉大な力としか考えられません。

五十嵐　世界遺産登録での実務的なことを申しますと、イコモス組織から調査に専門家が来るのですが、その専門家たちが四国遍路に何を感じるだろうかと想像を巡らせます。実は彼らには地域コミュニティとか四国にある温かい共同体の部分についてはあまりよく見えないかもしれません。もちろん専門家ですから、鋭い感性を持っているはずですが、遍路道を巡る地域コミュニティとかお接待の心とは、そうしたことをどうアピールしていくか。私がイメージするのは、春先に菜の花が咲いている原野を、鈴に白装束でお遍路さんがひとり歩いて行く姿ですね。感動しますよ。しかし今は、遍路道自体が自動車道路と重なってしまっている部分が先に目についてしまう危険もある。推薦書の書き方にも依りますが、その辺りしっかりと検討する余地がある気がします。

長崎住職　巡礼道としては、スペインのサンティアゴ・デ・コンポステーラという道もありますね。今は世界遺産になってたくさん人も来ているそうだが、昔はずっと少なかった。現在は年間三〇万人は歩いているようですが、昔は何千人規模だったと聞きます。熊野もそれほど多くない。四国は昔から信仰の強い形態があるので、歩きのお遍路さんも多い。西国巡礼もあるが、歩いて回るというのはあまり聞かない。四国は歩くことがメインになっている。子供の頃にはわからなかったが、お遍路さんに接していて分かることがある。お遍路さんの教育効果というか、お遍路さんも教育されるし、逆にお遍路さんに教育されることがあります。

接待は四国の人がモノを差し上げ、お礼に巡拝者が経を上げて、納札を渡す習慣があります。接待は布施です。見返りを求めない相互礼拝の行為です。四国には、お互いが仏さんだからお互いが手と手を合わせて感謝しましょうという信仰理念があります。素晴らしいもの。精神の最高のものです。これはお遍路さんによって培われてきました。豊かと言ったらおかしいですが、ものを心から信仰者に布施（接待）をするからこそ、精神的にも社会的にも豊かになれるという構造がある。だから布施（接待）という無償の行為が成立するのです。今でも布施・接待をする人はたくさんいます。四国遍路は、四国の人々がお遍路さんといっしょになって、長い歳月を掛けて築き上げた文化的慣習です。

五十嵐　今日は長崎住職と奥さんから、四国遍路にまつわる様々な話を伺って、円相の遍路道を巡る四国巡礼の旅はマンダラの世界を歩むという行為に収斂される気がしてきました。日本文化の核心にあるものに触れた気もします。本日はありがとうございました。（合掌）

第三　習俗としての四国遍路

「四国遍路」という言葉の響きに、どこか郷愁に似た懐かしさを覚える。このふしぎな感慨の背景には、日本人の琴線に触れる何かがあるのだろう。四国遍路には「同行二人」、「お接待」、「逆打ち」、「右衛門三郎」など、四国遍路を特徴付ける独特の用語が伝わっている。

江戸初期、四国遍路は従来の少数者による辺地を回る修行的なそれから、庶民の参加という劇的な変容を遂げた。その背景には、鎌倉期から続く長い戦乱の世（戦争の時代）が終わりを告げて、国民経済が徐々に豊かになり、巡礼の道（遍路道）の安全が確保されたことがある。それに伴ってお伊勢参りをはじめ日本各地の有力寺社への参詣がひとつのブームになった。しかしその中でも四国遍路は、白装束による巡礼といった一つを見ても、そこには他にみられない独特な「形」がある。四国遍路は空海によって切り開かれたものであるが、長い巡礼の歴史の中で、空海がいつの間にか弘法太子、さらには弘法大師がお大師さんに変容していったように、いつしか宗教から文化へ、そして文化は今や人々の生活を規定する習慣といったようなものにまで、深くかつ広く人々の中に根付いてきたように思われる。

かつて新緑の頃、高野山の壇上伽藍から蛇腹道を歩いていると、鈴の音を響かせながら誰かが近づいてくるのを感じた。思わず振り向いてみれば、お遍路さんと思われる初老の男性が、リーン、リーンとゆっくりした足取りで歩いていた。彼は四国の遍路道一四〇〇㎞を歩き通して、これから奥の院へお礼参りに行くのであろう。その横顔は安らぎに満ち溢れていた。それにしても、人はなぜ一四〇〇㎞を越える四国遍路の道程を歩こうとするのであろうか。

習俗はこのようなお遍路さんの道程とともにある。そしてそれぞれの習俗には、およそお遍路さんの「歩く」の全てが、込められているのである。

1　四国遍路のシンボルとしての大師信仰

四国遍路の原点は言うまでもなく空海であるが、空海は時代とともに、いろいろな「形」を見せるようになった。空海からお大師さんにどのように変わっていったか、まず四国遍路を構成する八十八ヶ寺の宗派、開祖、本尊を正確に分類してみよう。

最初に全体の構成要素を、宗派、開祖、本尊の三つに分類し、次ぎにそれぞれ表1、表2、表3を作成した。そして、宗派では真言宗、開祖では弘法大師、本尊では大日如来が各ジャンルで圧倒するという当初の予想が大きく外れた。

宗派分類を見ると高野山真言宗が二二寺。以下、豊山派(一六寺)、御室派＝仁和寺(一二寺)、智山派(九寺)、善通寺派（七寺)、大覚寺派（五寺)、醍醐派（四寺)、東寺派（二寺)、石鎚派（一寺)、真言宗単立（一寺)、以下真言・律宗（一寺)、真言・時宗（一寺)、の順。そして天台宗（四寺)、曹洞宗（一寺)、臨済宗妙心寺派（一寺）となっている。

表1　四国遍路八十八ヶ寺分類表

	寺名	宗派	開基	本尊
1	霊山寺	高野山真言宗	行基菩薩	釈迦如来
2	極楽寺	高野山真言宗	行基菩薩	阿弥陀如来
3	金泉寺	高野山真言宗	行基菩薩	釈迦如来
4	大日寺	東寺真言宗	弘法大師	大日如来
5	地蔵寺	真言宗御室派	弘法大師	延命地蔵菩薩
6	安楽寺	高野山真言宗	弘法大師	薬師如来
7	十楽寺	高野山真言宗	弘法大師	阿弥陀如来
8	熊谷寺	高野山真言宗	弘法大師	千手観世音菩薩
9	法輪寺	高野山真言宗	弘法大師	涅槃釈迦如来
10	切幡寺	高野山真言宗	弘法大師	千手観世音菩薩
11	藤井寺	臨済宗妙心寺派	弘法大師	薬師如来
12	焼山寺	高野山真言宗	役行者	虚空蔵菩薩
13	大日寺	真言宗大覚寺派	弘法大師	十一面観世音菩薩
14	常楽寺	高野山真言宗	弘法大師	弥勒菩薩
15	国分寺	曹洞宗	行基菩薩	薬師如来
16	観音寺	高野山真言宗	弘法大師	千手観世音菩薩
17	井戸寺	真言宗善通寺派	天武天皇勅願	七仏薬師如来
18	恩山寺	高野山真言宗	行基菩薩	薬師如来
19	立江寺	高野山真言宗	行基菩薩	延命地蔵大菩薩
20	鶴林寺	高野山真言宗	弘法大師	地蔵大菩薩
21	大龍寺	高野山真言宗	弘法大師	虚空蔵菩薩
22	平等寺	高野山真言宗	弘法大師	薬師如来
23	薬王寺	高野山真言宗	行基菩薩	薬師如来
24	最御崎寺	真言宗豊山派	弘法大師	虚空蔵菩薩
25	津照寺	真言宗豊山派	弘法大師	地蔵菩薩
26	金剛頂寺	真言宗豊山派	弘法大師	薬師如来
27	神峯寺	真言宗豊山派	行基菩薩	十一面観世音菩薩
28	大日寺	真言宗智山派	行基菩薩	大日如来
29	国分寺	真言宗智山派	行基菩薩	千手観世音菩薩
30	善楽寺	真言宗智山派	弘法大師	阿弥陀如来
31	竹林寺	真言宗智山派	行基菩薩	文殊菩薩
32	禅師峰寺	真言宗智山派	行基菩薩	十一面観世音菩薩
33	雪蹊寺	臨済宗妙心寺派	弘法大師	薬師如来
34	種間寺	真言宗豊山派	弘法大師	薬師如来
35	清瀧寺	真言宗豊山派	行基菩薩	薬師如来
36	青龍寺	真言宗豊山派	弘法大師	波切不動明王
37	岩本寺	真言宗智山派	行基菩薩	不動明王
38	金剛福寺	真言宗豊山派	弘法大師	三面千手観世音菩薩
39	延光寺	真言宗智山派	行基菩薩	薬師如来
40	観自在寺	真言宗大覚寺派	弘法大師	薬師如来
41	龍光寺	真言宗御室派	弘法大師	十一面観世音菩薩
42	仏木寺	真言宗御室派	弘法大師	大日如来
43	明石寺	天台寺門宗	正澄上人	千手観世音菩薩

44	大寶寺	真言宗豊山派	明神右京・隼人	十一面観世音菩薩
45	岩屋寺	真言宗豊山派	弘法大師	不動明王
46	浄瑠璃寺	真言宗豊山派	行基菩薩	薬師如来
47	八坂寺	真言宗醍醐派	役行者	阿弥陀如来
48	西林寺	真言宗豊山派	行基菩薩	十一面観世音菩薩
49	浄土寺	真言宗豊山派	恵明上人	釈迦如来
50	繁多寺	真言宗豊山派	行基菩薩	薬師如来
51	石手寺	真言宗豊山派	行基菩薩	薬師如来
52	太山寺	真言宗智山派	真野長者	十一面観世音菩薩
53	円明寺	真言宗智山派	行基菩薩	阿弥陀如来
54	延命寺	真言宗豊山派	行基菩薩	不動明王
55	南光坊	真言宗醍醐派	行基菩薩	大通智勝如来
56	泰山寺	真言宗醍醐派	弘法大師	地蔵菩薩
57	栄福寺	高野山真言宗	弘法大師	阿弥陀如来
58	仙遊寺	高野山真言宗	越智守興	千手観世音菩薩
59	国分寺	真言律宗	行基菩薩	薬師瑠璃光如来
60	横峰寺	真言宗御室派	役行者	大日如来
61	香園寺	真言宗御室派	聖徳太子	大日如来
62	宝寿寺	高野山真言宗	聖武天皇	十一面観世音菩薩
63	吉祥寺	真言宗東寺派	弘法大師	毘沙門天
64	前神寺	真言宗石鎚派	役行者	阿弥陀如来
65	三角寺	高野山真言宗	行基菩薩	十一面観世音菩薩
66	雲辺寺	真言宗御室派	弘法大師	千手観世音菩薩
67	大興寺	真言宗善通寺派	弘法大師	薬師如来
68	神恵院	真言宗大覚寺派	日証上人	阿弥陀如来
69	観音寺	真言宗大覚寺派	日証上人	聖観世音菩薩
70	本山寺	高野山真言宗	弘法大師	馬頭観世音菩薩
71	弥谷寺	真言宗善通寺派	行基菩薩	千手観世音菩薩
72	曼荼羅寺	真言宗善通寺派	弘法大師	大日如来
73	出釈迦寺	真言宗御室派	弘法大師	釈迦如来
74	甲山寺	真言宗善通寺派	弘法大師	薬師如来
75	善通寺	真言宗善通寺派総本山	弘法大師	薬師如来
76	金倉寺	天台寺門宗	和気道善	薬師如来
77	道隆寺	真言宗醍醐派	和気道隆	薬師如来
78	郷照寺	真言・時宗	行基菩薩	阿弥陀如来
79	天皇寺	真言宗御室派	行基菩薩	十一面観世音菩薩
80	國分寺	真言宗御室派	行基菩薩	十一面観世音菩薩
81	白峯寺	真言宗御室派	弘法大師	千手観世音菩薩
82	根香寺	天台宗	弘法大師・智証大師	千手観世音菩薩
83	一宮寺	真言宗御室派	義淵僧正	聖観世音菩薩
84	屋島寺	真言宗御室派	鑑真和上	十一面千手観世音菩薩
85	八栗寺	真言宗大覚寺派	弘法大師	聖観世音菩薩
86	志度寺	真言宗善通寺派	藤原不比等	十一面観世音菩薩
87	長尾寺	天台宗	行基菩薩	聖観世音菩薩
88	大窪寺	真言宗	行基菩薩	薬師如来

次ぎに開祖である。弘法大師（三九寺）、行基（三〇寺）、役行者（四寺）、その他（一五寺）という順になる。一番の驚きは、行基を開祖にする寺院が、三〇ヶ寺（三四％）もあったことだ。

行基（六六八―七四九）は、奈良時代の私度僧（国家試験を受けずに得度した僧侶）であるが、行基集団と呼ばれる千人を越える一団を率いて、畿内中心に布教活動をしながら、各地に寺院や堤、溜池、橋梁などを次々に造営した。瀬戸内海には、五泊《ごとまり》と言われる五つの港を設けるなど、社会事業に生涯を捧げた偉大な僧侶である。特に生活困窮者のために、布施屋（無料宿泊所）と呼ばれる施設を九ヶ所を建設するなどを行った。これは四国遍路が人気となった江戸時代に、お遍路さんの為に建てられた善根宿に通じる「お接待精神」の先駆けのようにも感じられる。そんな行基であったが、七一七年には、民間僧による布教を禁ずる法に触れるとして朝廷から弾圧を受けたこともあった。しかしその圧倒的な勧進の力量と人格が聖武天皇に認められ、東大寺の大仏建立の為に諸国を勧誘したことは周知のとおりである。

しかし四国遍路八十八ヶ寺の内二九寺の開基として名を残しながら、弘法大師のようには、四国遍路の開創者として評価されることはなかった。

その原因は「行基は、社会事業者としての性格が強く、行者としての側面をあまり感じることができない。この点が、四国遍路における行基の位置を二次的なものとして、そのほとんどの席を弘法大師

に譲ることになってしまった」（日文研叢書
二三　頼朝本宏、白木利幸著「四国遍路の研究」
第二章第一節「行基菩薩と行基集団」）という
ことだろう。

世に行基図というものが伝わっている。これは行基が日本中を歩いて作成した日本最初の地図と言われるもので、江戸期まで使用され海外でも使用されたものだ。ただ現物は存在せず、現在残っていているものは、鎌倉期に模写された京都仁和寺に伝わる地図である。そこには四国が、阿波→讃岐→伊予→土佐という四国遍路の「逆打ちの（左回り）」順番で記されていることを覚えておこう。

また三番目に入った役行者であるが、この人物は奈良時代の山岳修行者（修験道の開祖）で、生没年は不詳。奈良の葛城山、金峯山、大峰山を修行しながら廻ったと伝えられる。四国一の石鎚山には役行者の伝説がある。愛媛県にある第六十四番前神寺は、役行者が石鎚山で石鎚大権現を感得して創建されたと伝えられ、石鎚山修験の総本山とされている。この寺の御詠歌が実に面白い。

表２　宗派別表

宗派		
高野山	真言宗	22
	豊山派	16
	智山派	9
	善通寺派	7
	御室派	12
	大覚寺派	5
	醍醐派	4
	東寺派	2
	石鎚派	1
	真言律宗	1
	真言時宗	1
	真言宗（大窪寺）	1
天台宗		4
曹洞宗		1
臨済宗妙心寺派		2
合計		88

「前は神うしろは仏極楽のよろずの罪をくだくいしづち」
（訳：前には石鎚山の大権現がその背後には阿弥陀様がいらして私たちの諸々の罪や穢れを砕く石鎚となってくださる）
ここには、日本古来からの「神」と後にインド中国を通じて受容した「仏」が一体となって存在するという「神仏習合」のあり方が、自然な形で歌に詠まれている。

表３　開基別表

開基	
弘法大師	39
行基菩薩	30
役行者	4
その他	15
合計	88

結局、四国遍路という巡礼は行基菩薩や役行者と呼ばれるような先輩たちが存在したものの、徐々に四国生まれの異能な宗教者である空海そして弘法大師に一本化されていったと考えられる。

ここで日本人にとって、「空海」という存在についてイメージしてみよう。空海は、日本人にとって単なる真言密教の開祖という位置づけから、弘法大師を経て、『お大師さん』まで、徐々に人が困った時に手を差し伸べてくれるような存在となった。そのイ

表４　本尊別表

本尊	
薬師如来	23
大日如来	6
阿弥陀如来	9
釈迦如来	5
観世音菩薩系	29
地蔵大菩薩系	5
不動明王系	4
弥勒菩薩	1
虚空蔵菩薩	3
文殊菩薩	1
毘沙門天	1
大通智勝如来	1
合計	88

メージの根源に、四国遍路という巡礼習俗となっている「同行二人」という言葉のイメージから生まれたものと思われる。

こうした空海のイメージの創出について、ユング心理学の「元型（アーキタイプ）という概念が参考になる（注：カール・グスタフ・ユング著　林道義訳「続・元型論」紀伊國屋書店一九八三）。ユングは、個人の思考の中に、潜在意識のさらに深層に「集合的無意識（共通のイメージ）」という意識層があると考えた。しかもその意識層は、顕在意識ではどうしても触れることのできない無意識層であるという。そんな心の奥底（深層心理）から、人は自分が想像もしなかった夢を見たりすることがあり、それが民族神話やおとぎ話として結実されるとユングは考えた。このイメージの中に、「童子神」と「英雄児」というものがある。タイプとしては、子供の頃から天才的な才能を示し、やがて英雄になっていくような人格である。例えば、神話時代のヤマトタケルや十七条の憲法を作った聖徳太子の伝説も、このタイプのモチーフと考えられる。特に、幼い頃から多くの人間の発言を聞き分けられるという超人的な才能を示した聖徳太子と弘法大師のイメージはどこか似ている。

言ってみれば、世にある「弘法大師信仰」と言われるものは、日本人が真言宗の教祖としての空海の思想に魅せられて信仰の対象としていることではない。それは信仰というよりは、「お大師さんという偉い人がいて、その人に逢うためには四国へお遍路に行けば逢える。そして救ってくださる。また高野山に上って、奥の院にお詣りすれば、御利益がある」、と信じる私たち日本人の姿そのものと言える。

もう一つ、民俗学者の柳田国男の次ぎのような見解も参考になろう。柳田は全国にある空海・弘法大師の伝説を蒐集してこんなことを言っている。

「伝説の上では、空也上人よりもなお広く日本国中をあるき廻って、もっとたくさんの清い泉を、村々の住民のために、見つけてやった御大師様という人がありました。たいていの土地ではその御大師様を高野の弘法大師のことだと思っていましたが、歴史の弘法大師は三十三の歳に、支那で仏法の修行をして帰って来てから、三十年の間に高野山を開き、むつかしい多くの書物を残し、また京都の人のために大切ないろいろの為事《しごと》をしていて、そう遠方まで旅行することのできなかった人であります。こういうえらい方だから、亡くなったと見せてほんとうはいつまでも国々を巡って修行していられるのであろうと思っていた人も少なくなかった、こんな伝説が広く行われたのでありましょう」（柳田国男全集二五「日本の伝説」より「大師講の由来」ちくま文庫一九九〇）。

四国遍路を支えている大師信仰の背景には、若き空海が、四国中を廻って修行をした「三教指帰《さんごうしいき》」のイメージがある。周知のように三教指帰に記載された場所は、阿波の大滝岳、土佐の室戸岬、伊予の石鎚山、讃岐国多度郡の屏風が浦（善通寺）の順となる。この道順を辿ると現在の四国遍路のコースの流れ（徳島→高知→愛媛→香川）そのものとなる。つまり若き日の弘法大師空海の修行の道がそのまま、今日の四国遍路の原型となっているのである。

2　白装束というお遍路スタイル

四国遍路の習俗として圧倒的なもの、つまり誰もが日常的なものとして受け入れている（奇異なものとしてみない）のが、あのお遍路さんのスタイルである。もちろん、四国遍路が本格的に始まった江戸時代中期の頃と比べると、現代のお遍路さんのスタイルは、お遍路のはじまった江戸時代の遍路スタイルを見比べてみてもさほど変化はないように感じられる。

平安末期から鎌倉時代前期頃に始まったとされる四国遍路のスタイルは、「梁塵秘抄」（後白河上皇撰一一六九年頃成立）の次の記述からおおよそ想像することができる。

「我等が修行せしやうは（私たちが修行する様子は）

忍辱袈裟をば肩に掛け（仏の智慧である忍辱の袈裟を肩に掛け）
又笈を負ひ（笈ひとつを背負って）
衣はいつとなくしほたれて（衣はいつも潮に垂れて）
四国の辺地をぞ常に踏む（四国の辺地を常に歩く）」
（佐佐木信綱校訂「梁塵秘抄」岩波文庫　一九三三　現代語訳は筆者）

今様とは当時の流行り歌である。歌詞にある「忍辱袈裟《にんにくけさ》」とは、六波羅蜜（修行の六つ項目で、布施、持戒、忍辱、精進、禅定、智慧）のひとつの忍辱（もろもろの侮辱や迫害を耐え忍ぶこと）を身に着けること。したがって、この忍辱の袈裟を首に掛けていれば、あらゆる旅のリスクから四国辺地を行く修行者は守られているという意味になる。この頃には、四国遍路を歩く者は四国の海浜を歩く修行者がほとんどで、この「忍辱の袈裟」を実際に着けていたようである。

では現在の遍路スタイルはどうか。死装束から発案されたとされる白装束（南無大師遍昭金剛の宝号入り）を着て、首には輪袈裟を掛け、頭には菅笠（同行二人）を被り、背には笈摺《おいずり》（現在はリュックか）、肩には頭陀袋（これにも同行二人の字）を下げ、手には手甲、足には脚絆、そして大師の化身とされる金剛杖を持ってお遍路さんとなる。頭陀袋には、納札、数珠、経本、納経帳などを入れる。これをお遍路さんは、これを購入して、四国の遍路道を歩き始める。もちろん、参詣には独特の作法があり、経文を唱え、御詠歌を唱和するなど、作法手順を先達などから習得する必要がある。

日本文化の根底には「道」の文化があると言われるが、まさに四国遍路にも慣習によって出来上がってきた独特の「型」が存在するようになった。日本には「茶道」や「歌道」、「華道」、「香道」というような分野にも、同じような「型」がみられるが、四国遍路の型はそれとは決定的に異なっている。それはこれら「茶道」などの型には、家元制度というようなヒエラルキー（権力的な縦の組織と支配）が存在するが、四国遍路には、そのような全体を縛る特別な権威は存在しない。現在では「四国八十八ヶ寺霊場会」があり、四国遍路八十八ヶ寺の自主組織として活動しているが、四国遍路に関して強い権限を行使するような組織としては活動していないようである。ここら辺りにも四国という権威付けを好まない共同体の体質が現れているように思う。

真念「四国遍路道指南」に描かれたお遍路さん

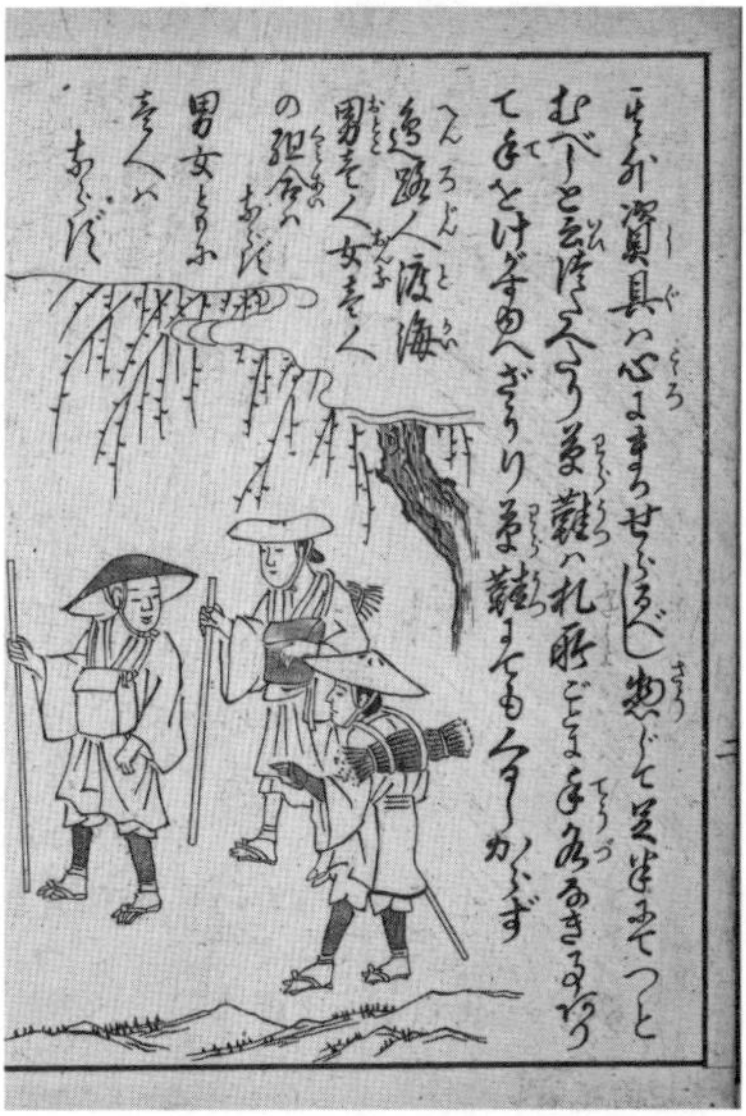

香川県立図書館蔵

3　四国遍路の華「お接待」

次ぎに四国遍路の習俗の華とも言うべき「接待」（お接待文化）についてみてみよう。

交通史を専門とする歴史家新城常三（一九一一―一九九六）は、お接待文化が生まれる背景についてこのように説明している。

「四国遍路で、至る所、接待の存在を描いた十返舎一九は、同じ経験に基づいて誌した『金草蛙』第九編の西国巡礼に於いては、一言もそれに触れていない。私の観た他の西国巡礼日記にも、接待の記載はなく、現在、関係寺院の調査、照会の結果によっても、接待の記憶は完全に失われている。しかも反対に。西国巡礼が。沿道で冷遇や迫害を受けた例は・・・珍しくない。・・・広汎な社会的慣行としての接待＝積極的援助は、ひとり遍路にのみ存在するといえよう」（塙書房一九六四「社寺参詣の社会経済史的研究」七九四）。

さらに「お接待」のが四国遍路だけに残った理由について、

「四国八十八カ所をつなぐ道路は、遍路の外、通行者は限られ、そこには、観光産業は到底興り得ない。道路に寄食する生業者も出現し難く、路次の不便が解消されず、遍路は依然として苦行である。…ここに沿道の諸々の積極的援助は、なおかつ必要視され、接待の社会的存在理由が存続しているのである」（前掲書）。

と説明している。

つまり、西国巡礼の周辺には、町があり、観光業者も多く存在するが、四国は全体として観光業の発生も少ない土地柄であり、住民がお遍路さんにする「お接待」が「功徳」となって、結局自分に跳ね返ってくると信じて行った結果、四国遍路のみに美風として残ったということになる。逆に言えば、四国遍路が商業化（観光化）されなかったことが幸いしたとも言える。つまり、四国遍路のお接待は、まさに四国の地形と地域の後進性が生み出したものであるが、しかしそれらの蓄積の中に、お遍路を「同行二人」すなわち「お大師さん』とみる四国の人々の文化が、深く関係し

遍路宿・金剛福寺近くの「お遍路さん休憩所」

ていることを忘れてはならないだろう。

そのような要因を考慮に入れて、現在（二一世紀）の四国遍路の状況と今後の変化を考えると、各地域、個別の寺ごとに、かなりの差異はあるので、一括りで言うことは危険だが、商業化の波が四国遍路を変質させてしまう危険性を指摘しない訳にはいかない。特に善通寺周辺の地域では、都市化の波が押し寄せており、お接待の習俗が特に若い人の間で失われつつあると複数の住民の証言を聞いた。

また一方ではお接待も人口減少の影響を受けることは確実であろう。本年（二〇一七）六月一二日、この人口減少に関連して「高知県大川村（和田知士村長）が、人口減少で議会を廃止し町村総会検討か」という報道がなされた。

大川村は高知市の南部に位置する過疎の村で、日本で一番人口のない自治体（推計人口二〇一七年五月一日、三八五名）として知られている。「町村総会」とは地方自治法にある「町村」のみに許された議会に代わる自治体の村民（町民）による直接の議案審議のやり方である。今回ニュースは、定員六名の村会議員の平均年齢が七〇歳を越えて、次回の選挙があっても高齢や健康を理由に立候補しない可能性もあり、村長がこれに危機感を持ち、窮余の策として「議会を廃止して町村総会」に転換する方策を発表したというものだ。

大河村で起こったことは、四国全体でおこる。特に四国は全国の中でも人口減少の度合いが強い。村

（自治体）が消滅することは、その地域コミュニティの消滅を意味し、そうなれば四国を巡っているお遍路さんたちを接待することも不可能になることも危惧されるのである。

4　西行の讃岐紀行と四国遍路

次に、高野山を本拠地として日本中を旅した国民的な歌人西行（一一一八―一一九〇）の讃岐（一一六八―）での事跡を振り返りながら、この歌人が「四国遍路」という習俗にどんな関わり方をしたのかを検討してみたい。

まず、西行が四国へ渡った意味を解明する前に、香川県出身の民俗学者武田明（一九一三―一九九二）の言説を上げておきたい。

「四国八十八カ所の巡礼は大師信仰のほかに死霊の信仰がその背景になっているが、死霊の信仰というのは、結局人の死後において死者の霊と肉体とを分離した考え方の上に立っている。これはとりもなおさず日本の葬法の一つの特色であった。ところが四国地方では後進性が強いためか死者の霊にともな

〈西行四国関連年表〉

西暦	年齢	事項
1140	23	鳥羽院を守護する北面の武士を辞し出家、西行と号す
1156	39	鳥羽院の死後、保元の乱起こる。崇徳院讃岐に配流さる
1164	47	崇徳院讃岐にて崩御（四六歳）。讃岐の白峯に埋葬される
1167	50	西行四国崇徳院陵に詣でる。大師の里善通寺に草庵を結ぶ

う根強い信仰が他の地方より多く残っているようで、それがまた四国巡礼の風習を盛んにした一つの理由になっているのである」（武田明著「巡礼の民俗」岩崎美術社 一九六九 一二三頁）。

武田は、四国巡礼という習俗の背景には、大師信仰と死霊（死者）信仰というふたつの構造があると指摘する。確かに太平洋戦争の後など、戦争で亡くなった家族や戦友を弔う目的で、四国遍路を歩くお遍路さんが多くいたということは衆知の事実である。

では早速、西行の歌集「山家集」（一一九〇年頃成立）を四国遍路の大師信仰と死霊信仰というふたつの習俗の構造があるかどうか読み解いていきたい。

(1)　崇徳上皇へ励ましの歌

崇徳院が四国讃岐に流されたあと西行が讃岐の崇徳院に送った歌。

（詞書）讃岐で、（崇徳院が）お心をすっかり入れ替えられて、来世の為のお勤めを休みなく果たされておられると伺って、お側に仕える女房に送った歌。その手紙には、以下の言葉が書き添えられている。

若人不瞋打　以何修忍辱（意味：もしも人が怒って　打たなければ、どうして仏道の智慧である忍辱修行　ができましょうか）

世の中を背く便りやなからまし憂き折節に君逢はずして（一二三〇）

（訳：もしも君があのような辛い事変に遭っていなければ政治と離れるきっかけはなかったでしょう。忍辱修行のきっかけを君は得たのですから）

この歌の詞書の最後に漢文で記された「若人不瞋打　以何修忍辱」であるが、この言葉は既に見たように、「梁塵秘抄」巻二の三〇一「我等が修行せしやうは忍辱袈裟をば肩に掛け」のあの「忍辱」である。忍辱とは仏道修行の六つの徳（六波羅蜜）ひとつで、あらゆる

西行庵・八百弐拾年祭記念碑

侮辱、屈辱、困難に堪えてひたすら修行することを意味する。四国に流された崇徳院は、さすがに辺地歩きはできなかったが忍辱の道を生きたのではないか。

西行は、四国に島流しにあった崇徳院の苦境を「それも仏道修行」のきっかけと考えれば、そこに希望が見いだせると、苦しみのどん底で喘ぐように生きている崇徳院を慰め、同時に自分にもそのことを言い聞かせているようだ。西行が四国に渡ったのは、崇徳院の崩御から三年後西行五〇歳の時のことであった。

(2)　西行が崇徳院の白峯御陵を訪ねて詠んだ歌三首

(詞書)四国の讃岐に詣でて、松山の津というところに、崇徳院が住んでいた御所を訪ねたのだが、跡形も無くなっていたので。

松山の波に流れて来し舟のやがて空しくなりにけるかな（一三五三）

(訳：松山の波に流されて来た舟のように崇徳院はこの地で崩御されていなくなってしまわれたのだ)

松山の波の景色は変らじをかたなく君はなりましにけり（一三五四）

(訳：松山の波の景色は変わらないのに崇徳院は形ない存在になられてしまった)

よしや君昔の玉のゆかとてもかからん後は何にかはせん（一三五五）

（訳：たとえ昔どんなに素晴らしかった宝石で造った床であったとしても亡くなってしまわれた後では何になりましょう。今はただ安らかにお眠りください）

山家集をみると、西行は敬愛する崇徳院の白峯の墓所に訪れ跡形もなく消えた御所をみてぼう然と佇んでいた姿が想像される。この白峯参詣のエピソードが、時代を経て誇張されることになる。西行はまるで怨霊を鎮めるエクソシストのようになって謡曲「松山天狗」、また上田秋成の「雨月物語」（一七七六）として、崇徳院怨霊譚として現代に伝わっているのである。

ここまでが西行讃岐の旅の死霊信仰の形がはっきりと確認できる歌である。特に二首目の「松山の波の景色は変わらじ・・・」の歌が、敬愛する人物を亡くし呆然とする歌人の悲しみが伝わってくる。

(3)　大師礼賛の歌（曼荼羅寺西行庵）四首

次ぎに白峯を出立した西行は弘法大師誕生の地善通寺に向かい、曼荼羅寺と出釈迦寺の近くにある山中に庵を結ぶ。ここから重苦しかった歌の雰囲気は一変する。敬愛する弘法大師空海ゆかりの地を歩き、そこに居住する歓びに満ちた心情がひしひしと伝わってくる。

（詞書）同じ讃岐の国に、弘法大師のお住まいになっていたとされる辺りの山に、庵を結んで住むよ

うになって、瀬戸内の海にとても明るい月が昇ると、遙か彼方まで見渡せたので詠んだ歌。（筆者訳）

曇りなき山にて海の月見れば島ぞこほりの絶え間なりける（一三五六）

（訳：雲ひとつない山より海に昇る月をみれば、遠くに見える島がまるで金色に輝く氷柱の絶え間のように見えた）

（詞書）大師生誕の地として、周囲に垣根をめぐらせ、その記念樹として松を植えてあるのを見て

あはれなり同じ野山に立てる木のかかるしるしの契りありける（一三六九）

（訳：なんと風情のある情景だろう。同じように野山に立っている樹木は数多くあるだろうが、このような大師手植えの因縁を伝える松など他にはあるまい）

（詞書）ある本によれば、「曼荼羅寺の行道所（修行場）を巡ることは、大事なことである。この山はまるで掌を立てたような景色であり、ここは大師が書写した御経を埋めた聖なる山である。行道場の坊の外に、一丈ばかりの壇が築かれていて、そこに大師は毎日お登りになって修行された」と伝わっている。今では周囲を巡り行道が容易にできるように、壇も二重に廻らされている。この壇を登る時に危険を感じることは特に大事である。私は低く構えて這うようにして何とか到着した。

めぐり逢はんことの契りぞ頼もしい厳しき山の誓ひ見るにも（一三七〇）

（訳：この行道場で修行された大師が釈迦如来と出会って一生を仏道に捧げるとの誓いを立てられ

たという仏縁は実に頼もしい限りだ。まさかその厳しい修行の場に私も登って大師の誓いに触れるとは

（詞書）やがてさらに登るとその上は、大師が御師の釈迦如来にお逢いになったという山頂になる。その山は「我拝師山《がはいしさん》」と呼ばれている。地元の人は「がはいし」と「山」を付けずに呼んでいる。またそのとがった形状から「筆の山」とも呼ぶそうだ。確かに遠くから見れば、筆に似ていて、すっかり山の頂上が筆先のように尖って見えることから、そのように呼ぶようになったのであろうか。行道所より気を付けて一歩一歩登って山頂に行きつけば、大師が釈迦如来にお逢いした場所の記《しるし》として、塔を建てられたということだが、その塔の礎石から推測すれば、限りなく大きかったようで、高野山の大塔ほどの大きい建物の跡と思われた。大きな石は苔が生えて地面深く埋もれてはいるが、礎石とはっきり分かる。そこで「筆の山」という名前について詠んだ歌

出釈迦寺

筆の山にかき登りても見つるかな苔の下なる岩の気色を（一三七一）

（訳：筆の山と呼ばれる我拝師山の山頂に一かき二かき何とか登って辺りを見れば、そこには苔むした大塔の大きな礎石が息づいていた）

（詞書）善通寺の大師の御影《みえい》の側のやや上方には、大師の御師である釈迦如来のお姿が書き添えられてあり、大師の手になる書なども掛けられてあり、東西南北四つの門の扁額は、やや割れているものの、おおむね昔と変わらぬ状態である。ただ将来においては、どうなるだろうと、心配になる気持ちがした

（注意：筆者――この詞書には歌が附されていない）

西行の讃岐の旅について、この旅の目的は第一に亡き畏敬の友である崇徳院の鎮魂の旅、第二には敬愛する弘法大師生誕の地への巡礼であった。これは冒頭に上げた武田明の四国遍路の風習と一致する構造である。この西行の讃岐の旅が持つ性格は、そのまま現代の四国遍路という習俗にも引き継がれているると考えられる。つまり不遇のままに亡くなった崇徳院を偲び、その陰鬱な心境を包み隠さず歌に詠む西行、一方高野山を開いた弘法大師の生誕の地に庵を結んでからは憧れの人物お大師さんと、「同行二人」で修行するかのような夢見心地の西行がいる。前者（白峯御陵への旅の歌）は陰、後者（善通寺な

ど大師ゆかりの寺の巡拝の歌）は陽そのものである。言い換えるなら西行の讃岐紀行は、四国遍路という習俗の先がけの形を持っていることになるのである。

(4)「同行二人」と西行

また西行は「同行」という文言を山家集の中で数多く用いていることでもよく知られている。四国に渡って来る折も、西住（注6）と推定される僧を「同行《どうぎょう》」と呼んで同行《どうこう》し、何らかの事情で先に京に帰ることになった西住に向かって、次のような歌を残している。

（詞書）四国に渡る際、一緒に来た同行の者が、一足早く都へ帰って行くというので

帰りゆく人の心を思ふにも離れがたきは都なりけり（一〇九七）

（訳：先に帰る人間の心を思ってみると、やはり京の都は離れ難い何かがあるのだろう）

この西住との関係を考えると、「同行」という言葉の意味が深く理解できるように思う。西行と西住における「同行」とは、まさに同じ宗教的な志向を持ち、同時代を共に送る同志としての側面がある。この二人の「同行」としての関係性が、直ちに四国遍路における「同行二人」に発展したとまでは言い切れないが、修行者の同志的な結び付きを表現した「同行」という意味合いが、四国遍路に一般の庶民

が訪れるようになって、「大師さまと遍路道を共に歩く」という今日の「同行二人」へ引き継がれたとしても不思議はないと思われる。

四国遍路の生成において、高野聖（注7）としての西行が果たした役割があったとしたら、それは西行の四国巡拝をひとつの区切りとして、四国の寺々を廻る道が高野山と直接結びつくきっかけになった可能性があるように思われる。以上のことから、西行は四国遍路の開創者のひとりとまでは言えないが、亡くなった死者との邂逅や弘法大師の修行の場を巡拝するという意味において、四国遍路の精神をいち早く体現した人物だったと思うのである。

5　江戸の平和

四国遍路という習俗の生成には、一二〇〇年という途方もない時間がかかっている。空海に先行し行基が、道や橋や堤などを普請したかもしれない。しかしながら行基（菩薩）は八十八ヶ寺の個々の寺の開基あるいは、ご本尊を彫った人物として名を遺しているが、四国遍路全体の開創者とは呼ばれない。

若き空海は何よりも四国善通寺で生誕したということのほかに、決死の覚悟で阿波の大滝岳、土佐の室戸岬、伊予の石鎚山、讃岐の屏風が浦などで修行したという事実が四国遍路の原点となった。そしてこれがいつしか空海そのものを超えて日本の習俗となっていった背景として、「江戸時代」という三百年にも及ぶ平和の世の到来を指摘しておく必要があるだろう。まさに徳川の世は、それまで仏道修行者の難行苦行に限定されていた「道」を、さまざまな人生の苦悩を抱えた女性を含む多くの庶民が自由に歩ける「道」に変えたのである。

歴史家新城常三（一九一一―一九九六）は、「社寺参詣の社会経済史的研究」（初版　塙書房一九六四）の中で、参詣や巡礼の障碍《しょうがい》として、具体的に「山賊・海賊・戦争・関所」など四つを挙げて、平和（障害の除去）の習俗の生成への貢献を説明している。

徳川時代、農業経済が安定し、東の江戸、西の大阪という二大都市は、空前の発展を遂げて、商業が盛んとなり、国民の懐は徐々に潤っていった。豊になった庶民は、素朴な信仰心を背景に旅や遊興に金銭を消費するようになり、地勢的に楯に二千㎞と細長い日本列島の中にあって、それまで辺地（辺境）と思われていた四国にも注目が集まるようになった。若き空海を育んだ美しい景勝地にして信仰の島であることに気が付いたのである。

四国遍路生成を物語る著作物年表

	西暦	四国遍路関連著作	事項
1	797	三教指帰成立（空海）	辺地修業の道
2	1120？	今昔物語に四国辺地物語掲載	々
3	1169？	梁塵秘抄に四国辺地の歌載る（後白河法皇撰）	々
4	1178？	山家集に西行の讃岐紀行載る（西行法師）	々
5	1471	土佐考古志（1919）：福蔵寺資料に八十八ヶ所（1471）の記載有	八十八ヶ寺の初出？1
6	1687	四国遍路道指南発行（真念）	四国遍路道開創
7	1689	四国偏礼霊場記発行（寂本）	々
8	1690	四国偏礼功徳記発行（真念）	々
9	1763	四国徧礼図絵（細田周英敬豊　序―弘範）	遍路の密教的解釈
10	1883	四国霊場縁起道中記大成発行（中務茂兵衛）	伝説の遍路者
11	1918	高群逸枝の巡礼記、連載開始	女性巡礼者
12	1977	澄禅の「四国遍路日記（1653）」刊行（宮崎忍勝）	最初の巡礼記
13	1990	四国遍路ひとり歩き同行二人発行（宮崎建樹）	伝説の遍路者

歴史家の津田左右吉（一八七三―一九六一）も、その著「文学に現れたる我が国民思想の研究」「徳川治下の日本国民は世界に類似の無い幸福を享受したものといはねばならぬ。（中略）世の治安が保たれていた点だけに於いても、徳川の世を謳歌すべき一面の理由はある。そうしてそれによって兎も角も或る程度の文化が発展し、特殊の趣味も養われた」（岩波文庫版七　九一頁　※筆者現代語表記に変換）と語っている。

言い換えるならば、徳川時代にもたらされた平和が、揺りかごとなって四国遍路などのさまざまな習俗や文化を誕生させたということである。それには松尾芭蕉に代表される俳諧の道があり、日本のオペラとも言うべき歌舞伎などあった。まさに江戸の平和が触媒となって、庶民主体の江戸文化が次々と誕生していったのである。

前頁の表「四国遍路生成を物語る著作物年表」は時代を凝縮して、四国遍路に関係する著作を時代順に列挙したものである。ここにあるように、四国遍路は長い間（古代、中世に渡って）、仏道修行者の修行の道であった。江戸時代元禄の世に宥弁真念という高野聖が「四国徧禮道標《しこくへんろみちしるべ》」（一六八七）という和紙による四国遍路ガイドブックを出版したことで、一気にその呪縛が解かれたのである。

著者真念は、この著書の巻末で次のように言っている。

「特に南海道の四国は託生有縁（他のものに頼って生きることに縁のある）の地です。八十八カ所の僧が修行する寺院が整然と存在しています。僧や俗人、老人や若者、それらがともに今も四国の道を歩んでいます。私もその流儀で四国を歩いて年月を重ねてきました、先年、弘法大師八百五十年忌の年の春に、私の宿願がどうにもこうにも抑えられず四国遍路の手引きを書くために、初めて参る翁、西東が何かも知らぬ女や子供に教えたいと、筆を手にして、何度も何度も巡礼し一かたまりの書き潰しができました。（後略）」（稲田道彦訳注　真念「四國偏禮道指南」講談社学術文庫　現代語訳部分引用）

これ以後、真念が苦心した標石《しるしいし》なども各地に置かれ、また四国へ渡る船上がり切手の手続きがスムーズになるように工夫されていることが分かる。まさにこの画期的な画遍路ガイドブックによって、修行者の道だった四国の道は、庶民が自由に往来できる「四国遍路」として生まれ変わることになった。

ちなみに、この本が出版された年は第五代将軍徳川綱吉（一六四六―一七〇九）の治世であった。綱吉は学問を奨励し、世界最初の動物愛護法とも言うべき「生類憐れみの令」を発布した年でもあった。言ってみれば、若き空海から始まった四国遍路は、江戸初期を揺籃期として、国民経済の発展と遍路道を取り巻く治安の安定（平和）を期に開始されたのである。

なお、この江戸時代の平和と四国の修行の道に庶民が遍路として登場するという一般的な時代の背景のほかに、特にこの庶民の登場について圧倒的な影響力を持ったものとして空海の修行の根拠地であった「高野山」を挙げておきたい。その筆頭が真念であるが、真念は高野山の学侶僧である寂本を巻き込んで、「四国偏礼霊場記」（一六八九）、「四国偏礼功徳記」（一六九〇）を次々と出版し、四国遍路の生成の大きな原動力となった。その後の澄禅や四国偏礼之序を草した弘範など四人の高野山の僧侶が、その意思を引きついだのである。

「四国遍路生成を物語る著作物年表」表12行の澄禅の「四国遍路日記」は、実際に書かれた時期は真念より少し早い時代に、四国遍路道を歩いていた高野山の学侶僧の辺路日記（一六五三）である。これは長く出版されないまま眠っていたが、昭和の世になって宮城県塩竈神社から民俗学者近藤喜博（一九一一―一九九七）が発見したものを宮崎忍勝氏（一九二二―）が翻刻して昭和五二年（一九七七）に出版されたものである。

「四国遍路生成を物語る著作物年表」表9行の「四国偏礼図絵」（一七六三）は、細田周英敬豊という人物が、真念の書いた「指南」をもって延享四年（一七四七）頃に遍路をしながら、遍路道全体を俯瞰したいと考えて出版したものである。この図絵の中央右には、善通寺の秘仏である「瞬目《めひき》大師《だいし》」という大師像が描かれ、背景には釈迦像が描かれている。この構図は、出釈迦寺の我拝師山を背にしている大師像のイメージが重なる。そしてさらに注目すべきは図の中央に、「宝暦七（一七五七）年に、第三〇四代の高野山金剛峰寺の検校（寺務）」（松尾剛次「四国遍礼図考」）になった弘範（この時八四歳）という高野山の高僧が、「四国徧礼之序」（注8）という文書を寄せていることだ。

四国遍路を全体を密教の胎蔵界曼荼羅の四重（発心、修行、菩提、涅槃）の円壇に例え、次ぎに八十八ケ寺のネットワークを蓮の蓮台の上に座る仏に擬え、それによって、四国遍路の道は衆生が無明から覚まし自覚にいたる道であることを説いている。要は四国遍路の密教的解釈というべきものであるが、ここにも四国遍路という習俗を通じて高野山と庶民が結ばれていることがわかる。

6　右衛門三郎伝説

現代的思潮からみれば、実に「非科学的」と思われるような説話が四国遍路にはたくさんある。これらはほとんど「伝説」とでもいうべき領域の中であるが、お遍路さんや地元住民から、それもありうるかもしれない、という形で信じられているのである。これも四国遍路という巡礼習俗の中で欠かすことのできない重要なテーマである。このような伝説は無数に上げることができるが、ここでは

「四国《しこく》偏禮《へんろ》功徳《くどく》記《き》」（一六九〇　以下「功徳記」と表記）を手掛かりに「右衛門三郎伝説」を検討しよう。この本は、先に見た「四国偏禮道標（一六八七）」の著者宥弁真念（生年不詳―一六九一）が、高野山の高僧（学侶）である寂本（一六三二―一七〇一）に力を借りてまとめた「仏教説話集」である。この本には、四国遍路という習俗がいかに御利益（功徳）と結びついているかを説くエピソードが全27話集録されている。

功徳は次の五つに分類できる。

(1)平癒訓（遍路すれば病気が治癒する）　10
(2)接待訓（遍路を接待すれば功徳あり）　9
(3)信心訓（弘法大師の偉大な力）　6
(4)涌水訓（水を生み出す）　2
(5)厄除訓（危険回避）　1

このように「病気治癒」が大きな理由となっているのは、四国遍路へ行く動機の多くが、病気平癒を願う旅であったことが推測される。

次ぎに分類としてエピソード発生の場所（地域）を見てみた。それによれば、土佐六件、阿波五件、伊予五件、讃岐三件、紀州二件、江戸一件、奥州一件となった。四国四県のエピソードがまんべんなく収集されているが、例外として、江戸と奥州（会津）の話がある。最後の三つの話については、エピソードというよりは、功徳記全体のまとめとも言うべき項目である。列挙すれば、25「自分のできる範囲で実行すればよい」、26「湯殿山や富士山の巡礼と比べ前行をしなくてよい」、27「遍路者への接待を怠れば災いが降って来る」（これは24話の「右衛門三郎の話」と強く結びついた教訓譚である）。

また、エピソードのあった「年」が記されているものが四つあり注目される。(1)7話「讃岐白峰寺」（一六七九）、(2)11「阿波海部」（一六八六）、(3)17「土佐安喜郡」（一六八四）、20「伊予宇和郡」（一六八二）である。

以上、功徳記の出版年の一六九〇年に非常に近く、真念が四国八十八ヶ寺を遍路しながら、心に強く焼き付いた話だった推測される。

以上のような、功徳記であるが、日本霊異記（八二二頃成立仏教説話集全三巻）や今昔物語（一一〇〇―二四頃成立全三一巻一〇四〇話）と比較すると、全二七話という構成は、いかにも質素（エピソード数が少い）である。しかし四国遍路を実行したい庶民や巡礼路に住む住民にとっては、そのシンプルさ故に逆に理解し易く受け入れやすい本だったのであろう。

さて功徳記の中でもハイライトと言うべきものが第二四話「右衛門三郎の話」（注9）である。

四国偏禮功徳記の分析表

NO	題	功徳内容	訓種	場所（地域）
1	大師に布を施した女の話	お遍路（大師）に布を渡して御利益を得る	接待訓	土佐高岡郡窪川
2	遍路をし吃音が治った話	遍路三日目に治る	平癒訓	紀州高野山者が四国で
3	大師の加持により塩が湧いた話	行脚僧に貴重品の塩を献上した所逆に塩戴いた	接待訓	奥州会津
4	阿波の海部の母川の話	遍路僧に奥山の清水を渡した所、逆に母川の水を戴いた	涌水訓	阿波海部
5	勘七の妻の病が治癒した話	遍路八人を泊めたところ病気の妻が治癒	平癒訓	阿波焼山寺
6	火事より救われた話	日頃接待に務める家が大火事を免れた	接待訓	土佐須崎
7	雲識が白峰山から捨身の話	崖から捨身するが大師に助けられた	信心訓	讃岐白峰寺(1681)
8	焼山寺までの山中で水を得た話	夏の遍路の途中僧（大師）に大地に楊枝を挿し清水を授かった	涌水訓	阿波11番～12番の路中
9	さかせ川の蜷貝（になガい）の話	尖った蜷貝を僧（大師）が祈って丸く変え川を渡り易くなった	信心訓	阿波小野さかせ川
10	娘の腫れ物が治った話	遍路に宿を貸し治癒	平癒訓	土佐安喜郡
11	又十郎の娘の精神錯乱が平癒した話	遍路に接待をするも効果なく娘を連れ遍路にでて娘が治癒	平癒訓	阿波海部(1686)
12	遍路の功徳を金で売った話	遍路から帰った者から病気の者が功徳を35両で買って治り遍路に向かった	平癒訓	江戸の近所
13	ライ病が治った話	雲海と同道にて巡礼しハンセン病が治癒	平癒訓	泉州和泉
14	痢病（下痢）が治った話	高野山の僧が下痢が酷くなり大師に後に四国遍路に行くことを誓い夢に大師が腹をさすり平癒した	平癒訓	紀州伊都郡
15	食わずの芋の話	大師が芋を食べたいといったが施さなかった為に食べられない芋になった	接待訓	土佐室戸
16	食わずの貝の話	上段、芋と同じで貝	接待訓	土佐安喜郡
17	桃の木の枯れた話	上段、芋、貝と同じ	接待訓	土佐安喜郡(1684)
18	一年に四度実る栗の話	貧しい者がわずかな栗を勧めた所、僧が加地し四度栗となる	接待訓	伊予宇和郡
19	遍路以外には味のない芋の話	遍路も何度かした者が、遍路を接待しようと植えた芋が普通の人には味のない芋だった	接待訓	伊予越智郡今治
20	遍路によって家の災難を逃れた話	遍路中、夢に「8日の内に家に災難がある」と急ぎ帰ることで災難を遁れた	厄除訓	伊予宇和郡(1679)
21	女人の遍路成就の話	病を患い「もし平癒の折は遍路する」と願をかけた女人が見事に遍路成就した	平癒訓	讃岐高松
22	女人の大きな腹がへこんだ話	子どもの頃から腹が大きかった女人が善通寺に参って平癒を祈願し遍路したところ子を産める身体になった	平癒訓	讃岐志度
23	接待によって病が全快した話	病気の為に遍路できない人がよく遍路を接待することで平癒し夫婦で遍路した	平癒訓	伊予宇和島
24	右衛門三郎の話	接待を怠り罰を受けた者が大師に許されて名家に再生した	信心訓	伊予浮穴郡
25	遍路修行の心得	遍路には様々な功徳がある。自身の信心の程度に応じて遍路すればよい	信心訓	四国全体
26	遍路の行者が他山に参る時の話	湯殿山でも富士山でも百日間の前行が要るが四国遍路の場合は免除される	信心訓	四国全体
27	遍路へ接待する功徳の話	遍路者を悪く扱えばバチが当たり、崇敬する人には幸いがある。	信心訓	四国全体

（使用したテキストは浅井證善著「へんろ功徳記と巡拝習俗」（朱鷺書房）

〈右衛門三郎の話―全文（現代語訳）〉

「伊予の浮穴郡の右衛門三郎のことは、四国中で言い伝えて広く知られている。彼は貪欲で道をわきまえぬ者であり、遍礼の僧が鉢にて食《じき》を乞うたところ、彼を叩かんとした杖が鉢に当り、その鉢を八つに打ち割ってしまった。その後、三郎の八人の子どもは八日のうちにつぎつぎに頓死した。三郎はそれによって驚き悔やみ、そして発心した。即ち遍礼を二十一返して、阿波の焼山寺（十二番）の麓で死んだ。その死の間際に大師に遇い、大師は三郎の願いを聞かれて、小石に三郎の名を書いて手に握らせた。その後、郡主、河野氏の子に生まれた。かの握り石は、そのまま赤子の手の内にあって、まさしく右衛門の三郎であることがわかった。成長して河野の家を継ぎ、松山の安養寺と名づく寺を再興し、また神社を多く立てた。かの握り石を安養寺に納めて、寺名を石手寺（五十一番）と改めた（寺伝では寛平四年〈八九二〉）。その河野の家は数百年栄えたという。このことは本当は長い物語である。石手寺の縁起等に見えている」（以上、前掲書「へんろ功徳記と巡拝習俗」より引用）。

全体として、ここまでの本文を読むとまず誰しもその荒唐無稽なストーリーと有り得ない残虐性に驚くであろう。右衛門三郎が、弘法大師と思われるお遍路さんが托鉢のために持っていの鉢を箒でたたき割り、鉢は「八つ」に割れてしまう。すると、いきなり災いが三郎目掛けて天から降って来た。三郎の「八人の子」が、「八日」のうちにつぎつぎと死んでしまうのである（この三つの「八つながり」は、四国八十八箇所を意識した作者の遊び心だろうか）。大いなる災いに何かを感じた三郎は、発心し自ら妻を捨てて遍路の旅に出る。三郎は大師に会うために必死で四国を二十一回巡った。しかし会えないまま死期が迫った三郎は、阿波（徳島）の第十二番札所焼山寺（摩廬山　高野山真言宗　本尊―虚空蔵菩薩）で大師に遇うことがかなう。三郎は本家である河野氏の家に生まれ代わりたい願いを大師に伝える。大師は小石に三郎の名を書かせて手に握らせてこの世を去る。かくして平安末期の伊予の時代、河野家に転生した三郎は、河野息方《やすかた》として成人し、松山の安養寺を再興する。息方は生まれてきた時、大師が握らせた石を握っていた。その小石を安養寺に奉納し石手寺（寺号熊野山　真言宗豊山派　本尊―行基作の薬師如来）と改名したのである。

この辺りでこの右衛門三郎のストーリーの作者の素性が薄々明らかになる。伊予の豪族であった河野氏に縁のある者、あるいは熊野の修験者の可能性が膨らんで来る。基本的に伝説や伝承というものは、自己の利害に合わせてストーリーを自己の側に「引き寄せ」て来る性格を有している。日本中にある義経や弁慶の伝説もこの右衛門三郎伝説と同じように、地元への「伝説の引き寄せ」として生成された。伊予に四国遍路が定着する過程で、大師への敬慕の念を強くしていた河野氏（あるいはその縁者）がこの右衛門伝説を創作したのではないか。

これが大方の粗筋であるが、もう少し掘り下げてみると、それが持つ意味やリアリテイが増えてくる。この石手寺の縁起には、もっと直接的な表現で書かれた史料がある。それは同じ高野山の学僧澄禅（一六一三―一六八〇）が書いた「四国遍路日記」（一六五三）（前章で解説済）の石手寺についての記述である。

〈澄禅「四国遍路日記」の右衛門三郎の記述〉

「昔は熊野山安養寺虚空蔵院といったが、中古より石手寺と改称した由来はこうだ。当国の守護の河野氏は弓の名人で四国中の旗頭だった。石手寺の近くの温泉郡に城を構え猛威をふるっていた。天正年中まで五十余代続いていた。

八坂寺（筆者注：第四十七番札所、ここも熊野山八坂寺と称す）が繁昌していたころ、河野殿は衛門三郎を掃除のために遣わし、毎日長床の掃除をさせた。三郎は慳貪な悪人で、大師は教化して真人間にしようと、辺路乞食僧に化けて八坂寺の長床に行った。三郎が来て見苦しいと追い出す。翌日も前日と同じ所にいたのでまた散々言って追い出す。三日目もいたので三郎は箒の柄で打った。大師が鉄鉢を差し出したら鉢を八つに打ち破る。鉢は光を放って八方に飛び去る、三郎は少し驚き、家に帰れば「嫡子が狂って」

「私は空海だ、邪見放逸で私をこのような目にあわせるなんてとんでもない。お前の八人の子供を死なす。一日で亡くすのではなく、考える時間を作るために八日かける」と言う。一日に一人ずつ息絶え、八日で八人とも死んだ。八坂の近くに八つの墓があり八墓という。三郎懺悔して剃髪、四国中を巡行して子供の菩提を弔う。二十一度辺路修行する内、大師はさまざまに形を変えて同行同修して彼の心を観る（注10）、三郎は二十余年修行し、邪心がなくなり慈悲心深重の僧となった。阿波国焼山寺の札を納めて麓へ下る谷の辻堂で休んでいたところ、僧形の大師もここで休んだ。大師は「老体なのにどうしてこのような修行をするのか」と問うと、三郎は由緒を詳しく話した。大師が「私は空海だ。汝が修行するのを永年見て来て、今は悟ったようだ。何でも望みを叶えてあげる」と言うと、三郎は「私は河野の下人だが、一度は主の子に生まれ変わりたい」と答えた。大師は聞いて「簡単なことだ。この石を握って往生しなさい」と言って八分ぐらいの石に衛門三郎（注：右衛門三郎の表記について「右衛門」と「衛門」の二つの方法がある。当論では引用の正確性を期するために各々の著者の表記に従い衛門とした）。と書いた。これをもらって三郎はそのまま死んだ。大師は辻堂の後ろの土中に埋め、印に杉を二本植えた。今、焼山寺の麓に三郎の墓がある。その後、大師は河野殿の城に見知らぬ僧に化けて行き、「腹に跡継ぎの子孫がいる。印は衛門三郎という銘がある」という。その月に懐妊し男子が生まれる。三日目に左の手を開けたら小石があり、取り上げて見れば八坂の衛門三郎とある。父親の河野殿が奇妙に思って祈願所の安養寺に堂を建て、本尊の首にこの石を籠め、安養寺を改めて石手寺と号した。（後略）」（柴谷宗叔著「江戸初期の四国遍路」より澄禅「四国辺路日記」の現代語訳）

澄禅の収集した三郎のエピソードは、「功徳記」と比べ、物語の残忍性がより際立っている。例えば、三郎の乱暴狼藉に心底怒った空海は、「お前の八人の子供を死なす。一日で亡くすのではなく、考える時間を作るために八日かける」と三郎の息子の口を借りて宣告をする。ここには、このエピソードを読む者に嫌悪感を与えることを意図した表現にすら思われる。それでも澄禅は冷静さを崩さず、石手寺で収集したストーリーを、自分の見解を介在させることなく記載しているように思える。

さて、興味深いのは多くの四国辺路に関わる人が、このエピソードを好んでいない。いやむしろ否定的に見る人が多い。ほとんどの人が、「四国遍路のシンボルである大師さんが、そんなことをするはずがない」と見ているのである。

ではこの石手寺発の右衛門三郎譚の残忍性はどこから来ているのか。

本来、インドから中国を経由して渡ってきた様々な仏の神々というものは、その内面に残忍な本質を持ちながら、平素は福神として善良な面を衆生に見せているものが多い。しかも、石手寺の信仰の背景には、熊野信仰があるということである。周知のように熊野権現縁起によれば、インドのマガダ国の善財王の千人の妻の一人が千手観音の御利益により、美貌を得て、王の寵愛を得て王子を身籠もるが、他の妻の嫉妬を受けて首を伐られながら、可哀想な境遇を思った虎によって育てられるような残忍極まりない縁起譚である。その意味では澄禅が書いている石手寺発の右衛門三郎の物語は、熊野信仰の影響が濃いとも考えられる。

ふたつのテキストを比べると、高野山の学僧寂本がアレンジした「功徳記」は、より右衛門三郎のストーリーを私たち凡夫が受け入れやすいようにした著作ということができよう。それに比べ澄禅の「辺路日記」の記述は、残忍性の強い辺路する者を邪見にするものには大いなる仏罰を与え、改心したあかつきには褒美として富裕な殿様として再生する道まで与えるという勧善懲悪《かんぜんちょうあくせい》性の強い教訓譚《きょうくんたん》となっている（口絵参照）。

考えてみると、四国遍路八十八ヶ寺は宗派も異なれば、開祖もお祀りするご本尊も異なる特色をもっている。そんな八十八ヶ寺がひとつの巡礼ネットワークとして成立するためには、その中心に弘法大師空海のような偉大なシンボル（象徴）が必要だった。それともうひとつは荒唐無稽ながら、「右衛門三郎の再生譚」というストーリーが、四国遍路という習俗にもたらした決定的な影響を指摘しないわけにはいかない。それは「お遍路さんを大切にせよ。お遍路さんはお大師さまと同行二人でやってくる。お遍路を邪見にすれば身の毛もよだつ災いが、接待すれば大いなる功徳を授かるだろう」という勧善懲悪の功徳譚（御利益）として作用したと考えられる。こうして「お接待」という四国のローカル習俗は「四国遍路のお接待文化」と評価されるまでになったのである。

おわりに

(1) 平和の到来

以上、四国遍路という習俗の成り立ちについて見てきた。歴史的には、奈良や平安期に、四国の浜辺や山稜を廻る仏道修行者や行者の修行場が形成され、これを原初の形として初期遍路道ができた。若き日の空海も、この道を廻る修行者として活動した。その後は高野聖の西行や四国生まれの一遍上人や法然上人が四国を廻った。こうして四国を廻る辺地修行の道は、次第に整っていった。

四国八十八ヶ所という形について、室町期（一四一七）に整ったとの説を裏付けるという地誌（「高知考古地志」（一九一九））がある。しかし当時、遍路道と呼ばれる四国の巡礼道の治安は悪く、庶民が安心して巡礼できる道となるためには、徳川時代の到来を待たなければならなかった。やはり四国の修行者の道が、庶民の歩く四国遍路となったのは、徳川政権（江戸幕府）による平和によって初めて実現したものであった。江戸時代となって日本中で治安は安定し、国民経済も次第に拡大し、豊かになった江戸庶民は、まさに男女の別なく、自らの自由意志で巡礼地を歩くことのできるようになった。聖地への参詣・巡礼ブームも起こった。こうしてそれまで仏道修行者の修行の道であった四国遍路は、庶民の巡礼道として大転換を遂げたのである。

(2)　大師信仰と高野山

四国遍路という巡礼習俗を整えるために高野山の四人の僧侶（澄禅、真念、寂本、弘範）による阿吽のバトンリレーがあった。学僧澄禅は、高野山から四国遍路を歩き「四国遍路日記」（一六五三）を書いた。高野聖宥弁真念は「四国徧礼道標」（一六八七）という四国遍路道を詳しく書いたガイドブックを出版した。さらに真念に協力して学僧寂本は、「四国徧礼霊場記」（一六八九）、「四国徧礼功徳記」（一六九〇）を次々と世に出したのであった。この三人が活躍した時期（元禄時代）は、俳人松尾芭蕉が江戸から全国を旅して「奥の細道」（一六九四）などの名作を上梓した時代だった。そして江戸宝暦の頃、高野山金剛峯寺第三〇四代検校のキャリアをもつ弘範が「四国徧礼図絵」（一七六三）という四国全体を俯瞰する地図の中央に「四国徧礼ノ序」を書いて、四国遍路の密教的解釈ともいうべきものを発表した。

(3) 庶民の四国遍路

徳川政権による平和が実現し、戦に翻弄されていた庶民は次第に豊かになって四国のみならず、聖地を廻る巡礼ブームがやってきた。まさに江戸時代に、「修行者のための四国遍路」から「庶民のための四国遍路」への大転換が現実に起こったのである。

日本文学研究の世界的権威であるドナルド・キーン（一九二二―）は、江戸時代の文学について単刀直入に「庶民のもの」と表現した。

「徳川期の文学の特色は、なににもまして、それが（武士階級も含めて）民衆のものだったという点であろう。・・・それまでの文学は、その作者といい、読者や作品の性格といい、やはり圧倒的に貴族のものであった」（日本文学の歴史７　中央公論社　一九九五）。

この時期に大阪を拠点に活躍した近松門左衛門（一六五三―一七二五）に「嵯峨天皇甘露雨」（一七一四年初演）という四国遍路を描いた浄瑠璃作品がある。残念なことに、近松の代表作である「曽根崎心中」や「心中天網島」などの主要作品と比べ、よく知られていない。また時代は少し下るが、「東海道膝栗毛」の作者十返舎一九（一七六五―一八三一）の「金草鞋」という四国遍路を題材にした滑稽文学がある。

ドナルド・キーン流にいえば、元禄の世、四国遍路は、貴族や武士や僧侶のものでなく、庶民が男女の別なく歩ける巡礼の道となったのである。

(4) 四国共同体

また四国遍路を、四国という四方を海に囲まれた孤島という側面から再考してみると、常世（浄土）のイメージが生まれる一方で、辺境の地という負のイメージもある。四国遍路は、長谷寺（奈良県）の得道上人の再生譚を縁起として始まった西国三十三ヵ所巡礼（近畿四県と岐阜県に所在する寺）や院政期に後白河上皇が取り巻きを引きつれて御幸を繰り返し「蟻の熊野詣」と形容された熊野詣（和歌山県）の盛況と比べると、修行者の独壇場の場所（修行の道）であって、巡礼路としては未成熟のままだった。だからこそ、保元の乱の罪を負って崇徳上皇も讃岐に流されたのである。

〈三大巡礼地比較表〉

	成立年代	信仰	シンボル	開創者	功徳譚	特徴	数値表記	総距離
西国巡礼	平安時代	観音信仰	観音菩薩	徳道上人	徳道上人再生譚	観音信仰	三三ヶ寺	千km時計回り
熊野詣	平安時代	浄土信仰	熊野三所権現	裸形上人	小栗判官物語	神仏混淆	九九王子	六百km時計回り
四国遍路	平安時代	大師信仰	弘法大師	右衛門三郎	右衛門三郎の話	御接待	八八ヶ寺	千四百km時計回り

現代人から観れば、三つの聖地巡礼は何となく同じように映ってしまうが、西国三十三ヵ所や熊野は、貴族や皇族が大挙して御幸を繰り返す聖地だったのに対して、四国遍路はやはり辺地を行く苦行の道だったのである。

仏教民俗学の日野西眞定師（一九二四―二〇一六）は四国遍路について次のように語っている。

「四国お遍路も弘法大師信仰が先にあって成立したものではありません。この地は、もとは原始修験者たちの行場であり霊場でした。・・・巡礼には二つの種類があります。西国三十三番のように観音様を拝んで廻る『本尊巡礼』が一つの種類です。もうひとつは祖師ゆかりの地を歩く『祖師巡礼』です。そして四国お遍路の起源として、日本人の辺地（へんち、へんぢ、へち、へぢ）信仰があります。これは海での修験といってもよく、その背後には海上他界の信仰があります。海の彼方は理想郷の『常世の国』であり、仙人が住む『蓬莱の国』であるといった考え方です」（『高野山の秘密』扶桑社 二〇一五）。

やはり四国は、本州に極めて近い距離にあるとは言え、瀬戸内の海を隔てた温暖な孤島という地理的条件が、「四国遍路」という独特の日本的習俗を育んだといえるかもしれない。むしろ本州に比べて開発が遅れや都市化が進まなかったことが幸いだったのである。本来、四国遍路道は修行者の辺地廻りの厳しい道だった。だからこそ、地域住民全体を巻き込む形で四国遍路の華というべきお接待文化も生まれた。

しかし都市化の波と人口減少の波が同時に押し寄せる二〇一七年という現代の四国列島にも五十嵐敬喜が「個化」（注11）と呼ぶ社会現象が四国遍路の未来に暗い影を落としている。人々が高齢化し、家族や地域が衰え、自治体が消滅する。地域や自治体の衰退は、この「四国」に生まれた様々な習俗をも、枯れさせてしまう可能性がある。このままではお接待文化の維持も厳しい状況になる怖れすらある。

(5) ユネスコ世界遺産を目指す意味

本文では、四国遍路と不可分一体なものとしてある習俗の象徴的なものとして、大師信仰、白装束のスタイル、お接待、西行、江戸の平和そして右衛門伝説を見てきたが、中でも、大師信仰とお接待は、世界の中でも独特な輝きを持つことが分かった。

大師信仰は、宗派は勿論、男女、年齢、国籍などすべての「差異」を超えるという意味で、現代社会に「平等」の真の価値を提示してきた。これはキリスト、イスラムなど他の宗派には見られないものであり、同じ仏教内でも、ともすれば宗派の特異性を誇るものと比べて圧倒的な優越性を有するものであろう。他方、もう一つのお接待は単に人に「優しく」するというものではない。四国遍路に言うお接待は、遍路さんも地元の人も同時に「お大師さん」という価値を媒介にして同志となるのである。これを可能にした「同行二人」という習俗は、他のどこにもみられない価値であり、コミュニティの本質を表す。

この価値が世界に発信されること、これが世界遺産登録の本来の意味であり、それによって、現代四国（現代日本）に押し寄せている危機も克服が可能となるのではないか。

（佐藤弘弥）

注

（注1）新城常三「社寺参詣の社会経済史的研究」（塙書房　一九六四年）、佐藤久光「遍路と巡礼の社会学」（人文書院　二〇〇六年）など。

四国は空海の生誕地であり、かつ室戸、石鎚山など修行の地であり、巡礼の本家本元である。各地の巡礼はこれを模したものである。室町時代中期には、四国遍路の地方委嘱（経済的、時間的、地理的に四国遍路に行けない人に対して代わりのものが地元で開設される）が開始されていたようであるが、具体的にその姿を現すのは、江戸時代に入ってからといわれる。そのようなものとして

西国観音巡礼
奥州南部唐部三十三か所　青森
最上三十三か所　山形
磐城三十三か所　福島
柏尾三十三か所　栃木
吾妻三十三か所　群馬
越後三十三か所　新潟
淡路三十三か所　兵庫
周防三十三か所　山口

が知られている。

なお接待に関してみると、これらの巡礼地でも一部見られたようであるが、少なくとも四国遍路のように、一か所で有料の「お休みどころ」のようなものではなく、地域ぐるみ無償で現在まで継続されているところは

ほとんどないようである。

（注2）五十嵐他著「四国巡礼の道　四国遍路を世界遺産に」の中の五十嵐「四国遍路と心の総有」参照（株式会社ブックエンド　二〇一七年）

（注3）霊場会について四国八十八ヶ所霊場会「四国八十八ヶ所霊場会の歩み」（二〇〇六年）等。

（注4）興教大師覚鑁《かくばん》　平安後期に活躍した真言宗新義派の開祖。仁和寺や三井寺で修行しやがて高野山に登り、金剛峰寺座主となるが，反対にあって山を下り根来寺に移る。真言密教に浄土教のエッセンスを注入したとされる。興教大師の諡号を受ける（一〇九五―一一四三）。

（注5）接心《せっしん》　禅宗において、ある一定期間昼夜を問わず修行すること。

（注6）「西住《さいじゅう》」なる人物については、俗名「源季政」生没年不詳、清和源氏、源季貞の養子（桑原博史著「西行とその周辺」風間書房一九八九）といわれているが、詳しいことは不明である。それにしても「西へ行く」と書く西行と、「西に住む」という西住という呼称からは、極楽往生を祈願しての名付けと容易に考えられる。当時の高野山では、高野山を「密厳浄土」として、浄土信仰を真言宗の中に相対化する動きがあったが、西行自身信仰もまた、こうした時代の流れに沿ったものであったと考えられる。

（注7）高野聖「歌聖としてあまりに有名な西行を、高野聖の範疇に入れることをいぶかる人もかなり多いこととおもうが、入道後の西行はその隠遁性・回国性・勧進性・世俗性など。まさしく典型的な初期高野聖ということができる」（五来重「増補―高野聖」一九七五　角川選書）。

高野聖とは具体的にどんなことをしている階層だったのか。

「高野の宗教よりは生活をつかさどるものであり、勧化（信仰をすすめて金品をあつめる）、唱導（宗教的説話の説教）、宿坊、納骨等によって高野山の台所をささえる階級であった（中略）高野聖が消滅してしまった現代でも、宿坊と納骨が高野山の台所をささえているのは、いささか皮肉でというほかはない。古代末期から高野山は納骨の霊場として知られ、近世には『日本総墓所』の名で、宗派にかかわらぬ納骨が行われてきた。いまでも年々おとずれる数十万の参詣者の大部分が、納骨か、これにかかわる塔婆供養を目的としている。奥之院墓原の墓石群はこの納骨の成果であるが、唱導によって納骨参詣を誘引し、回国しては野辺の白骨や、委託された遺骨を笈にいれて高野へはこんだのは高野聖であった」（前掲　五来重著「高野聖」）。

（注8）四国遍礼之序　原文

夫レ四国偏礼ノ密意ヲ云ハバ、四国ハ大悲台蔵ノ四重円壇ニ擬シ、数多ノ仏閣ハ、十界皆成ノ曼陀羅ヲ示ス。所謂四重ノ曼陀羅ハ、十界其身平等ニ、各々八葉開敷ノ蓮台ニ坐シ、光明常ニ法界ヲ照ス。本ヨリ不生ノ仏ナレハ、十界皆成ノ曼陀羅ト名ツク。仍テ八十ノ仏閣、是レニ況ス。衆生痴暗ニシテ、此ノ理ヲ知ラス。蓮華萎ンテ、合蓮ト成リ、仏光カクレテ闇夜ニ迷フ。今偏礼ノ功徳ニ依テ合蓮開ケテ、仏光現シ、再ビ八葉ノ花台ニ坐シ、無明ノ闇晴テ、本仏ヲ覚ル。本修並ベ示スカ故ニ、更ラニ八箇ノ仏閣ヲ加ヘ、八十八ト定メ給フ。是レ併高祖大師ノ神変加持、衆生頓覚ノ直道ナリ。各々早ク円壇ニ入リ、自己ノ心蓮ヲ開覚シ、自心ノ本仏ヲ証知シ玉ヘト云爾。

宝暦第十三孟春念八日　野山前寺務八十四翁弘範

（現代語訳）

四国遍路の秘密の意味について言えば、四国は密教の胎蔵界曼荼羅の四重（発心、修行、菩提、涅槃）の円壇に例えられ、数多の仏閣は、十界皆成の曼荼羅を構成する。いわゆる四重の十界皆成の曼荼羅は、それぞれ平等に八葉に開いた蓮台の上に座って、その光明は常に法界全体を照らしている。本来、不生不死の仏であればこそ十界皆成の曼荼羅は、八十の仏閣となって姿を現す。一般の者はこの法則を愚かなために知らず、蓮華がしぼんでつぼみのようになり、仏の光は消えて闇夜に迷う。今、遍路の功徳によってしぼみかけたつぼみは再び開き、仏の光明は世を照らし、再び仏閣は蓮台に座って、無明の闇は晴れて、自ら仏の心を自覚するのである。本修行を並べて示すために、さらに八つの仏閣を加え、併せて八十八ケ寺と定めた。これは四国遍路の開祖である弘法大師が神変加持により一般の者を無明から救って自覚にいたる道なのである。だから、各自いち早く四国の円檀に入って、自らの心の中に蓮が開くことを思い、自らの心にある真実の仏に出会ってはどうか。

（注9）①右衛門三郎譚：仏教学者の頼富本宏師（一九四五―二〇一五）は、「右衛門三郎伝説」について、それまで「ほとんどが、辺路修行と人間・空海を思慕する巡礼と位置付けられていた四国遍路の世界に、弘法大師の威力と功徳力を正面に据え、しかも大師に対して罪を懺悔し、四国を巡拝することによって再生を願うという擬死再

生の宗教儀礼を体系化したことになる」（頼富本宏著「四国遍路とはなにか」角川選書 二〇〇九 一〇九頁）としている。頼富氏は、右衛門三郎譚を「罪を懺悔→四国巡拝→再生」と分解、「擬死再生の宗教儀礼」と要約した。

②五来重は、右衛門三郎譚は「寂仙説話の換骨奪胎（かんこつだったい＝焼き直し）である」（五来重著「空海の足跡」角川選書 一九九四）としている。つまり、右衛門三郎譚は、日本最古の仏教説話「日本霊異記」（八二二年頃成立）の下巻三十九に登場する伊予石鎚山の修行者、寂仙禅師の話がベースになって作られたストーリー（再生譚）であるとしている。

この話を要約すると、聖武天皇から孝謙天皇の時代に、寂仙菩薩と人々に敬愛されていた。この人が亡くなる時（七五八）に「私の死後二八年たって国王として生まれて神野と名付けられ、私（寂仙）だと分かるはずだ」と書き置いた。そして二八年後に桓武帝の皇子として生まれ、神野親王と呼ばれた。後の嵯峨天皇である。（以上、「日本霊異記」東洋文庫 一九六七を参考に要約）

（注10）「辺路日記」の記述：「大師はさまざまに形を変えて同行同修して彼の心を観る（原文：大師モ様々ニ形ヲ替テ同行同修シテ彼カ心ヲ鑑玉フ）という下りが、今日の「同行二人」で四国八十八ヶ寺を周遊している根拠になっているとの説もある。

（注11）個化：誰とも関係性を持たない「孤立、孤独、個人化、自閉、切断、閉じこもり」等の進行する社会現象。これが地域コミュニティを崩壊させ、無縁社会を生む要因となる。（五十嵐敬喜編著「現代総有論」法政大学出版会 二〇一六）

あとがき

この書籍は、公人の友社より出版された二冊の書籍（「ユネスコ憲章と平泉供養願文（二〇〇九）」と「平泉から鎌倉へ（二〇一二）」を合冊し、新たに四国遍路についての考察とインタビューを追加したものである。取り上げた三つの地域（平泉、鎌倉、四国遍路）については、およそその置かれた立場が異っている。

平泉は、二〇〇八年に保留となったものの、二〇一一年に日本政府がイコモスの指摘にしたがって構成資産を一部削除（九↓五）するなどして、「仏国土（浄土）を表す建築・庭園及び考古学的遺産群」とのコンセプトで晴れて世界遺産登録が叶った。それから五年目を迎え、岩手県ではさらに追加登録に向けて着々と準備が進んでいる。また達増拓也岩手県知事自身が、小・中・高校へ「世界遺産授業」（次頁参照）というものを通じて、奥州藤原氏初代藤原清衡が起草させた中尊寺供養願文（恒久平和への祈り）や今後の構成資産の保全について授業をしているなど地域全体へのユネスコ精神の浸透と平泉文化

達増岩手県知事の「平泉・世界遺産授業」テキスト要約

「平泉」の歴史　～平和な国を目指して～

◆初代清衡（～1128年）

東北地方を治めることになった清衡が望んだことは、平和な世の中をつくることでした。

そのために、仏教による国づくりを目指して東北地方の中心に中尊寺を建てました。

清衡の統治範囲は、南は福島県白河関から北は青森県外が濱までで、白河関が北緯37度、外が濱が北緯41度、そして中尊寺はその中間の北緯39度に位置します。

平泉の歴史～平和を願う気持ち～

清衡は、前九年・後三年合戦での家族を失うというつらい体験から、奥州（東北地方）を「争いのない理想郷」にすることを決意します。そして、仏教による国造りの中心として中尊寺を築きます。

この思いは、中尊寺を造った時に書かれた「中尊寺建立供養願文」によく表れています。

これには、「戦争で亡くなったすべての者を、敵・味方の区別なく、さらには鳥や獣、虫などの動物を含めて、浄土へ導きたい」と書かれています。

達増知事 若柳小学校での世界遺産授業の風景。生徒から沢山の質問が寄せられる

当時の人々にとって、仏様の住むところ、「浄土」は、争いや悩み、苦しみなどがない素晴らしい理想郷だと考えられていて、自らも死後に生まれ変わりたいと願っていました。

（写真と文書は岩手県知事室提供）

という誇り高い地域アイデンティティが育っていることが伺える。

鎌倉については、二〇一三年、イコモスから「武士の古都」と言うコンセプトは「ユニーク」と評されたが、肝心の構成資産が「近代都市によって覆われている」などの厳しい指摘が寄せられ、結局「不記載」とされた。それから数年間を経て、市民団体を中心に新たな登録コンセプトをもって再挑戦への気運が高まっている。現在の鎌倉で注目すべきは、「永福寺跡の復元事業」(第二章の口絵参照のこと)が進んでいることである。この遺跡がその規模と構造から語っていることは、第一に平泉から鎌倉への文化継承の姿が鮮明となってきていること。第二には奥州合戦の戦死者を敵味方なく弔いたいとして、自らこの大寺の建立に汗を流した源頼朝の平和への祈りと解釈することができることである。

永福寺の全体の姿は、毛越寺によく似ている。まず浄土の池があり、そこには反橋がある。橋を渡ると三つの堂宇が並んでいる。頼朝は、平泉の清衡の思いを鎌倉に移し、その精神をまるごと継承し、戦のない世の中を実現しようとしたのである。

四国遍路は、二〇一五年に文化庁により「日本遺産」に登録され、次は世界遺産登録との期待が内外で高まっている。四国遍路の歴史をユネスコ憲章との比較の中で検討していて、ふと気づいたことがあった。それは前文の「相互の風習と生活を知らないことで、世界が疑惑と不信をおこし、しばしば戦争となった」という言葉であった。そもそも四国遍路の成立は、徳川幕府による「江戸の平和」によってもたらされた「終戦の成果物」である。それともうひとつ四国遍路には、赤の他人同士が、相互信頼を得るための「お接待」という独特の習俗がある。周知のように、これは歩いてやってくるお遍路さんを、お大師さん（大師信仰）とみて、無償の施しをすることである。そこには男女の別や貧富の差などのあらゆる差別をなくす「平等の精神」が宿っている。これは憲章前文にある異なる文化圏にある者同士の「相互尊重」というユネスコ精神に通じる文化といえる。特にこの「お接待」という習俗は、世界文化史の中でも特筆されるべきものだ。また四国の人々のお接待という善意に支えられて一四〇〇㎞に及ぶ遍路道を行く白装束のお遍路さんの姿は絵巻の如き美しさがある。

最後にユネスコの組織的危機について一言申し述べておきたい。危機の原因は、締結国中最大の分担金負担国（全体の二二％）であるアメリカが分担金を未払い（現在約六〇〇億円）のまま離脱しようとしていることである。報道によれば二〇一七年一〇月一二日、アメリカ政府は、二〇一八年一二月三一日付けでユネスコを脱退し、オブザーバーとして参加すると発表した。その離脱理由は、二〇一一年イスラエルと対立するパレスチナを国家と認め、ユネスコ加入を認めたことにある。言ってみれば中東は、世界でもっとも戦争が起こりえる危険地帯である。アメリカ政治に影響力を行使するイスラエルに配慮した結果だが、こうしたアメリカの態度は、先に確認したユネスコ憲章前文の「戦争は人の心で生まれるもの」あるいは「相互尊重」の精神を否定し、相互不信を生む原因となる危険な態度というべきである。

また「明治期日本の産業遺産群」の世界文化遺産の登録（二〇一五）に際し、韓国との間で徴用工問題などでの歴史認識にズレが生じ、両国の政治問題化している。さらに「記憶遺産」では、中国が申請した「南京大虐殺」（二〇一五）の資料が登録されるなどしている。これはユネスコという組織が肥大していく中で生じている価値観の多様化・分裂問題でもあり、速やかな改善が必要である。やはりユネスコは同憲章前文の精神に立ち返って、恒久平和の実現を目指す組織であってほしい。（二〇一七霜月）

（佐藤弘弥）

【主な参考文献】

（第一章関連）

泉秀二「平泉　1952」岩波写真文庫　一九八八年復刻
入間田宣夫「都市平泉の遺産」山川出版社　二〇〇三年
斉藤利男「平泉　よみがえる中世都市」岩波新書　一九九二年
森嘉兵衛「みちのく文化論」法政大学出版局　一九七四年
藤島亥治郎「平泉建築文化研究」吉川弘文館　一九九五年
入間田宣夫「平泉の世界」高志書院　二〇〇二年
大矢邦宣「奥州藤原師五代」河出書房新社　二〇〇一年
須藤弘敏・岩佐光晴「中尊寺と毛越寺」保育社　一九八九年
工藤雅樹「平泉への道」雄山閣　二〇〇五年
佐々木邦世「平泉中尊寺　金色堂と経の世界」吉川弘文館　一九九九年
五味文彦「王の記憶」新人物往来社　二〇〇七年
高橋富雄「平泉の世紀」ブックス　一九九九年
高橋富雄・三浦謙一・入間田宣夫「図説　奥州藤原氏と平泉」一九九三年
荒木伸介・角田文衛「奥州平泉黄金の世紀」新潮社とんぼの本　一九八七年

小松茂美監修「中尊寺建立供養願文（模本）」日本名跡叢書　二玄社　一九七八年
有賀祥隆他編「特別展　平泉　みちのくの浄土」平泉展図録　二〇〇八年

（第二章関連）

網野善彦・石井進　他「鎌倉と北条氏」（新人物往来社　一九九九年九月刊）
石井進「鎌倉武士の実像」（平凡社　一九八七年六月刊）
五味文彦・馬淵和雄「中世都市鎌倉の実像と境界」（二〇〇四年九月刊）
五味文彦「武家の古都・鎌倉の文化財」（角川学芸出版　二〇一一年三月刊）
高橋慎一朗「鎌倉の世界」（吉川弘文館　二〇一〇年一月刊）
塩澤寛樹「鎌倉大仏の謎」（吉川弘文館　二〇一〇年五月刊）
馬淵和雄「鎌倉大仏の中世史」（新人物往来社　一九九八年一一月刊）
松尾剛次「中世都市鎌倉の風景」（吉川弘文館　一九九三年一二月刊）
山本幸司「頼朝の天下草創」（講談社　日本の歴史09　二〇〇一年七月刊）
秋山哲雄「都市鎌倉の中世史」（吉川弘文館　二〇一〇年刊）
松尾剛次「叡尊・忍性」（吉川弘文館　二〇〇四年一二月刊）
松尾剛次「忍性」（ミネルヴァ書房　二〇〇四年一一月刊）
田中　久夫「鎌倉仏教」（講談社　二〇〇九年一一月刊）
寒川旭「地震の日本史」（中公新書二〇一一年五月刊）
河田恵昭「津波災害」（岩波新書二〇一〇年一〇月刊）

峰岸純夫「中世災害・戦乱の社会史」（吉川弘文館二〇〇一年六月刊）
「図説　鎌倉年表」（鎌倉市　一九八九年一一月刊）

（第三章関連）

新城常三　社寺参詣の社会経済史的研究　平凡社　一九六四年
武田明　巡礼の民俗　岩崎美術社　一九六九年
前田卓　巡礼の社会学　西国巡礼　四国遍路　ミネルヴァ書房　一九七一年
宮崎忍勝　澄禅　四国遍路日記　大東出版社　一九七七年
中務茂兵衛著（鶴村松一編著）　四国霊場略縁起道中記大成　松山郷土史文学研究会　一九七九年
武田明　巡礼と遍路　三省堂選書　一九七九年
白木利幸　こころを癒す巡礼参拝用語事典　小学館ライブラリー　二〇〇〇年
辰濃和男　四国遍路　岩波新書　二〇〇一
大法輪閣編集部（編集）　空海密教と四国遍路　マンダラの風光　大法輪閣　二〇〇一年
櫻井恵武著（四国八十八カ所霊場会監修）　四国遍路　八十八の本尊　ＮＨＫ出版　二〇〇二年
長田攻一・関三雄・坂田正顕（編集）　現代の四国遍路　道の社会学の視点から　学文社　二〇〇三年
高群逸枝（堀場清子校注）　娘巡礼記　岩波書店　二〇〇四
浅井證善　へんろ功徳記と巡拝習俗　朱鷺書房　二〇〇四年
佐藤久光　遍路と巡礼の社会学　人文書院　二〇〇四年
上垣外憲一　空海と霊界めぐり伝説　角川選書　二〇〇四年

【主な参考文献】

佐藤久光　遍路と巡礼の民俗　人文書院　二〇〇六年

宮崎建樹　空海の史跡を訪ねて　四国遍路ひとり歩き同行二人　解説編（第7版）　へんろみち保存協力会　二〇〇七年

山田雄司　跋扈する怨霊―祟りと鎮魂の日本史　吉川弘文館　二〇〇七年

四国遍路と世界の巡礼研究会編　四国遍路と世界の巡礼　法蔵館　二〇〇七年

石川文洋　四国八十八カ所　わたしの遍路旅　岩波新書　二〇〇八年

浅川泰宏　巡礼の文化人類学的研究　四国遍路の接待文化　古今書院　二〇〇八年

五来重　四国遍路の寺　上　角川ソフィア文庫　二〇〇九年

五来重　四国遍路の寺　下　角川ソフィア文庫　二〇〇九年

頼富本宏　四国遍路とはなにか　角川選書　二〇〇九年

真鍋俊照　四国遍路を考える　ＮＨＫ出版　二〇一〇年

星野英紀・浅川泰宏　四国遍路　さまざまな祈りの世界　吉川弘文館　二〇一一年

宮崎建樹（監修）・岡崎禎広（写真）　四国八十八カ所めぐり　同行二人。大師が開いた祈りの道へ　ＪＴＢパブリッシング　二〇一二年

真鍋俊照　四国遍路　救いと癒やしの旅　ＮＨＫ出版　二〇一二年

柴谷宗叔　江戸初期の四国遍路―澄禅『四国辺路日記』の道再現　法藏館　二〇一四年

森正人　四国遍路　八八カ所巡礼の歴史と文化　中央公論新書　二〇一四年

眞念（稲田道彦訳注）　四國遍禮道指南《しこくへんろみちしるべ》　全訳注　講談社　二〇一五年

菅直人　総理とお遍路　KADOKAWA　二〇一五年

【主な参考文献】

川崎一洋　弘法大師空海と出会う　岩波新書　二〇一六年
武田和昭　四国へんろの歴史　四国辺路から四国遍路へ　美功社　二〇一六年
柴谷宗叔　四国遍路　こころの旅路　慶友社　二〇一七年

【編著者略歴】

五十嵐敬喜（いがらし・たかよし）

一九四四年山形県生まれ。法政大学名誉教授、弁護士、前内閣官房参与

著書に『美の条例〜いきづく町をつくる』（共著、学芸出版社、一九九六年）、『美しい都市をつくる権利』（同、二〇〇二年）、『美しい都市と祈り』（同、二〇〇六年）、『都市再生を問う』（共著、岩波新書、二〇〇三年）、『道路をどうするか』（共著、岩波新書、二〇〇八年）、『国土強靭化批判』（岩波ブックレット、二〇一三年）等多数。

佐藤　弘弥（さとう・ひろや）

一九五二年宮城県生まれ。日本文化研究家、フォト・ジャーナリスト

一九九八年より、平泉文化と源義経研究のサイト「義経伝説」主宰。二〇〇〇年より、「平泉景観問題ＨＰ」を開設して「平泉を世界遺産にする会」の運動を始める。

著書に『平家物語　京を歩く　義経にまつわる28人の群像』（道出版、二〇〇五年）。

（本書の出典不明記の写真は佐藤が撮影）

世界遺産
ユネスコ精神
平泉・鎌倉・四国遍路

2017年12月20日　初版発行

監　修　　五十嵐敬喜
編　著　　五十嵐敬喜・佐藤弘弥
発行人　　武内英晴
発行所　　公人の友社
〒112-0002　東京都文京区小石川5-26-8
tel 03-3811-5701　fax 03-3811-5795
e-mail: info@koujinnotomo.com
http://koujinnotomo.com/
印刷所　　倉敷印刷株式会社